MORTON LUIZ FARIA DE MEDEIROS

DENÚNCIA ANÔNIMA:

INSTRUMENTO DE PROTEÇÃO DE DIREITOS FUNDAMENTAIS NO BRASIL

MORTON LUIZ FARIA DE MEDEIROS

DENÚNCIA ANÔNIMA:

INSTRUMENTO DE PROTEÇÃO DE DIREITOS FUNDAMENTAIS NO BRASIL

Del Rey
editora

Belo Horizonte
2017

Impresso no Brasil | Printed in Brazil

EDITORA DEL REY LTDA
www.editoradelrey.com.br

Editor: Arnaldo Oliveira

Editor Adjunto: Ricardo A. Malheiros Fiuza

Editora Assistente: Waneska Diniz

Revisoras: Maria Carolina Ferreira Reis
Sibele Biazotto

Diagramação / Capa: Alfstudio

Editora / MG
Rua dos Goitacases, 71 - Sala 709-C – Centro
Belo Horizonte-MG – CEP 30190-050
Tel.: (31) 3284-5845
editora@delreyonline.com.br

M488d Medeiros, Morton Luiz Faria de
Denúncia anônima: instrumento de proteção de direitos fundamentais no Brasil. / Morton Luiz Faria de Medeiros. Belo Horizonte: Del Rey, 2017.

XXII + 234 p.
ISBN: 978-85-384-0488-0

1. Denúncia anônima, Brasil. 2. Direitos e garantias individuais, Brasil. I. Título.

CDU: 342

A Mariana, Gabriel e João, amorosas e tolerantes testemunhas (cujo anonimato não se justifica) das longas leituras, breves cochilos e nem sempre compreensíveis discussões.

AGRADECIMENTOS

Costuma-se associar a realização de qualquer trabalho que exija grande esforço, empenho e dedicação ao atributo "hercúleo", em referência aos doze trabalhos - em princípio tidos como irrealizáveis - que o rei Euristeu impôs a Hércules como prova de sua subserviência e lealdade. Ao longo da pesquisa que será relatada a seguir, pude experimentar alguns dos sentimentos que a mitologia grega associa a esse herói que, de tão destacado, acabou por ser transformado em deus.

Hércules não foi partícipe, decerto, dos combates titânicos, quando Zeus, seu pai, esforçou-se em lutar contra a desordem inicial do cosmos - mas embate semelhante pude enfrentar quando me propus a batalha contra a desordem das primeiras intuições e impressões que me motivaram a pesquisar o tema da denúncia anônima e, com isso, transformar meras hipóteses em constatações, ao longo de três anos de estudo.

Para realizar tal missão, assim como ocorreu a Hércules em suas tarefas, contei com muito amparo daqueles sem os quais a finalização desse livro não teria sido possível - e a quem declino agora meus agradecimentos. Antes de tudo, agradeço a Deus, que mesmo crendo eu ser um só, se fez perceber em muitas instituições e pessoas, principiando por destacar a devoção de Mariana de Siqueira, companheira e incentivadora de todas as horas que, com seu amor - e paciência - ainda serviu-me como interlocutora constante e crítica das discussões desenvolvidas no trabalho: assim, assumiu ela, com folga, todos os atributos que Hércules só encontraria em mais de uma mulher (Mégara, Dejanira e Iola) e na deusa Hebe, e cuja doação só seria equiparável à que o herói grego recebeu da própria deusa Atena no cumprimento de seus doze trabalhos.

Se o herói grego teve em Hermes o mestre que lhe ensinara a arte do tiro com arco, contei com o cuidado e atenção do Professor Fredys Orlando Sorto, cujas reuniões em João Pessoa eram antecedidas de grande expectativa, e sucedidas por ensinamentos sobre Direito, Ciência Política e até a língua portuguesa: deu-me a "orientação dos arcos", a indicação dos caminhos a percorrer para o cumprimento dos objetivos da pesquisa. Ladeados a ele estão todos os professores do Programa de Pós-Graduação em Ciências Jurídicas da Universidade Federal da Paraíba (PPGCJ-UFPB) e, especialmente, os Professores Doutores Marcílio Toscano Franca Filho e Narbal de Marsillac Fontes, já na banca de qualificação, e Luciano Mariz Maia, Leonardo Martins (UFRN) e Ricardo Freitas (UFPE), na banca de defesa da tese, que me inspiraram grande aprimoramento deste trabalho - todos mestres que, tal como Linos lecionava a Hércules a beleza da música, instigaram em mim o gosto pelo saber e a esperança de poder contribuir com a ciência do Direito.

Se Hércules infligiu a seus filhos, num ataque de loucura, a morte pelo fogo, também a meus filhos, Gabriel e João, deve ter sido imposta alguma dor pela maior ausência do pai nesses anos - pesar por mim sentido na mesma intensidade. Certo distanciamento também pôde ser constatado por minha família, dentro da qual escolho meus pais Antonio Luiz e Fatima, e minhas irmãs Ana Cláudia e Ana Thereza, para dirigir minhas desculpas e meu reconhecimento pela constituição dos alicerces de quem sou e do que produzi. Por haverem, consciente ou inconscientemente, acatado minhas escusas, devo-lhes minha gratidão, pois continuaram a me dirigir, diariamente, sorrisos, olhares e gestos de amor.

Agradeço, ainda, aos amigos (alguns que reencontrei e os muitos que me foram apresentados a partir de 2013) que compartilharam comigo a condição de discentes do PPGCJ-UFPB pelos conhecimentos permutados e construídos, em especial aos habituais companheiros de viagem Bruno Calife, Humberto Lucena e Victor Rafael Alves, que transformaram a aparente banalidade de traslados com duas horas de duração rumo a João Pessoa em longas e instigantes discussões acadêmicas: todos eles foram, para mim, o que representaram, para Hércules, Téspios e os companheiros de armas na luta contra as amazonas insufladas por Hera. À Paraíba, aliás, na pessoa de Bradson Camelo, devoto minha gratidão por acolher este forasteiro potiguar com tanto apreço, quando deixava minha cidade Natal para buscar conhecimento alhures, assim como Hércules deixou Tebas para cumprir seu encargo em outras terras.

Por fim, à semelhança de Hércules, que recebeu dos próprios deuses olímpicos seu equipamento militar para o cumprimento de seus trabalhos, devo reconhecer, por fim, a importância que as duas instituições às quais me encontro vinculado tiveram para a conclusão dessa minha missão: como a armadura de ouro confeccionada por Hefesto, a Universidade Federal do Rio Grande do Norte e o Ministério Público do Estado do Rio Grande do Norte me proporcionaram, autorizando o afastamento de minhas atribuições funcionais, o ambiente necessário para concluir esta pesquisa, cujo resultado é apresentado!

LISTA DE ABREVIATURAS E SIGLAS

ADI	Ação Direta de Inconstitucionalidade
ADPF	Arguição de Descumprimento de Preceito Fundamental
AgAgI	Agravo Regimental no Agravo de Instrumento
AgHC	Agravo Regimental no *Habeas Corpus*
AgInq	Agravo Regimental em Inquérito
AgRec	Agravo Regimental na Reclamação
AgRE	Agravo Regimental em Recurso Extraordinário
AgROHC	Agravo Regimental em Recurso Ordinário em *Habeas Corpus*
AO	Ação Originária
AP	Ação Penal
ARE	Recurso Extraordinário com Agravo
CIDH	Corte Interamericana de Direitos Humanos
CmIDH	Comissão Interamericana de Direitos Humanos
CNMP	Conselho Nacional do Ministério Público
EUA	Estados Unidos da América
HC	*Habeas Corpus*
ICP	Inquérito Civil Público
Inq	Inquérito
IP	Protocolo de Internet (*Internet Protocol*)
McMS	Medida cautelar em Mandado de Segurança
MS	Mandado de Segurança
RE	Recurso Extraordinário
RMS	Recurso em Mandado de Segurança
ROHC	Recurso Ordinário em *Habeas Corpus*
ROMS	Recurso Ordinário em Mandado de Segurança
STF	Supremo Tribunal Federal
TCU	Tribunal de Contas da União
TEDH	Tribunal Europeu dos Direitos do Homem
v.	veja (*vide*)

PREFÁCIO

O Prof. **Morton Medeiros** concede-me a honra de apor este Prefácio ao seu livro intitulado "**A denúncia anônima e sua importância na proteção de direitos fundamentais no Brasil**". A obra em apreço é, na realidade, a versão corrigida e atualizada da Tese de Doutorado do autor. Tese, diga-se, defendida com vigor e brilhantismo intelectual. Prova disso constitui o fato de o trabalho ter sido aprovado com Distinção no Programa de Pós-Graduação em Direito da Universidade Federal da Paraíba. Por certo, não é demais informar que a grata satisfação pela orientação da presente pesquisa esteve sob os cuidados do Prefaciador.

Este livro trata da denúncia anônima como mecanismo de proteção de direitos fundamentais consagrados no ordenamento jurídico brasileiro. Mas a obra, pela sua própria natureza, vale alhures, em continente e em conteúdo, porque o objeto da pesquisa ultrapassa as fronteiras particulares dos direitos domésticos, razão por que também penetra com desenvoltura em outras áreas do conhecimento, dentre elas: na Filosofia e especialmente na Política.

Tendo como palco de ação a sociedade política, transformada na Modernidade em Estado democrático de direito, o Prof. Morton Medeiros cuida, com raro zelo e método, de elaborar uma teoria geral da denúncia anônima harmonizável com o regime democrático. Trata-se de dificílima tarefa de construção teórica, que arranca desde a longínqua Antiguidade, perpassa Idades e instituições, extrai o que é essencial da doutrina nacional e estrangeira, até aninhar-se no ainda desencontrado posicionamento dos membros do Supremo Tribunal Federal em relação à aceitação da denúncia anônima.

O autor esclarece que não é dogmaticamente adequado tratar da *notitia criminis* – peça que inaugura a ação penal pública ("qualificada por elementos de prova da materialidade e indícios da autoria") – como denúncia anônima, visto que esta é a simples comunicação de ilícito penal, administrativo ou cível (p. 24). Nesse sentido, não há confundir a denúncia anônima, tida como exercício da liberdade de manifestação do pensamento. Razão por que "a denúncia anônima, em rigor, não é admitida como prova jurídica" (p. 52). Não é a simples denúncia anônima que deve ser temida pelo denunciado, mas o conjunto de provas que contra ele se levantam. Vale aqui o registro do meu saudoso mestre Genival Veloso de França, que lecionava em suas aulas ser o direito prazo e prova. Desse modo, como assevera o Prof. Morton Medeiros: "O acusado não se esquiva de uma acusação apócrifa e irresponsável, mas de elementos de prova coligidos por pessoa ou grupo de pessoas com identidade e de quem se pode cobrar responsabilidade, já que o anonimato só alberga o denunciante (muitas vezes temeroso de sofrer represálias)" (p. 55).

O Prof. Morton Medeiros afirma que a denúncia anônima, como manifestação do pensamento, também é recepcionada pelos ordenamentos jurídicos de certos Estados democráticos, dentre eles: Estados Unidos, Espanha, Argentina (p. 66). Admoestando, contudo, que "Os Estados onde viceja a democracia constitucional não admitem, portanto, condenações açodadas e esculpidas ao arrepio do *due process of law*" (p. 73). Em seguida, o autor examina a questão no ordenamento jurídico brasileiro, analisando os argumentos jurisprudenciais. Neste particular, o autor deste livro analisou quarenta e seis julgados do Supremo Tribunal Federal entre Habeas Corpus, Mandados de Segurança, Inquéritos, Recursos Ordinários em Habeas Corpus, Recursos Extraordinários, Ações Penais e Recursos Ordinários em Mandado de Segurança (Cf. p. 78). À luz dos julgados analisados, infere que há expressiva maioria dos casos que tratam de apuração de responsabilidade criminal.

Com respeito à referida análise jurisprudencial, é muito interessante a argumentação do Ministro Ayres Britto (Habeas Corpus 84.827, 2007), ao afirmar que a "[...] manifestação do pensamento é a veiculação de algo elaborado pela mente" e que "[...] as delações anônimas na esfera penal não passam de simples notícias de fatos empíricos, legalmente descritos como infrações penais [...], sempre caracterizadas pela ausência de elaboração mental" (Cf. p. 87). É de se perguntar, se as delações anônimas não são produzidas pela mente, ou carecem de elaboração mental, então de onde elas provêm? Ou posta a questão em outros termos, se não é o cidadão que as elabora utilizando o seu tirocínio e exercendo o seu direito à liberdade de expressão, agindo de boa-fé, quem mais poderia elaborá-las sem o socorro da mente? Pensando assim, poder-se-ia, licitamente, estender a capacidade de elaborar delações anônimas a todo o reino animal? Desta sorte, qualquer girafa, que é indivíduo irracional, poderia incumbir-se de elaborar denúncias anônimas. Bem feito, pelo pecado da bizantinice.

Ainda na esteira do Supremo Tribunal Federal, o Prof. Morton Medeiros afirma que "[...] a denúncia anônima oferecida no âmbito de processo penal não pode dar ensejo, por si só, a medidas de *busca e apreensão* ou de *interceptação telefônica, prisão em flagrante* e muito menos a *condenação*", sem o devido "conjunto probatório mais robusto" (p. 157). Além do que, "Deve-se manter íntegra, todavia, a necessidade de cautela por parte do investigador, ao receber denúncias anônimas sobre a ocorrência ou iminência de realização de atos ilícitos" (p. 159).

O Prof. Morton Medeiros ao cuidar da denúncia anônima como livre manifestação do pensamento a vincula adequadamente aos direitos fundamentais, mas também à cidadania. A meu juízo, este é um dos pontos altos que subjazem neste primoroso trabalho. Qual é o mérito de trazer à baila o instituto da cidadania e buscar harmonizá-lo com a denúncia anônima? Penso que a primeira coisa a ser feita, neste complexo terreno, é o de determinar quem é o sujeito da denúncia anônima e que comprometimento essa pessoa tem com o seu entorno político. Se o denunciante é pessoa vingativa, invejosa, ordinária, isto é, alguém que pensa somente nos próprios interesses, ou que atua com intuito de levar vantagem, de prejudicar a outrem por inveja, ou de querer determinado cargo a qualquer preço, passando por cima de princípios e de pessoas, então seus atos são de denuncismo e não de cidadania. Certamente, quem age deste modo não tem compromisso algum com o resto das pessoas que vivem em função de interesses comuns, nem pode *ipso facto* ser chamado de cidadão, porque não tem o dom nem as qualidades dos que pensam e agem em prol do que é comum, do que é político por natureza (age como simples *Homo laborans,* diria Arendt). Quem age de modo egoísta, ou à margem do interesse coletivo, está fora do alcance da razão, do diálogo e das virtudes da cidadania.

A denúncia anônima como livre manifestação do pensamento (direito), portanto, somente pode ter como sujeito emissor da ação o cidadão, que age de boa-fé, revelando com a sua atitude o seu comprometimento, bem como a certeza que ele tem de pertencer a determinada comunidade política, cujos interesses estima, valora, defende (dever). A primazia das vantagens coletivas frente aos interesses individuais é o que importa para o cidadão. A prevalência dos interesses da comunidade é o que leva à tão cara ideia da imortalidade da comunidade política, a qual é poder enquanto permanece alimentada pela ação dos seus membros. Porque o que é imortal na comunidade política pode morrer. De fato, morre quando termina a pluralidade e o compromisso das individualidades em relação ao que é comum.

Hoje, poder-se-ia dizer que a delação anônima está perfeitamente de acordo com os ditames da democracia, a qual na sua versão clássica moderna (estadunidense) não pode ser considerada apenas representativa. Tocqueville demonstra de modo admirável na sua obra (*De la démocratie en Amérique*) como essa versão democrática tem na vida da comuna o complemento direto (participativo), que aliado à representação traz à tona o protagonismo político do cidadão moderno. A grandeza da democracia que ele observa está na vida na Comuna, porque nela se pratica o que se poderia chamar de democracia direta moderna. Assim, a democracia na sua escala menor é direta, porque é exercida diretamente pelos cidadãos na resolução dos problemas locais quotidianos (imediatos e mediatos). Já em escala maior, isto é, federal, a democracia é representativa, cujo exercício resulta na gestão das questões gerais das comunas, isto é, dos assuntos que a Comuna considerada isoladamente é incapaz de gerir. Esse duplo grau de exercício do poder forma a base do regime e responde em grande medida pelo seu sucesso. Sem a vida plena em comunidade e sem o gerenciamento das grandes questões (relações exteriores, comércio internacional e guerra) a democracia não se sustenta. Eis o regime político que permite a versão atual do cidadão como animal político (*politikon zoon*), como tão bem expõe Aristóteles em *A Política*.

Além dos considerandos relativos à obra em tela, cumpre-me dizer que conheci o Prof. Morton Medeiros no dia da defesa do seu Projeto de pesquisa. Quero dizer com isto que a pessoa e a sua obra são contemporâneos para mim. Poder-se-ia dizer inatos. Não há exagero algum em dizer que, efetivamente, ambos se apresentam juntos, crescem sem cessar no lapso de maturação de ideias e de metas, até atingirem o limite da excelência. Trata-se de processo acadêmico vital que vai do Projeto ao livro em questão. Com efeito, o Projeto de pesquisa, cujo corpo era no começo tímido, mas promissor, foi aos poucos ganhando corpo, logo adquiriu musculatura e, por fim, naturalmente auferiu alma. Durante o mencionado processo tivemos muitas reuniões. À medida que a pesquisa avançava, era possível notar a construção da obra e a transformação do intelectual.

Considerando a evolução acadêmica do Prof. Morton Medeiros, perguntei-me, por mais de uma vez, se estaria diante do aprender é recordar, isto é, da teoria platônica da reminiscência e do problema da aquisição justificação do conhecimento. No momento, estou persuadido de que não houve reminiscência alguma, porque todas as qualidades do intelectual já existiam antes da tese. Não se faz um livro como este sem a dedicação, a diligência, o rigor metodológico e a honestidade intelectual cabalmente demonstrada por parte do seu autor. Que os leitores aproveitem os ensinamentos, que a obra ocupe o lugar que merece nas estantes de livros e nas mentes dos que ainda apreciam a magia da leitura e vigor das grandes ideias.

João Pessoa, 8 de novembro de 2016.

Fredys Orlando Sorto
Professor Titular da Faculdade de Direito da Universidade Federal da Paraíba. Mestre em Direito Internacional e Doutor em Ciência Política pela Universidade de São Paulo.

SUMÁRIO

INTRODUÇÃO

A prática de crimes e de outras condutas ilícitas de semelhante gravidade (como as chamadas "práticas de corrupção" e atos de improbidade administrativa) tem atingido patamares que, frequentemente, põem a população em estado de alerta, não mais apenas nos grandes centros urbanos, nem somente nos países periféricos, mas de maneira generalizada em todo o mundo. A ineficiência do Estado, nesse contexto, quando não logra, a partir de seus agentes, apurar todos os ilícitos, pode despertar o sentimento de impunidade que pode contribuir para o aumento desses desvios comportamentais.

A partir dessa constatação, percebe-se que a atitude de alguns cidadãos em denunciar fatos repugnantes, porém escondidos dos olhos do Estado, surgiu como instrumento para evitar e combater ilícitos. É no âmbito dessa reflexão que tem espaço a discussão em torno da denunciação (ou, como é mais popularmente conhecida, "denúncia") anônima que se abordará nessa pesquisa. De um lado, tem-se a perspectiva da nocividade que as peças acusatórias anônimas representaram para a proteção de direitos fundamentais; por outro, são relatadas situações em que as denúncias apresentadas com a preservação do anonimato da fonte tiveram amiúde papel relevante na elucidação e na prevenção de ilícitos especialmente graves.

Deveras, há casos em que tais denúncias não se dão com a identificação dos denunciantes sob a alegação de que eles se sujeitariam a risco de morte e outras represálias por parte dos denunciados. Sob o anonimato, portanto, ver-se-iam aqueles encorajados a colaborar com o combate à ilicitude, capitaneado pelo Estado. Não se pode olvidar, por outro lado, o risco de essa postura ser motivada por sentimentos revanchistas, ou de incentivar o denuncismo irresponsável e pernicioso para os direitos da personalidade salvaguardados no Estado constitucional democrático.

Esse estado de perplexidade permite direcionar esta obra a partir de um questionamento principal: a aceitação da denúncia anônima, pela autoridade pública, favorece a proteção dos direitos fundamentais no Brasil? Esse problema, por seu turno, será enfrentado a partir de três provocações: a) em que categoria de liberdade se enquadra o oferecimento de denúncia anônima? b) a denúncia anônima é admitida no ordenamento jurídico brasileiro ou conflita com alguma de suas normas constitucionais? c) em caso de se constatar a existência de conflito entre normas, há como preservar, na prática, a aceitação da denúncia anônima, com vistas à salvaguarda dos direitos fundamentais no Brasil?

A análise preambular tecida ao redor da temática ora proposta procurar pôr à prova a hipótese básica de que a admissão da denúncia anônima se apresenta como instrumento de reforço e proteção dos direitos fundamentais no Brasil, mormente quando se investigam ilícitos relacionados às organizações criminosas ou que sujeitariam os denunciantes a perigo ou constrangimento insuportável.

Tal suposição inicial encontra-se arrimada em três hipóteses secundárias: a) a liberdade de provocar o Estado com vistas à apuração do ilícito não se confunde com a liberdade de manifestação de pensamento a que está atrelada a vedação ao anonimato prevista no texto constitucional brasileiro; b) a proscrição sumária e absoluta da denúncia anônima do ordenamento jurídico brasileiro não se coaduna com os fundamentos teóricos da proteção dos direitos fundamentais; c) para ser aproveitada em procedimento investigatório, a denúncia anônima precisa atender a alguns requisitos, principalmente levando em conta os direitos fundamentais do investigado.

Este livro tem por objetivo geral, portanto, aquilatar se (e de que modo e extensão) a denúncia anônima contribui para a proteção dos direitos fundamentais no Brasil – assim, pretende-se escapar do viés meramente procedimentalista frequentemente empregado nas obras que tratam diretamente dos problemas em torno da denúncia anônima, para encará-los sob a ótica marcadamente constitucional, própria dos direitos fundamentais. Ao lado do mencionado escopo principal, podem ser alinhados como objetivos específicos: a) propor uma teoria geral da denúncia anônima, identificando sua origem, conceito e natureza jurídica, e investigando no Direito estrangeiro ocidental as experiências em torno da matéria, com vistas a avaliar sua compatibilidade com o regime democrático; b) analisar a recepção da denúncia anônima no ordenamento jurídico brasileiro como móbil para instauração de procedimento investigatório estatal, verificando como o Supremo Tribunal Federal a vem apreciando em seus julgamentos e de que modo os demais Poderes nacionais têm tratado o tema, no afã de identificar os argumentos e ponderações utilizados; c) identificar critérios de aproveitamento das informações contidas na denúncia anônima, de modo a causar o menor impacto possível na vida privada do investigando, até que se deduza sua culpa em Juízo ou na esfera administrativa.

Com vistas ao cumprimento dos objetivos acima propostos, serão utilizados os métodos de abordagem *hipotético-dedutivo* e *hermenêutico*, principiando pela delimitação e enfrentamento dos problemas lançados acima, no afã de submeter à verificação as hipóteses já aduzidas por intermédio da interpretação de textos jurídicos extraídos de documentos legislativos, jurisprudenciais e doutrinários. Para tanto, lançar-se-á mão dos métodos de procedimento usuais na Ciência Jurídica, notadamente o *histórico* – para proceder ao levantamento das percepções acerca da denúncia anônima ao longo da História ocidental e à análise nomogenética da vedação constitucional ao anonimato como limite à liberdade de manifestação do pensamento no Brasil – o *estatístico* e o *comparativo*, com o auxílio dos quais se examinarão as decisões do Supremo Tribunal Federal em torno da aceitação da denúncia anônima (com a identificação dos ilícitos que mais têm ocasionado essa prática, da presença da motivação do anonimato e do percentual de condenação na instância inicial), cotejadas com os posicionamentos legislativos e jurisprudenciais de outros países e as normativas internacionais de proteção dos direitos humanos. Assim, a experiência de outros ordenamentos jurídicos que contemplem ou abominem, expressamente, a denúncia anônima como fonte iniciadora de investigação – principalmente a dos Estados Unidos, em face da longevidade de sua Constituição e da atividade destacada da Suprema Corte norte-americana no debate em torno dos direitos da liberdade – será trazida à reflexão e apreciação para possível cotejamento à realidade brasileira. Serão empregadas, portanto, as técnicas de pesquisa documental indireta, principalmente as pesquisas jurisprudencial – com análise detalhada dos argumentos e fundamentos teóricos que balizam as decisões e votos examinados – e bibliográfica, dentre autores nacionais (e não apenas os contemporâneos, mas também os jurisconsultos que se debruçaram sobre cada Constituição brasileira, considerando a importância da análise nomogenética acima referida) e estrangeiros.

Arrancando dessas premissas metodológicas, este livro procurará, em seus dois primeiros capítulos, confrontar os problemas relacionados às dimensões conceitual – o que é a denúncia anônima – e axiológica – quais os *fundamentos* do anonimato e, por extensão, da própria denúncia anônima – de seu objeto de pesquisa. Inicia-se com a construção analítica da compreensão da denúncia anônima, com vistas a identificar sua origem e importância ao longo da História ocidental, embora não no sentido de *evolução* linear e sim com o fito de perceber as marcas que caracterizaram tal prática em outros tempos e identificar quais são ainda hoje a ela atreladas. Em seguida, a começar pela definição de *anonimato*, investigar-se-á se a denúncia anônima constitui manifestação da liberdade de *expressão* ou de manifestação de *pensamento*, *ideia* ou *opinião*, a partir de depuração desses conceitos elementares que a circundam. Logo depois, será investigada sua compatibilidade com o desenvolvimento e a democracia, primeiramente segundo abordagem *abstrata* – aferível a partir de análise *axiológica* das justificativas que podem ser atribuídas ao anonimato em si e de aproximação *hermenêutica* do processo de investigação principiado ou auxiliado pela denúncia anônima – e em seguida conforme abordagem *concreta*, a ser realizada segundo experiências de sistemas jurídicos nacionais e internacionais com reconhecida propensão democrática.

O segundo capítulo, assumindo feição marcadamente dogmática em torno do Direito brasileiro, buscará, por sua vez, investigar como tem decidido o Supremo Tribunal Federal as causas ligadas a denúncias anônimas que lhe são submetidas: quais os argumentos sustentados pelos seus integrantes, em que hipóteses têm sido elas admitidas, quais os ilícitos em que são elas mais recorrentes, por exemplo. Por outro lado, será examinada a genética constitucional da inserção – e manutenção – da vedação do anonimato nos textos das Constituições do Brasil, pesquisada com base nas discussões parlamentares e nas avaliações juscientíficas de cada época, para avaliar em que extensão tal vedação impacta a consonância da denúncia anônima com as sucessivas ordens jurídicas ao longo da História do Brasil – notadamente como o Estado brasileiro tem tratado, a partir de suas normas e políticas, as comunicações de ilícito feitas anonimamente. Apesar de este capítulo realizar exposição deliberadamente mais descritiva (malgrado também analítica), não se furtará à proposição de críticas aos posicionamentos esposados pela Corte Suprema brasileira ou às assentadas doutrinárias, que serão lançadas no capítulo seguinte: em suma, o segundo capítulo apresenta a *realidade* da aceitação da denúncia anônima pelo ordenamento jurídico do Brasil, enquanto o capítulo que o sucede se presta à construção de *ideal* para sua aplicação.

Deveras, tais críticas serão enfrentadas de maneira mais aprofundada no terceiro capítulo, que cuidará da dimensão aplicativa do objeto desta pesquisa - como *decidir* os problemas suscitados pela denúncia anônima - inicialmente com breve estudo dos direitos fundamentais - no bojo dos quais se procurou situar todas as formas de manifestação de pensamento - com o propósito de demarcar o referencial teórico acerca de seus institutos essenciais, como a distinção entre *regras* e *princípios*, os meios de solução dos conflitos entre tais espécies normativas e o papel, nesse sentido, desempenhado pela máxima da proporcionalidade. Em seguida, buscar-se-á depurar o âmbito de proteção da denúncia anônima, submetendo-a à incidência do critério da proporcionalidade a fim de solucionar eventuais conflitos com outros direitos fundamentais, como os ligados à personalidade individual - primeiramente, mensurando a *adequação* da medida de proibição do anonimato das delações dirigidas aos órgãos estatais incumbidos da investigação e, em seguida, apurando se existem medidas alternativas de tratamento da denúncia anônima que se mostrem *adequadas* e, igualmente, *necessárias* ou *proporcionais em sentido estrito*, de modo a permitir, a um só tempo, considerar a utilidade das denúncias anônimas e a cautela com que as informações nelas contidas devem ser manuseadas pelos investigadores, sempre tendo em vista a máxima proteção dos direitos fundamentais envolvidos nesses possíveis conflitos.

1

TEORIA GERAL DA DENÚNCIA ANÔNIMA

A carência de aprofundamento monográfico do papel processual do anonimato era reconhecida por Corso (1977, p. 3) há quarenta anos, mas a falta de doutrina sistematizada sobre a denúncia anônima continua sendo apontada, muito depois, por Delgado (1999, p. 15) e Souza (2013, p. 16). Pelino (2008, p. 32), por seu turno, considera, especificamente sobre o conceito de *anonimato*, não haver ainda um "estado da arte" elaborado e testado por onde principiar[1]. Ainda assim, as poucas obras jurídicas específicas destinadas à pesquisa da denúncia anônima iniciam por análises genéricas das teorias de direitos humanos ou fundamentais (a que se dedica o tópico 3.1 abaixo), constatação que inspira a opção, neste livro, por inaugurar o cumprimento de seus objetivos a partir do enfrentamento da dimensão analítica específica do problema suscitado, o que significa, na sistemática proposta por Alexy (2014, p. 33), a análise de conceitos elementares à compreensão da denúncia anônima e de seu posicionamento no Estado constitucional democrático.

Cumpre observar, ainda, que, apesar de não se poder considerar verdadeira *teoria do direito* a construção argumentativa que não se ocupe do processo decisório judicial e de seus métodos (MARTINS, 2012, p. 8), essa preocupação será enfrentada apenas, por razões didáticas, nos dois capítulos subsequentes a este, o qual se limitará ao cumprimento do primeiro objetivo específico declinado na Introdução.

---

1 No original, ao se referir aos significados de *anônimo* e de *anonimato*: "[...] in effetti non può dirsi che esista al momento uno stato dell'arte elaborato e collaudato da cui prendere le mosse".

1.1 CARACTERIZAÇÃO DA DENÚNCIA ANÔNIMA

Para cumprir os objetivos desta obra, impõe-se investigar os registros históricos da ocorrência da denúncia anônima, no afã de contextualizar seu surgimento e melhor compreender eventuais mudanças de tratamento pelos ordenamentos jurídicos pesquisados. Ademais, malgrado se reconheça que um *conceito* mais acabado de denúncia anônima só poderá ser concluído ao final deste trabalho, é mister identificar algumas de suas características, notadamente opções linguísticas, distinções e assimilações necessárias, para permitir que se possa desenvolver, posteriormente, análise mais detalhada de sua compatibilidade com a democracia - não apenas a partir de enunciação completa do que é, como também procurando assentar o que *não é* a denúncia anônima.

Nesse caminho, será enfrentado problema que acomete o Direito de forma geral: a "[...] relativa escassez de textos produzidos por juristas historiadores especificamente dedicados ao exame" das ideias penais (FREITAS, R., 2012b, p. 460), o que acaba por afetar a historiografia da denúncia anônima - como fruto de atitudes inicialmente relacionadas à persecução *penal* - de maneira até mais contundente, haja vista sua especificidade. Assim, os aparentes "saltos" históricos eventualmente percebidos no tópico que segue não são decorrência de descuido metódico, e sim da carência de registros seguros acerca dessa matéria particular na produção científica do Direito.

1.1.1 Origem da denúncia anônima

Cumprindo o Direito a função de disciplinar as condutas dos homens conviventes em uma sociedade, com vistas à constituição de ordem social estável e harmônica, junto a ele ganha relevo a definição de ilícito, desde que este, nas sociedades primitivas, se confundia com a quebra da tradição, sancionada com a "vingança dos deuses" (WOLKMER, 2010, p. 4). A delimitação das condutas ilícitas, portanto, faz nascer a preocupação em combatê-las, a partir de sua apreciação por pessoa ou órgão competente para garantir a manutenção da ordem - mas sem que se entenda o ilícito como "[...] a representação de algo que está fora do Direito e contra ele, que ameaça, interrompe ou mesmo suprime a existência do Direito", e sim como seu *pressuposto* (KELSEN, 2009, p. 126). Desde que o ser humano, historicamente, começa a delegar a ente político tal responsabilidade, a partir da imposição de se exigir o lícito e reprimir o ilícito, vislumbra-se o nascimento do Direito como instrumento de justificação da força de que esse ente se vale para realçar a bilateralidade atributiva que caracteriza a ordem jurídica, na medida em que determina a relação *objetiva* com seu povo e engendra garantia para as consequências dessa relação.

Nesse longo processo de "descoberta" e vivência do Direito, muitas tentativas foram envidadas para implementar o *suum cuique tribuere* a que se referia Ulpiano nas *Institutas* e que, até hoje, inspira as diversas teorias de justiça desenvolvidas pelos jurisconsultos. Uma delas partiu do estímulo, de iniciativa do detentor do poder, ao seu povo para que colaborasse com a ordem estabelecida, apontando os infiéis que pretendessem subverter tal ordem.

Já na Antiguidade Clássica, os gregos concederam àqueles que denunciassem alguma irregularidade, com vistas a coibir a corrupção, parte do valor arrecadado a partir da condenação imposta ao réu, gerando grande número de denúncias sem fundamento (cujos autores foram chamados de *sicofantas*), contra as quais se erigiu a regra de que, "[...] se no curso do processo o denunciante não obtivesse pelo menos 1/5 dos votos do tribunal, estava sujeito a uma multa" (AGUIAR; MACIEL, 2010, p. 72). O hábito de premiar o delator está, inclusive, registrado no teatro de Sófocles (1990b, p. 28)[2], na passagem em que Édipo oferece a quem soubesse a autoria do assassinato do Rei Laio "generosa recompensa", acrescido de sua gratidão. Em Roma, um de seus historiadores, o Senador Tacitus (2014) aludiu a diversos acontecimentos que envolviam fatos levados ao conhecimento do soberano pela ação de *informantes*, o que, segundo ele, aumentava o número de pessoas ameaçadas[3], pois eles constituíam classe inventada para destruir a República, já que, não sendo suficientemente controlados pelas sanções penais, eram estimulados com recompensas, a ponto de ser proposto no Senado moção para privar os informantes de tais recompensas nos casos em que pessoa acusada

---

2 Na tradicional citação dos textos gregos antigos, comumente usada para a localização das passagens em qualquer edição ou língua dessas obras: *Édipo Rei*, 269 a 272.

3 No original: "[...] there was an increase in the number of persons imperilled, for every household was undermined by the insinuations of informers" [...]. In consequence of the suicide of Cornutus, it was proposed to deprive informers of their rewards whenever a person accused of treason put an end to his life by his own act before the completion of the trial. The motion was on the point of being carried when the emperor, with a harshness contrary to his manner, spoke openly for the informers, complaining that the laws would be ineffective, and the State brought to the verge of ruin. 'Better,' he said, 'to subvert the constitution than to remove its guardians.' Thus the informers, a class invented to destroy the commonwealth, and never enough controlled even by legal penalties, were stimulated by rewards."

de traição desse cabo à própria vida antes do fim do julgamento – contra o que logo se posicionou o Imperador Tibério, para quem melhor seria subverter a Constituição do que remover seus guardiões. Como revelado por Montesquieu (1996, p. 92) séculos mais tarde, qualquer um "[...] que possuísse muitos vícios e muitos talentos, uma alma bem baixa e um espírito ambicioso procurava um criminoso cuja condenação pudesse agradar ao príncipe; era o caminho para chegar às honrarias e à fortuna".

No entanto, como esse mister naturalmente sujeitava o "colaborador" à vindita do infiel, de seus correligionários ou de sua família, passou-se a tolerar que a denunciação pudesse ser formulada *anonimamente*. Ainda assim, no ano 112, o imperador Trajano, que segundo Lusty (2002, p. 426) enunciou alguns dos mais fundamentais e tolerantes princípios em torno da administração da justiça criminal de seu tempo, reprimia as *acusações anônimas* como prova, por introduzirem perigoso precedente. De todo modo, é preciso reconhecer que no período da *extraordinaria cognitio* do Direito Romano, a prova testemunhal (e, *a fortiori*, o testemunho anônimo) não gozava de tanto prestígio, se comparada à prova documental, tanto que as constituições imperiais, no dizer de Alves (2002, p. 249), dispuseram que uma só testemunha não tinha qualquer valor (*testis unus, testis nullus*) e que a prova escrita não poderia ser invalidada por prova testemunhal.

Na Idade Média, Souza (2013, p. 180) aponta que "[...] as notícias apócrifas de supostas heresias foram bastante utilizadas para a instauração de procedimentos punitivos pela inquisição". O Papa Inocêncio III, no início do Século XIII, adotou o processo *inquisitivo* ou *inquisitorial* – cujas raízes já haviam sido fincadas no Direito Romano e foi revigorado na Idade Média (MIRABETE, 1998, p. 40) – fazendo com que as denúncias anônimas se tornassem "[...] fonte de vingança contra inocentes" (SOUZA, 2013, p. 104), e o Papa Inocêncio IV, em 1254, estabeleceu a regra de aceitação de "testemunhas anônimas" contra as práticas heréticas devido ao perigo a que os denunciantes se submetiam (SHANNON, 1965, p. 62)[4]. Lower (1975, p. 436) reportou vários casos de as-

---

4 No original: "[...] laid down the rule that because of the attendant dangers involved, the names of the witnesses against alleged heretics were to be withheld". Este autor ressalta, porém, que os nomes das testemunhas eram conhecidos pelo inquisidor, pelos conselheiros e seus assistentes (SHANNON, 1965, p. 63), ao contrário do que ocorreu nas cortes máximas francesas de igual período, onde não apenas os nomes das testemunhas, mas até o teor das acusações eram inacessíveis aos acusados (SHANNON, 1965, p. 69).

sassinato de testemunhas para evitar que depusessem perante o inquisidor ou como represália por haverem com este colaborado, no âmbito da Inquisição espanhola. Para evitar tal vulnerabilidade dos depoentes, os testemunhos eram "[...] arrumados para eliminação de quaisquer pontos que traíssem sua identidade" (BAIGENT; LEIGH, 2001, p. 87), como com a utilização de perguntas tendentes a confundir o suspeito, quanto a situações, datas e circunstâncias da delação (LOWER, 1975, p. 436).

Em 1484 o Papa Inocêncio VIII publicou bula papal em que reconhecia plenos poderes inquisitoriais aos professores de teologia Heinrich Kramer e James Sprenger, o que os motivou a escrever o livro *Malleus Maleficarum*, tido como referência de combate às bruxas. Nele, havia previsão expressa do encobrimento do nome das testemunhas à acusada de heresia, segundo apreciação do juiz, a fim de evitar que os informantes e testemunhas incorressem "[...] em grave perigo em virtude dos poderes das pessoas contra as quais prestam depoimento, caso o seu nome viesse a se tornar público" (KRAMER; SPRENGER, 2015, p. 429). Essa faculdade não se justificava, porém, se se tratasse de pequenos riscos ao informante ou depoente, constituindo ofensa passível de punição a ocultação de seus nomes "[...] sem um bom motivo, por exemplo, das pessoas que têm o direito de conhecê-los, como os advogados e assessores cuja opinião há de ser ouvida para que se chegue a uma sentença" (KRAMER; SPRENGER, 2015, p. 430). Há de se notar certo cuidado em dar contornos de julgamento justo e voltado à descoberta da "verdade", como quando se recomenda ao defensor a alegação de inimizade pessoal em face das testemunhas anônimas, mas essa aparência cai por terra no mesmo texto de Kramer e Sprenger (2015, p. 435), quando admoestam o julgador para, em escancarada atitude de presunção de culpabilidade das acusadas de heresia, ter a cautela de

> [...] não se deixar persuadir com facilidade pelo advogado quando este alega inimizade mortal em benefício da acusada; pois nestes casos dificilmente alguém presta depoimento sem que haja inimizade, já que as bruxas são sempre odiadas por todos.

O apelo à colaboração popular na repressão do ilícito decorria, então, da inexistência de um organismo público eficaz na investigação dos desvios, o que só começou a ser corrigido na Baixa Idade Média, com a adoção mais generalizada do *inquérito* e o aparecimento de um agente especialmente incumbido pelo soberano para providenciar a aplicação da punição correspondente ao ilícito praticado (FOUCAULT, 2013, p. 68) - os *procuradores do rei*[5]. Malgrado tenha Montesquieu (1996, p. 92) neles enxergado o oficial colocado pelo príncipe em cada tribunal para perseguir, em seu nome, todos os crimes e fazer executar as leis, em substituição à figura do delator (repelida por este autor francês), o certo é que, uma vez que tais procuradores não eram tão numerosos, nem sistematicamente organizados, continuava o soberano recorrendo à colaboração do súdito, e a colheita de provas era centralizada e fomentada pelo próprio magistrado incumbido do julgamento da causa, constituindo o sistema processual penal *inquisitorial*.

Montesquieu (1996, p. 168), ademais, ilustra a persistência dessa prática em sua época nas repúblicas italianas, em que era erigido "[...] tronco onde qualquer delator [podia], a qualquer momento, lançar um bilhete, com sua acusação". Outrossim, quando ele relatou, reproduzindo narrativa de Plutarco, que, tendo "[...] Filipe da Macedônia sido ferido durante o cerco de uma cidade, encontraram sobre a lança: *Aster lançou este golpe mortal em Filipe*", pretendeu não apenas louvar a coragem dos tártaros, que se obrigavam a colocar seu nome nas flechas que lançavam em direção a seus inimigos, para que se reconhecesse a mão de onde partiram, mas, principalmente, achacar o anonimato das cartas, muito em voga em seu tempo - por isso só admitia as "cartas anônimas" nos "[...] casos que não poderiam sofrer a lentidão da justiça ordinária e onde se trata da salvação do príncipe" (MONTESQUIEU, 1996, p. 216).

Já no século XVIII, Malan (2009, p. 72) assevera que os ingleses encorajavam delações de violações à legislação aduaneira por parte dos colonos americanos "[...] mediante promessas de metade dos bens confiscados e de anonimato aos delatores", abusos que provavelmente motivaram "[...] a inserção do direito ao confronto na Carta Constitucional pelos colonos" (MALAN, 2009, p. 73), com a aprovação da Sexta Emenda (v. 1.2.2). A mesma constatação foi feita por Bentham (1825, p. 356), ao relatar que na Inglaterra de sua época notícias anônimas inseridas em papeis públicos eram frequentemente utilizadas pelos agentes do Estado para detectar malversações por parte de seus subordinados[6].

---

5 Segundo relatado por Mazzilli (1998, p. 1), referindo-se à origem francesa do Ministério Público, "[...] a Ordenança de 25 de março de 1302, de Felipe IV, foi o primeiro texto legislativo a tratar objetivamente dos procuradores do rei".

6 No original: "Anonymous notices, inserted in the public papers, have frequently enabled superiors to detect the malversations of their inferior servants".

Vê-se, portanto, que a denunciação anônima, em seu nascedouro, esteve frequentemente associada à perseguição oficial dos "inimigos do Estado", porém com grave repercussão nos direitos dos acusados, fragilizados diante de *condenações* e *reprovações públicas* que achacavam a imagem e a dignidade de pessoas delatadas por seus atos e pensamentos "subversivos". Até o século XVIII, é amplamente adotado nos Estados europeus o sistema processual penal inquisitório, que, além de legar poderes instrutórios ao juiz (LOPES JÚNIOR; GLOECKNER, 2014, p. 62), impunha ao acusado a prova de sua inocência, em vez de reclamar da autoridade investigante o ônus da prova para a condenação, o que levou Mirabete (1998, p. 40) a enxergar em tal sistema "[...] mais uma forma auto-defensiva de administração da justiça do que um genuíno processo de apuração da verdade".

Eis a razão por que o *segredo* se apresentava, então, como cômodo instrumento estatal para a repressão política e "defesa social"[7], segundo Corso (1977, p. 6), que conclui, ainda, que tal sistema, ao desvalorizar *a priori* qualquer indagação sobre a fonte da denúncia, acabou por estimular e ratificar a denúncia anônima (CORSO, 1977, p. 8)[8]. Delgado (1999, p. 67) baseia sua crítica à denúncia anônima, precisamente, partindo desses inconvenientes, por pressupor a necessária vinculação desta ao processo inquisitivo, que, segundo ele, foi utilizado nos regimes despóticos da Roma Imperial e nas ditaduras latino-americanas dos anos setenta[9].

Erigem-se, então, severas críticas ao uso indiscriminado do anonimato - por vezes utilizado para encobrir a prática do denuncismo politiqueiro e mal-intencionado - e contra a busca pela incriminação a qualquer preço, ideias iluministas refletidas no Direito Penal no chamado Período Humanitário. As razões para tais críticas foram descritas por Dallari (2000, p. XVII), ao comentar obra do italiano Pietro Verri, representante deste período:

---

7 No original: "[...] il segreto, inteso come esclusione della parte imputata dall'*iter* processuale, è un comodo paravento per la repressione politica ed assurge a strumento di 'difesa sociale'".

8 No original: "Anzi, lo stesso sistema processuale inquisitorio, in quanto svalutava *a priori* ogni indagine sulla fonte della denuncia, di fatto veniva a stimolare e, in prosieguo, a ratificare i contributi anonimi."

9 No original: "[...] fue utilizado en los regímenes despóticos de la Roma Imperial, o las dictaduras que azotaron a Latinoamérica en los años setenta".

> O oferecimento de prêmio a quem denunciasse os culpados é também uma característica do mau governo, sendo uma forma de exploração demagógica da ignorância, da superstição e da falta de ética, além de servir para que o governo transfira para o povo uma responsabilidade que é sua, sendo, ainda, um estímulo à prática da delação.

Do mesmo modo, o também italiano Beccaria (1998, p. 67) se insurgia contra as acusações secretas, que reputava "[...] abusos evidentes mas consagrados e necessários em muitas nações pela fraqueza da constituição. Tal costume torna falsos e dissimulados os homens"[10]. Essa sua crítica foi formulada, como reporta Corso (1977, p. 9), no mesmo momento histórico vivido pela República de Veneza em que se estimulavam as delações anônimas, depositadas nas *bocche della verità* ou *bocche del leone*[11], e foi crucial para a discussão sobre a própria dedução da culpa em juízo, que passou a exigir a observância do respeito a certas balizas, para que a acusação não redundasse em perseguição desarrazoada e injusta.

Em sua detalhada análise dos diplomas italianos referentes à denúncia anônima, Corso (1977, p. 13) aponta a Lei Criminal proposta pelo Grão-Duque Leopoldo I de Toscana, em 1786, como a primeira resposta normativa aos excessos do sistema inquisitivo, haja vista prever a distinção entre o "nobre ofício do acusador" e o "vil papel do delator", por mais que a *praxis* judiciária continuasse a admitir as notícias anônimas, tal era o peso do sistema inquisitivo até então disseminado na Europa ocidental. Logo depois, o Código austríaco de 1803, que condensava normas de Direito Penal e Processual Penal, se bem que mantivesse a essência do sistema inquisitivo (ESMEIN, 1913, p. 581), repeliu expressamente a denúncia anônima, embora admitisse a utilização das

---

10 Merece registro o fato de as críticas de Beccaria (1998, p. 68) não se dirigirem apenas às delações anônimas, mas serem extensivas aos processos e penas secretas: "Que motivos justificam as acusações e as penas secretas? O bem público, a segurança e a manutenção da forma de governo? Mas que estranha constituição é essa, onde quem detém a força e a opinião, ainda mais eficaz que a força, teme a cada cidadão? A incolumidade do acusador? As leis, pois, são insuficientes para defendê-lo. E haverá súditos mais fortes que o soberano!"

11 No original: "Merita rilievo la circostanza che la critica del Beccaria contro le accuse segrete veniva formulata in un momento storico che vedeva la Repubblica di Venezia favorire le delazioni anonime mediante la previsione delle c.d. 'bocche della verità' o 'bocche del leone'." A figura que ilustra a capa deste livro, inclusive, encontrada no interior do Palazzo Ducale, em Veneza, constitui exemplo desse receptáculo de denúncias anônimas.

informações nela contidas se constituíssem indícios bastantes para a imputação contra o acusado, verificáveis por outros meios ulteriores (§ 367)[12].

Nos reinos italianos anteriores à unificação da Itália, em decorrência dos ares de renovação exigidos pelas críticas ao sistema processual penal inquisitivo, começaram a ser notadas previsões legais de repulsa à denúncia anônima. Segundo Corso (1977, p. 19), o Código das Duas Sicílias (1819) vetava expressamente a recepção e a utilização para fins processuais da denúncia anônima (art. 28), excetuando apenas sua admissão nos casos de flagrante e de fatos transitórios ou permanentes[13], posição semelhante ao Código de Processo Penal dos Estados de Parma, Piacenza e Guastalla (1820), que em seu art. 60, 3.°, vedava que qualquer denúncia (inclusive a anônima, portanto) desse azo a provimentos restritivos da liberdade pessoal (CORSO, 1977, p. 21).

Por seu turno, o *Code d'instruction criminelle* francês de 1808, que operou síntese dos modelos inquisitorial e acusatório, silenciou acerca da admissibilidade da denúncia anônima, no que foi seguido - relata Corso (1977, p. 27) - pelo Código de Processo Penal italiano de 1865 (promulgado por exigência da unificação do país), porém com efeitos distintos, diante da omissão legislativa: enquanto na França se operou a recuperação do prestígio do anonimato para fins processuais[14] (CORSO, 1977, p. 31), na Itália se observou orientação de rígido formalismo no sentido de expurgar do processo qualquer escrito anônimo, principalmente se decorrente dos órgãos jurisdicionais (CORSO, 1977, p. 38).

Na Áustria, porém, o Código posterior ao - acima referido - datado de 1803, segundo Esmein (1913, p. 581), finalmente introduziu naquele país, em 1850, o sistema acusatório e o processo penal público, determinando que, diferentemente da denúncia assinada, a anônima não pudesse servir como fundamento de im-

---

12 O texto da norma referido consta da obra de Corso (1977, p. 17), que a apresenta na língua italiana, *in verbis*: "[...] sopra una denuncia anonima, o sottoscritta da un ignoto, che non siasi potuto rinvenire, non se può procedere contro chicchessia. Ma se tale denuncia contiene indizj, che già bastino da sé a rendere legale l'imputazione, e questi nell'investigazione del fatto siansi verificati, si può in forza di tal imputazione procedere contro quello, che nell'anonima denuncia nè indicato autore".

13 No original: "Niun rapporto o denunzia anonima può esser ricevuta, che nel caso di attuale flagranza, benché di fatto transitorio, o nel caso di fatto permanente."

14 Salo de Carvalho (2010, p. 281) destaca a postura dos magistrados franceses, até então, de repelir os boatos como fundamento de processo contra heresia (amplamente aceitos para esse fim nos séculos XV e XVI), por exigirem qualificações testemunhais mais rigorosas.

putação legal contra alguém (§ 141, 2.º)[15]. Logo em seguida, como o Código de 1850 sofreu grandes reações, impulsionadas pela exigência de um código único (erigido em 1853) para todo o império austro-húngaro que então se constituía, o regulamento de processo penal desse império, já em 1873, passou a determinar, em seu § 87, 2, que a denúncia anônima que contivesse informações precisas sobre o ilícito lhe emprestaria relevância, podendo ser, portanto, aproveitada. O grande diferencial desse diploma, porém, foi a cautela dirigida aos direitos fundamentais do acusado, quando se tratasse de investigação iniciada por denúncia anônima: nesse caso, dever-se-ia proceder evitando grande publicidade - não para o acusado, como nas origens do processo inquisitivo, e sim para o público em geral - e com o maior resguardo da honra da pessoa imputada[16]. Não foi por acaso, portanto, que tal regulamento de 1873, na ótica de Esmein (1913, p. 582), tenha exercido influência tão destacada na orientação do processo penal contemporâneo, tornando-se o marco legal mais amplamente referido e imitado no ocidente desde o Código francês de 1808[17].

Ainda no século XIX, Bentham (1825, p. 351), conquanto reconhecesse que a informação anônima não pudesse ser usada como *prova* definitiva, defendia que, se ela tivesse como objeto apenas munir, a quem fosse dirigida, de fonte de prova perfeitamente admissível - como, por exemplo, apontando, em caso de furto ou roubo, onde as coisas subtraídas podem ser encontradas, ou identificando pessoa que, ao ser apropriadamente revistada, pudesse ensejar a produção de verdadeira prova - a informação anônima contribuiria para os fins da justiça[18].

---

15 No original encontrado em Corso (1977, p. 21): "[...] a differenza della denuncia sottoscritta, la notizia delatoria anonima 'non può essere fondamento d'imputazione legale contro alcuno'."

16 Aqui, novamente, aproveita-se a tradução do texto da norma para o italiano, encontrada em Corso (1977, p. 36): "[...] quando denunzie anonime, o che pervengono da persona affatto sconosciuta, contengono circostanze precise indicanti in modo credibile il reato, si drovà bensì passare al rilievo di queste circostanze; però in tal caso si procederà schivando ogni pubblicità e col più possibile riguardo per l'onore della persona imputata".

17 No original: "The influence of this Code of 1873 upon the contemporary orientalization of criminal procedure is also a fact which must be taken into account. Since the French Code of 1808, no legislation peculiar to one nation has been more widely quoted and imitated elsewhere."

18 No original: "If the anonymous information had no other object than to put the party in possession of a source of evidence perfectly admissible, by telling, for instance, in a case of theft, where the stolen goods may be found, or particularizing some person, who, if regularly examined, will be able to give judicial evidence, it might contribute to the direct ends of justice."

A partir das balizas inspiradas na crítica ao sistema inquisitorial, por conseguinte, e no âmbito da nova fisionomia que a democracia passou a ostentar (como se verá abaixo no tópico 1.3), foi se restabelecendo o prestígio da denúncia anônima e de outras atitudes colaborativas do cidadão em relação à atividade estatal de investigação. Bobbio (1991, p. 24), por exemplo, indagando sobre se matar um tirano seria legítimo, desenvolveu o debate acerca da conveniência de se estimular prática moralmente questionável, em nome de um bem coletivo, maior:

> O militante de um movimento subversivo que, aprisionado, declara não conhecer os outros membros do grupo está mentindo. Mas, seu comportamento será imoral? Quem o condenará? Contudo, se uma denúncia permite ao poder legítimo do Estado desbaratar um bando de fanáticos que ameaçam as autoridades, essa denúncia não deve ser considerada, do ponto de vista da ética dos resultados, como uma boa ação?

Essa inspiração serviu, por exemplo, à eclosão do modelo de participação popular na efetivação da segurança pública denominado *Crime Stoppers*, de ampla utilização nos Estados Unidos da América e Canadá, mas também na Grã-Bretanha, Suécia e Austrália, como noticia Aniyar de Castro (2010, p. 240). Tal modelo, segundo essa autora, é baseado em organizações comunitárias que operam através de esforços cooperativos da população, corporações privadas, meios de comunicação e Polícia, da seguinte forma: a imprensa é estimulada a dar publicidade ao "crime da semana", para instar o público a reportar casos delitivos não resolvidos, e às pessoas que querem atuar como informantes da Polícia se garante o anonimato - assim são integrados "[...] comunidade, mídia e polícia, sem nenhuma sobreposição" (MACHADO, 2008, p. 56). Embora surja como instrumento *caritativo*, em determinadas experiências até se concedem recompensas em dinheiro para tais atividades colaborativas, desde que elas contribuam para a prisão dos culpados - a ponto de haver quem faça dessa colaboração ocupação profissional privada![19] A adoção desse *standard*, contudo, gera inconvenientes como o de incrementar a violência privada e a

19 No original: "[...] modelo caritativo, no lucrativo, basado en organizaciones comunitarias que opera a través de esfuerzos cooperativos de la población, corporaciones privadas, los medios de comunicación y la policía. Ellos estimulan a los medios de comunicación a publicitar 'el crimen de la semana', para instar al público a reportar casos delictivos irresueltos. Sin embargo, a las personas que quieren actuar como informantes de la policía se les garantiza anonimidad, incluso se les provee de un número codificado y, en ocasiones, se otorgan recompensas en efectivo por esa actividad, si ella contribuye al arresto de los

utilização de procedimentos fora dos limites da garantia dos direitos humanos, consoante advertido por Aniyar de Castro (2010, p. 241)[20].

De igual modo, o combate à corrupção em Hong Kong - responsável pelo seu reconhecimento como décimo sétimo colocado na última pesquisa em torno do Índice de Percepção da Corrupção, publicada pela Transparência Internacional e realizada em 175 países (TRANSPARENCY INTERNATIONAL, 2014, p. 4) - foi desenvolvido de maneira agressiva, tendo como um de seus sustentáculos o incentivo à população para que delatasse as práticas corruptas, tanto que o primeiro *slogan* de sua agência anticorrupção foi "denuncie a corrupção" (BRASIL, 2015a).

A denúncia anônima volta a ser, com isso, reconhecida - ainda que com significativas reservas - como meio idôneo para a colaboração com o Estado para o bem maior da garantia da ordem e da defesa de direitos. Sua mais exata compreensão, porém, passa pela análise de seu conceito e de sua compatibilidade com os ditames democráticos, em que se pretende inserir a presente teoria.

1.1.2 Conceito e natureza jurídica da denúncia anônima

O produto do ato, até aqui referido, de dirigir a pessoa ou órgão encarregado da investigação do ilícito a notícia da ocorrência deste é corriqueiramente denominado *denúncia*. No entanto, ao menos no ordenamento jurídico brasileiro, não se mostra dogmaticamente adequado tratar da *notitia criminis* como "denúncia", já que esta é, conforme o art. 24 do Código de Processo Penal, a peça que inaugura a ação penal pública, manejada pelo Ministério Público, ou seja, não se trata de simples comunicação de ilícito, mas uma comunicação qualificada por elementos de prova da materialidade e indícios da autoria do indigitado ato, realizada por órgão estatal especificamente incumbido desse mister.

Não obstante, verifica-se que o emprego do verbo *denunciar* se fez presente em sentido mais amplo nos textos das Constituições brasileiras de 1891 (art.

---

culpables, lo que la convierte en una actividad lucrativa. Además, hay personas que hacen de ella una ocupación profesional privada."

20 No original: "[...] de consecuencias impredecibles, una de las cuales puede ser la de incrementar la violencia privada y la de manejarse fuera de los límites de los derechos humanos."

72, § 9.º)[21] e de 1934 (art. 113, 10)[22], particularmente sobre a qual fez questão de ponderar João Mangabeira: "Denunciar ahi não está empregado no sentido rigorosamente technico. É informar, dar noticia e não denunciar sob o ponto de vista da technica processual" (AZEVEDO, 2004, p. 474, *sic*). No mesmo sentido é que a atual Constituição brasileira faculta a qualquer cidadão, partido político, associação ou sindicato "[...] denunciar irregularidades ou ilegalidades perante o Tribunal de Contas da União" (art. 74, § 2.º)[23]. Sintomático desse emprego linguístico nota-se também na Literatura brasileira, a exemplo do conto *A Cartomante*, de Machado de Assis (1994, p. 5), em que Camilo é perseguido por cartas anônimas que lhe avisavam do amplo conhecimento do relacionamento amoroso que mantinha com Rita, esposa de seu amigo Vilela. Daí a admoestação de Lopes Júnior e Gloeckner (2014, p. 102) de que "[...] a expressão denúncia é empregada, na maior parte dos sistemas jurídicos europeus, para denominar a atividade de um particular de noticiar a ocorrência de um delito perseguível de ofício (público)", sendo sua acepção como peça que materializa o exercício da ação penal pública uma particularidade do direito brasileiro.

Por seu turno, entende-se por *anônimo*[24], etimologicamente, tudo aquilo de que não se conhece o nome, geralmente representando a característica da denunciação que parte de pessoa cuja identidade não é conhecida[25], ou por-

---

21 "§ 9º É permittido a quem quer que seja representar, mediante petição, aos poderes publicos, *denunciar* abusos das autoridades e promover a responsabilidade dos culpados." (*sic*, com a redação dada pela Emenda Constitucional de 3 de setembro de 1926, grifado adrede).

22 "10) É permitido a quem quer que seja representar, mediante petição, aos Poderes Públicos, *denunciar* abusos das autoridades e promover-lhes a responsabilidade" (grifo acrescido).

23 Justifica-se, assim que a Lei n.º 8.443/1992, que dispõe sobre a Lei Orgânica do TCU, nomeie o Capítulo IV do Título II - que trata especificamente do procedimento indicado pelo texto constitucional referido - como "Denúncia".

24 Utiliza-se comumente a expressão denúncia *apócrifa*, contra a qual se insurge Madeira (2010, p. 23), por entender que, ao menos no Brasil, no âmbito do processo administrativo, "[...] este termo deve ser reservado [...] aos documentos onde a identidade ou a autenticidade da(s) assinatura(s) do(s) denunciante(s) não puder ou não tiver sido devidamente confirmada (Lei n.º 8.112/1990, art. 114, *caput, in fine*)", e no âmbito do processo penal brasileiro, a denúncia apócrifa é ato processual inexistente, porque consiste na petição inicial de ação penal carente de assinatura válida de membro do Ministério Público.

25 Nesse particular, cabe crítica à relação que Souza (2013, p. 183) faz entre a obrigatoriedade de atribuição de nomes aos indivíduos, garantida por normas internacionais sobre direitos humanos, e a vedação à manifestação anônima do pensamento, já que o denunciante que opta por seu anonimato não se priva de seu nome ou identidade - tais caracteres apenas não são revelados *a priori*.

que absolutamente suprimida, ou porque escamoteada por signo equipolente, como pseudônimo, heterônimo ou sigla de sentido conhecido. Por trás da aparente obviedade do sentido etimológico, porém, repousam recônditas várias nuances do termo, que merecem discussão - porque, a título de ilustração, o pseudônimo pode não necessariamente indicar verdadeiro anonimato, consoante admoestação de Wallace (1999, p. 25), como quando apenas se o utiliza para distinguir, na Literatura, determinado estilo literário de autor conhecido, tal qual se passou com Ruth Rendell e seu *alter ego* Barbara Vine[26].

Pelino (2008, p. 34), por exemplo, no afã de demonstrar que a simples compreensão de anonimato como "ausência de nome"[27] pode negligenciar discussões relevantes sobre esse tema, propõe uma distinção entre sua noção *formal* e *material*: para a primeira, considera-se anônimo o escrito que carece da indicação formal do nome do autor (documento não firmado), enquanto a segunda dá relevância a qualquer possível ligação entre o escrito e o autor do qual provém, de modo que apenas se seu autor fosse realmente irreconhecível poderia o escrito ser verdadeiramente anônimo - assim, mesmo o documento sem assinatura ou identificação expressa do nome de seu autor pode não ser reputado anônimo, desde que a autoria possa ser identificada a partir de qualquer outra indicação[28]. A mesma preocupação já havia sido expressa por Bentham (1825, p. 350), ao caracterizar a informação anônima como aquela da qual não se conhece o autor, ou pelo menos este só é conhecido por ter sido

26 No original: "Authors sometimes adopt pseudonyms in order to distinguish a style or series of writings from other writings. For example, Ruth Rendell and Barbara Vine are and are known to readers to be the same person, with the former being a given name and the latter a pseudonym. This is not anonymity because the names are coordinatable with one another, the author herself in other respects and so on."

27 Por esse caminho envereda a Lei n.º 9.610/1998, que versa sobre direitos autorais no Brasil, ao definir como *obra anônima* aquela em que "[...] não se indica o nome do autor, por sua vontade ou por ser desconhecido" (art. 5.º, VIII, *b*).

28 No original: "La prima definisce 'anonimo' lo scritto che manca dell'indicazione formale del nome dell'autore, o anche di un segno equipollente, come uno pseudonimo o una sigla di significato noto. L'esempio tipico di anonimo in questo senso è rappresentato dal documento non firmato. La seconda nozione invece, prescindendo da elementi strettamente formali, dà rilevanza a qualsiasi possibile collegamento tra uno scritto e un autore dal quale esso proviene, di modo che soltanto di fronte ad un autore realmente ignoto l'enunciato può dirsi veramente 'anonimo'".

visto ou ouvido, sem que sejam esclarecidas suas características pessoais, como nome, residência e conexões sociais[29].

A partir dessa ressalva é que encontra guarida a definição mais cautelosa de Wallace (1999, p. 23), para quem ser anônimo é ser *não identificável* em algum aspecto ou contexto, ou, dito de outro modo, o anonimato é definido como uma *não coordenabilidade de características*, constituindo relação entre pessoa anônima e outros, em que a primeira é conhecida apenas por meio de traços que não são coordenáveis com outros que permitam a identificação da pessoa como um todo[30]. Em outro conto de Machado de Assis (2006, p. 137), por exemplo, a personagem Maria Olímpia supõe que a carta anônima a ela dirigida teria sido escrita por mulher, pelas características da letra - mas a essa característica não conseguiu coordenar qualquer outra, que pudesse, afinal, identificar plenamente a pessoa anônima.

Mais do que com a simples ausência de nome, portanto, o anonimato se observa quando não se pode relacionar um dado traço da pessoa a outras características. Assim, quando, no teor do documento, diz-se que foi elaborado pelo "Presidente da Associação Comunitária X", ou com apenas os números da identidade ou do Cadastro de Pessoas Físicas (CPF) do autor, mesmo sem a declaração expressa do nome, não se está diante de verdadeiro anonimato, já que os dados fornecidos podem ser facilmente coordenáveis com outras características do autor do documento. Ressalte-se, porém, que tal identificação da autoria, mesmo na concepção substancial referida acima, deve se dar, nas palavras de Pelino (2008, p. 37), pronta e seguramente, facilmente, *ictu oculi, illico et immediate*.

Nesse ponto devem ser apartados, como o faz Corso (1977, p. 7), a denúncia *secreta* - cuja autoria e, por vezes, teor eram desconhecidos apenas do acusado - da denúncia *anônima*, em que a identidade do denunciante era desconhecida mesmo da autoridade investigante (ainda que o acusado pudesse conhecer seu conteúdo), distinção, porém, reputada irrelevante até meados

---

29 No original: "Under the name of anonymous evidence, may be comprehended every species of information or disclosure, of which the person, who is to use it, does not know the author, or knows him only by having seen or heard him, but is ignorant of all the circumstances of his name, residence and social connections, by which he may be judicially reached."

30 No original: "Anonymity is a kind of relation between an anonymous person and others, where the former is known only through a trait or traits which are not coordinatable with other traits such as to enable identification of the person as a whole."

do século XVIII na Europa continental, haja vista prever o então vigente sistema inquisitório que recaísse sobre o *acusado* o ônus de provar sua inocência, como visto anteriormente (v. 1.1.1).

De todo modo, e mesmo considerando as possíveis imprecisões apontadas acima, feito o devido temperamento de seu uso nesse introito, utilizar-se-á doravante a expressão *denúncia anônima*, em face da popularização dessa construção idiomática: com efeito, a jurisprudência brasileira, inclusive a do Supremo Tribunal Federal, tem utilizado a locução *denúncia anônima* em seus acórdãos, como se verificará posteriormente no tópico 2.1, que trata de sua jurisprudência; além disso, na língua espanhola se utiliza a perífrase *denuncia anónima* (DELGADO, 1999; RUDI, 2008, p. 159), e, na italiana, *denuncia anonima* (art. 333, 3, do atual Código de Processo Penal da Itália) ou *denunzia anonima* (CORSO, 1977, p. 29).

Convém sublinhar que a *notitia criminis* é gênero das formas de conhecimento do delito onde se posta a espécie denúncia anônima criminal (ou *delatio criminis* anônima), que se caracteriza como a modalidade anônima da comunicação à autoridade competente pela investigação da ocorrência (ou sua iminência) do ilícito penal, ou seja, provoca seu conhecimento[31]. Desse modo, pode-se acolher de Iennaco (2011, p. 58) seu conceito como "[...] a *delatio criminis* formulada por qualquer do povo, sem identificação, mediante expediente apócrifo de cognição mediata (telefonema, e-mail, carta etc.)", a ele podendo ser acrescida a característica de ser dirigida a autoridade pública (Polícia, Ministério Público, Ouvidoria) ou ente privado (imprensa), incumbidos de função investigativa. Marques (2009, p. 107), por sua vez, reputava a denúncia anônima como *notitia criminis* não provocada - em que inseria a *vox publica*, a comunicação telefônica de algum acontecimento delituoso, colhida por cognição imediata - distinguindo-a, pois, da *notitia* provocada, como a denúncia de qualquer do povo levada diretamente à polícia, portanto *identificada*, atributo que lhe emprestaria o reconhecimento de verdadeiro ato jurídico, não desfrutado, a seu ver, pela *notitia* não provocada. Por outro lado, Giovanni Leone (1951, p. 177) propôs outra distinção, apartando a *notizia qualificata* - que tem

31 O Código de Processo Penal brasileiro dispõe sobre essa comunicação, realizada por qualquer pessoa do povo que tiver conhecimento da existência de infração penal em que caiba ação pública, tanto à autoridade policial (art. 5.°, § 3.°), quanto ao Ministério Público (art. 27), porquanto ambos possuem atribuições de investigação criminal.

essência e características determinadas, como a *denuncia* (delação), a *querela* (queixa-crime), a *istanza* e a *richiesta* (formas de representação)[32], e o *rapporto* (comunicação de autoridade pública) - da *notizia inqualificata*, que permite à autoridade investigante um conhecimento eventual do ilícito, embora não classificasse expressamente, nesta última categoria, a denúncia anônima.

Há de se destacar, todavia, que a denúncia anônima não se restringe à seara penal, visto que pode ser instrumento de denunciação de ilícito de qualquer natureza, inclusive administrativa ou cível. Por outro lado, costuma-se mesmo empregar a expressão quando se trata de comunicação dirigida a *particular* sobre conduta desabonadora de alguém - como no conto de Machado de Assis (1994, p. 6) acima mencionado[33] - viés que não será aqui explorado uma vez que a pesquisa se cinge, consoante delimitado na Introdução, à análise da denunciação de *ilícito* dirigida a *autoridade* pública.

Conquanto bem compreendido tal conceito, pouco se tem debatido acerca da natureza jurídica da denúncia anônima, por mais que se entenda, comumente, tratar-se de exercício da liberdade de manifestação do pensamento[34]. Por essa razão, convém proceder à análise dos próprios elementos dessa liberdade, para confrontá-los, por exemplo, com os das demais liberdades ou dos direitos de petição e de ação.

Primeiramente, há de se reconhecer que o termo *liberdade de expressão* tem figurado como preferido nos mais recentes atos normativos e decisões referentes aos direitos humanos, aqui e alhures, desde as revoluções liberais dos séculos XVIII e XIX. Destarte, o Pacto Internacional sobre Direitos Civis e Po-

---

32 Segundo Lopes Júnior e Gloekner (2014, p. 372), a *istanza* "[...] é semelhante à *querela*, com a distinção de que é necessária para os delitos que não podem ser perseguidos de ofício e foram praticados no exterior". Já a *richiesta* "[...] constitui uma petição de instauração do procedimento penal, por parte de determinada autoridade pública, e opera no âmbito de certos delitos, que, por seu caráter especial, exigem o requerimento prévio da autoridade afetada".

33 A referência a cartas anônimas delatando relacionamentos amorosos espúrios ou traições é tema frequente nos contos de Rodrigues (1992, p. 29; 58; 77; 155; 161), cujos enredos não serão aqui esmiuçados também por não explicitar o autor as razões dos anonimatos - tema que será objeto de análise em tópico específico a seguir (v. 1.2.1).

34 Nesse sentido: Souza (2013, p. 219), Carvalho (2010, p. 143), Madeira (2010, p. 23), Rangel (2008, p. 747) e Orçai (2007, p. 2.445). Em sentido contrário posta-se Ghignone (2013a, p. 3.876), porém baseada na compreensão estrita de pensamento como juízo de valor, não submetido a análise de veracidade, e de denúncia anônima como exercício do direito de informar - ideias contra as quais se haverá de argumentar adiante neste tópico.

líticos (art. 19), de 1966, estatui que a *liberdade de expressão* "[...] compreende a liberdade de buscar, receber e difundir informações e ideias de toda índole, sem consideração de fronteiras", do mesmo modo como a Convenção Europeia dos Direitos do Homem (art. 10)[35] adotou sentido amplo da *liberdade de expressão*, de modo a englobar a *liberdade de prestar informação* e a *liberdade de manifestação do pensamento*, uma vez que compreende a difusão de *ideias*.

Não obstante, a Declaração de Direitos do Homem e do Cidadão (art. 11), de 1789, aludia à "[...] livre comunicação de pensamentos e das opiniões"[36] – distinguindo *pensamento*[37] de *opinião*. Esta última é referida, antes, no art. 10 da Declaração, quando garante que ninguém "[...] pode ser molestado por suas opiniões, incluindo opiniões religiosas", o que levou a doutrina francesa a nela enxergar o objeto da tutela do direito de falar livremente e sem autorização as próprias impressões políticas, filosóficas, científicas ou religiosas, do que Duguit (1907, p. 552) extraiu ser abrangente da liberdade de reunião, de educação, de imprensa e do direito de petição[38]. Rivero e Moutouh (2006, p. 503), igualmente, entendem a liberdade de opinião como "[...] a possibilidade dada a cada homem de determinar por si só o que crê verdade em quaisquer

---

35 "Qualquer pessoa tem direito à liberdade de expressão. Este direito compreende a liberdade de opinião e a liberdade de receber ou de transmitir informações ou ideias sem que possa haver ingerência de quaisquer autoridades públicas e sem considerações de fronteiras." Convém sublinhar que a expressão "Convenção Europeia dos Direitos do Homem" foi a opção linguística para o português do documento originalmente denominado "European Convention on Human Rights" (CEDH, 2015), chancelada pelo uso vernacular dos constitucionalistas portugueses Canotilho (2002, p. 516 e 923) e Miranda (2009, p. 99), se bem que este tenha preferido a expressão extensiva "Convenção Europeia de Salvaguarda dos Direitos do Homem e das Liberdades Fundamentais", e se opte pela expressão - mais adequada por sua abrangência - *direitos humanos* ao longo desta pesquisa.

36 No original: "La libre communication des pensées et des opinions est un des droits les plus précieux de l'Homme [...]."

37 Segundo Rodrigues Junior (2009, p. 54), a livre manifestação do pensamento está historicamente relacionada à liberdade de consciência religiosa, pois desde o Édito de Milão promulgado por Constantino no século IV até as guerras religiosas dos séculos XVI e XVII "[...] qualquer referência à liberdade de pensamento era na realidade um reclamo à liberdade de consciência e, por extensão, à liberdade de culto".

38 No original: "La liberté d'opinion, conséquence immédiate de l'autonomie de la personne humaine, implique le droit d'exprimer librement et sans autorisation, dans la mesure où cette manifestation ne porte pas atteinte à l'ordre public établi par la loi et à la liberté des autres, des opinions politiques, philosophiques, scientifiques ou religieuses, soit par la parole, soit par l'écrit. Par suite, elle comprend la liberté de réunion, la liberté de réunion, la liberté de l'enseignement, la liberté de la presse et la liberté de pétition."

campos que sejam" - conquanto a enquadrem dentre as várias liberdades de *pensamento*.

A Declaração Universal dos Direitos Humanos (art. 19), de 1948, por seu turno, conclama à proteção da "[...] liberdade de opinião e expressão"; e, mais recentemente, a Convenção Americana de Direitos Humanos (art. 13), de 1969, estabelece, distintamente, a *liberdade de pensamento* e a *liberdade de expressão*, malgrado veja esta compreendendo "[...] a liberdade de buscar, receber e difundir informações e ideias de toda índole sem consideração de fronteiras", numa redação bem próxima às dos textos do Pacto Internacional sobre Direitos Civis e Políticos e da Convenção Europeia dos Direitos do Homem, acima citados.

Também sobre os teóricos dos direitos humanos e as decisões que visam a sua proteção repousa certa indefinição acerca de tais termos. Por vezes, reconhece-se maior amplitude ao termo *liberdade de expressão*, entendida por Farias (2004, p. 53) como "[...] o conjunto de direitos, liberdades e garantias relacionadas à difusão das ideias e das notícias", abrangente das liberdades de manifestação de pensamento, opinião e consciência, e, para Sarlet (2012, p. 441), constituindo gênero das espécies liberdade de *manifestação do pensamento* (incluindo a liberdade de *opinião*), liberdade de *expressão artística*, liberdade de *ensino e pesquisa*, liberdade de *comunicação e de informação* (liberdade de *"imprensa"*), e liberdade de *expressão religiosa*. Com semelhante amplitude, veem-se abaixo:

> A expressão é a forma através da qual a pessoa exterioriza seus pensamentos em signos, em palavras ou gestos que tenham como propósito comunicar algo. Desta sorte, conforme J. Rivero, a origem da liberdade de expressão reside na "possibilidade que tem o homem de eleger ou elaborar por si mesmo as respostas que queira dar a todas as questões que lhe apresenta a conduta de sua vida pessoal e social para adequar àquelas seus atos e comunicar aos demais o que tenha de verdadeiro." (VILLANUEVA, 1998, p. 23, com tradução do pesquisador).[39]

Esta liberdade [de expressão] apresenta uma gama de derivações: a) Liberdade de expressar ideias ou opiniões; b) Liberdade de informar sobre aconte-

---

39 No original: "La expresión es la forma a través de la cual la persona exterioriza sus pensamientos en signos, en palabras o gestos que tengan como propósito comunicar algo. De esta suerte, siguiendo a J. Rivero, el origen de la libertad de expresión reside en 'la posibilidad que tiene el hombre de elegir o elaborar por sí mismo las respuestas que quiera dar a todas las cuestiones que le plantea la conducta de su vida personal y social para adecuar a aquéllas sus actos y comunicar a los demás lo que tenga de verdadero'".

cimentos da realidade; c) Liberdade de difundir ditas ideias, opiniões ou informações através da imprensa; d) O direito de exigir do governo informação sobre seus atos. (ROJAS, 2005, p. 137, com tradução do pesquisador)[40]

Hesse (1998, p. 304), por sua vez, entende mais ampla a liberdade de manifestação de opinião, pois

> [...] expressa todas as manifestações que servem à formação de opiniões: não só o parecer próprio, seja ele aprovatório ou crítico, de índole fundamental ou não-fundamental, mas também a comunicação de fatos que, sem dúvida, não está unida com nenhum parecer próprio, contudo, está determinada a possibilitar ou influenciar formação de opinião.

Em contrapartida, há quem desloque essa característica de maior abrangência para a *manifestação do pensamento*, entendido por Silva (1994, p. 221) como o ato de externar qualquer produção intelectual, como "[...] um dos aspectos externos da liberdade de opinião", ao passo que Hungria (1968, p. 9) vê na liberdade de pensamento e informação muito maior amplitude que a liberdade de imprensa. Ainda no mesmo sentido, diz-se que a *liberdade de manifestação do pensamento* é a liberdade de conteúdo intelectual pela qual "[...] o homem tenda, p. ex., a participar a outros suas crenças, seus conhecimentos, sua concepção do mundo, suas opiniões políticas ou religiosas, seus trabalhos científicos" (COLLIARD *apud* SILVA, 1994, p. 219). Para Silva (1994, p. 222), a comunicação desse pensamento, por sua vez,

> [...] pode verificar-se de pessoa a pessoa (em forma de diálogo, de conversação) ou de uma pessoa para outras (em forma de exposição, de conferência, palestras, discursos etc.); [de outro modo,] pode ocorrer entre pessoas determinadas, por meio de correspondência pessoal e particular sigilosa (carta, telegrama, telefone, ligados ao direito à privacidade, como foi visto), ou expressar-se para pessoas indeterminadas, sob a forma de livros, jornais, revistas e outros periódicos, televisão e rádio.

Constata-se, pois, não haver uniformidade quanto a delimitações terminológicas para distinguir entre as liberdades de *expressão*, de *manifestação de pensamento*, de *manifestação de opinião*, de *imprensa*, ou outras expressões assemelhadas, muito em decorrência da pretensão universalista dos diplomas

---

40 No original: "Esta libertad [de expresión] presenta un abanico de derivaciones: a) Libertad de expresar ideas u opiniones; b) Libertad de informar sobre acontecimientos de la realidad; c) Libertad de difundir dichas ideas, opiniones o informaciones a través de la prensa; d) El derecho a exigir al gobierno información sobre sus actos."

e construções teóricas mencionados, que, por essa razão, veem-se forçados a condensar variadas idiossincrasias linguísticas em seus textos. Em virtude disso, há quem, como Rodrigues Junior (2009, p. 63), não identifique, em termos práticos, qualquer diferença substancial referente aos conteúdos da liberdade de opinião ou de expressão e mesmo da liberdade de imprensa - a exemplo de Farinho (2006, p. 21), que enxerga *pensamento* e *opinião* como sinônimos.

Para iluminar tal imprecisão terminológica, e diante da importância da linguagem no Direito, pode-se empreender abordagem *zetética* para buscar nas construções filosóficas melhor compreensão de *pensamento*, *opinião* e *ideia*, amiúde referidos e por vezes confundidos. Por *pensamento*, Agostinho (1980, p. 179) entende o coligir das "[...] coisas que a memória encerrava dispersas e desordenadas [obrigando-as] [...], pela força da atenção, a estarem sempre como que à mão e a apresentarem-se com facilidade ao esforço costumado do nosso espírito", ou seja, pensar é juntar (*cogere*, de onde se extrai *cogitatio*) os conhecimentos existentes na memória.

Agostinho colheu em Platão (2000, p. 184-185)[41], por sua vez, o entendimento de que o pensamento podia se manifestar como conhecimento (*episteme*), quando se capturava a essência das coisas, ou como opinião (*doxa*), quando se julgava sobre sua aparência - apreensão, portanto, sujeita à natural mutabilidade decorrente desse julgamento incompleto - de modo que situava a opinião em categoria intermediária entre a ciência[42] e a ignorância.

Platão defendia, ainda, a compreensão de *ideia* como forma transcendente contida na inteligência divina, no que foi posteriormente refutado pelo entendimento cartesiano de *ideia* como *uma das formas* de pensamento, já que este pode encerrar, além da simples representação das imagens das coisas para a mente (*ideia*), outras formas, como a *vontade* e o *juízo*, pois "[...] no instante em que eu quero, que eu receio, que eu afirmo ou que eu nego, então concebo efetivamente uma coisa como o sujeito da ação de meu espírito, mas acrescento também alguma outra coisa por esta ação à ideia que tenho daquela coisa"

---

41 Na tradicional citação dos textos gregos antigos: *Rep.*, V, 476 e 477.

42 Na ótica de Perelman (2005, p. 257), a tradição clássica entendia que somente o uso correto da razão possibilitaria apegar-se "[...] às ideias claras e distintas, conhecidas por meio de intuições evidentes que garantem a verdade de seu objeto" e, portanto, alcançar o saber infalível - merecedor de ser chamado de *ciência*.

(DESCARTES, 1999, p. 272)[43]. Contrapondo-se, porém, à possibilidade de distinção, no caso concreto, entre o *juízo* e a *ideia* nos sentidos acima apontados por Descartes, Martins (2012, p. 214) argumenta que esta última, mesmo sendo simples afirmação de fato, "[...] parece mesmo ser, em regra, intimamente ligada a um juízo de valor: aquele que afirma a existência de um fato, primeiro escolhe se vai transmitir a informação, escolhe quando, onde e a forma de comunicar. Tudo isso é juízo de valor."

Ainda que se encontrassem, porém, conceitos precisos e incontestáveis, esbarrar-se-ia no problema hermenêutico já apontado por Perelman (2005, p. 260-261) de que a linguagem, sendo obra humana, é sujeita às imperfeições e vicissitudes dos homens mas, mesmo assim, é determinante na definição de verdade, ou, dito de outro modo, tem interferência nos constructos científicos: como por ele explicado, o filósofo não pode dizer que emprega determinado vocábulo, "[...] a um só tempo, em todos os sentidos que podem ser encontrados num bom dicionário" (PERELMAN, 2005, p. 266), sob pena de desenvolver discurso incompreensível. Desse modo, é fadada ao fracasso qualquer tentativa de dar uniformidade ou coerência às expressões acima referidas (*pensamento, ideia, juízo, opinião*, por exemplo) a partir dos textos normativos ou doutrinários - mas isso não exime o pesquisador que labore com essas expressões de investigação semântica que o ajude a compreender os institutos por ele pesquisados. Como proceder, então?

Considerando que aqui se desenvolve abordagem *dogmática*, tendo em vista a decidibilidade dos conflitos (a serem exemplificados no segundo capítulo e esmiuçados no terceiro), não se aprofundará a construção de conceitos e definições rigorosas – o que caracteriza, segundo Ferraz Júnior (2015, p. 60), as teorias dogmáticas – optando-se, em princípio, ainda que não se amolde perfeitamente aos termos adotados por todos os diplomas normativos já citados, pela delimitação terminológica que entende *pensamento* como palavra de maior abrangência semântica do que a de *opinião* – porquanto pode ser, em vez de opinião, *conhecimento* – e a de *ideia* – já que pode ser, além da represen-

---

43 Com Descartes, "[...] se passou de uma *Ideia* à imagem da qual são as coisas para uma *ideia* imagem das coisas", segundo esclarece Fontanier (2007, p. 74), entendimento já exposto por Locke (1978, p. 159) – para quem a *ideia* constitui objeto do *pensamento* – ao afastar a crença na existência de ideias *inatas*, por entender que elas só são produzidas a partir da *experiência*.

tação da imagem das coisas para a mente, *vontade* ou *juízo*. O significado aqui adotado de *pensamento* como ordenação de conhecimentos existentes na memória, aliás, guarda consonância com a moderna Neurobiologia, pois Damasio (1994, p. 90) o define como o processo de formação de representações neurais que se podem tornar imagens (não apenas visuais, mas também sonoras e olfativas, por exemplo) manipuláveis com vistas a, eventualmente, influenciar o comportamento do pensador, ao lhe permitir prever o futuro, planejar-se de acordo com essa previsão e escolher sua próxima ação[44]. Não obstante, haja vista o compromisso aqui já anunciado com a dogmática jurídica, essa opção terminológica deverá ser posta à prova pelos órgãos estatais responsáveis por dar vida aos textos normativos que a ela fazem alusão: o Judiciário e os constituintes brasileiros, consoante será desenvolvido no segundo capítulo.

Percebe-se, também, que o grande desafio para a democracia não consiste em garantir a liberdade de *produzir* opinião, ideia ou pensamento, que foge ao controle absoluto de qualquer ente externo ao próprio homem pensante, e sim a liberdade de sua *manifestação* ou *expressão*[45], pois, nas palavras de Maximiliano (2005, p. 710), o "[...] pensamento é intimo, simples função psychica, incoercível", de modo que só se reivindica "[...] a liberdade da *palavra*, que é a

44 No original: "My view then is that having a mind means that an organism forms neural representations which can become images, be manipulated in a process called thought, and eventually influence behavior by helping predict the future, plan accordingly, and choose the next action. Herein lies the center of neurobiology as I see it: the process whereby neural representations, which consist of biological modifications created by learning in a neuron circuit, become images in our minds".

45 As línguas neolatinas, via de regra, não reconhecem distinção semântica substancial entre os signos *expressar* e *manifestar*, para os propósitos aqui tratados. Deveras, mesmo sem olvidar a advertência acima feita acerca das limitações de incursão excessivamente exigente nos dicionários, pode-se constatar que Ferreira (1988), no âmbito do português brasileiro, define o primeiro como exprimir, dar a entender, revelar, manifestar ou enunciar por palavras ou gestos, e o último como tornar público, divulgar, declarar, revelar ou exprimir - definições que são encontradas também na língua portuguesa praticada em Portugal (DICIONÁRIO, 2009). No espanhol, *expressar* significa *"dar a entender con palabras, gestos o de otro modo lo que uno piensa, siente o quiere"*, sendo apresentado como sinônimo de *manifestar*: *"expresar o dar a conocer algo, como un sentimiento, pensamiento u opinión"* (DICCIONARIO, 1999), à semelhança do francês, que utiliza *exprimer* e *manifester* (CORRÊA; STEINBERG, 1992). Para a língua italiana, por fim, *manifestare* significa *"rendere noto apertamente"*, sinônimo de *esprimere*, entendido como *"comunicare sentimenti o pensieri"* (DIZIONARIO, 2010). Desse modo, a distinção aqui adotada entre liberdade de *expressão* [do pensamento] e liberdade de *manifestação* de pensamento se presta apenas para melhor compreensão entre sentidos mais ou menos genéricos, de acordo com os documentos jurídicos pesquisados redigidos em língua portuguesa.

expressão do pensamento", ou, na compreensão de Miranda (1963, p. 420), a "[...] liberdade do indivíduo em suas relações com os outros". De todo modo, como lembrado por Farias (2004, p. 154), "[...] o oferecimento de embaraços ou impedimentos à auto-expressão do pensamento finda por tolher a própria faculdade de as pessoas pensarem", assomando a importância da proteção dessa garantia. Lévinas (2010, p. 23) chega a vincular o pensamento a sua expressão, pois para ele pensar "[...] não é mais contemplar, mas engajar-se, estar englobado no que se pensa, estar embarcado - acontecimento dramático do ser-no-mundo".

Além de não se poderem confundir as liberdades de *manifestação de pensamento* e de *imprensa*, esta não pode ser considerada tampouco um subcaso daquela, porquanto, consoante Martins (2012, p. 261), a liberdade de imprensa se espraia sobre "[...] todo o *processo de composição de um produto de imprensa*, partindo da consecução da informação, passando, entre outras, pela atividade redacional, chegando à publicação de notícias ou opiniões, além de ensaios literários, técnicos ou científicos"[46], vale dizer, não se cinge ao ato de externar o pensamento do comunicador, abrangendo todo o processo de comunicação social.

Em recente caso submetido à Corte Interamericana de Direitos Humanos (Kimel vs. Argentina)[47], esse tribunal corroborou a bifurcação entre os aspectos individual e público da liberdade de expressão, ao consignar que

> [...] quem está sob a proteção da Convenção tem o direito de buscar, receber e difundir ideias e informações de toda índole, assim como o de receber e conhecer as informações e ideias difundidas pelos demais. É por isso que a liberdade de expressão tem uma dimensão individual e uma dimensão social: esta requer, por um lado, que ninguém seja arbitrariamente menoscabado ou impedido de manifestar seu próprio pensamento e representa, portanto, um direito de cada indivíduo; mas implica também,

---

46 Compreensão similar já ostentava Maximiliano (2005, p. 711) há mais de um século, ao defender que a "[...] palavra *imprensa*, no sentido constitucional, compreende todo processo para reproduzir *mecanicamente*, em numero considerável de exemplares idênticos, textos escriptos, desenhos, imagens, composições ou quaisquer signaes representativos de idéas" (*sic*) - definição que não comportava, por óbvio, o *blog* ou outros recursos de publicação da internet.

47 No dia 10 de setembro de 2010, com a chegada à Argentina da Comissão Interamericana de Direitos Humanos, em comemoração ao trigésimo aniversário de sua primeira visita *in loco*, o governo argentino externou sua decisão de enviar ao Congresso um conjunto de projetos de lei vinculados com obrigações provenientes de decisões do sistema interamericano, entre eles o do caso Kimel (DERECHOS, 2010, p. 317).

por outro lado, um direito coletivo de receber qualquer informação e a conhecer a expressão do pensamento alheio[48] (CIDH, 2008, p. 15, com tradução do autor).

Embora esta decisão aluda à *liberdade de expressão*, em face do caráter mais abrangente de *pensamento* defendido neste livro, entende-se que a bifurcação explanada se refira à *liberdade de manifestação do pensamento*, que, no seu aspecto individual, de caráter predominantemente subjetivo, é considerada como "[...] decorrência da autonomia pessoal, constituindo projeção da dignidade da pessoa humana, que, por meio da livre expressão e comunicação de ideias, desenvolve sua personalidade" (SOUZA, 2013, p. 168).

Assim, pode-se equiparar o aspecto individual da *liberdade de manifestação do pensamento* à *liberdade de expressão* (no sentido adotado ao longo desta pesquisa), que, segundo Braga (2008, p. 3), está vinculada à estrutura da pessoa humana que, em sua convivência, necessita da comunicação da palavra em suas diferentes situações[49]. Tal aspecto foi identificado, por exemplo, pela Suprema Corte estadunidense na Primeira Emenda à Constituição[50], que garante a *liberdade de expressão* (*freedom of speech*), direito mais litigado na história desta Constituição (DOUZINAS, 2009, p. 123)[51]. Segundo Fiss (2010, p. 20), essa proteção respondeu, inicialmente, à compreensão da livre expres-

---

48 No original: "[...] quienes están bajo la protección de la Convención tienen el derecho de buscar, recibir y difundir ideas e informaciones de toda índole, así como también el de recibir y conocer las informaciones e ideas difundidas por los demás. Es por ello que la libertad de expresión tiene una dimensión individual y una dimensión social: ésta requiere, por un lado, que nadie sea arbitrariamente menoscabado o impedido de manifestar su propio pensamiento y representa, por tanto, un derecho de cada individuo; pero implica también, por otro lado, un derecho colectivo a recibir cualquier información y a conocer la expresión del pensamiento ajeno".

49 No original: "[...] está vinculado a la estructura de la persona humana que, en su convivencia, necesita de la comunicación como medio de realización de su persona, por la vía de comunicación de la palabra en sus diferentes situaciones".

50 Eis o texto original da Primeira Emenda: "Congress shall make no law respecting an establishment of religion, or prohibiting the free exercise thereof; or abridging the freedom of speech, or of the press; or the right of the people peaceably to assemble, and to petition the Government for a redress of grievances".

51 Ainda assim, sublinha Rodrigues (1957, p. 33) que até 1917 praticamente não houve, nos Estados Unidos, decisões judiciais satisfatórias sobre o sentido da liberdade de palavra, aparecendo apenas em 1919 o primeiro caso submetido à Suprema Corte daquele país que a relacionava à Primeira Emenda, exatamente o caso *Schenck v. United States* (EUA, 1919), em que o *Justice* Holmes erigiu a exigência do teste do perigo claro e imediato (*clear and present danger*) para aquilatar as restrições à liberdade de expressão.

são como *liberdade natural*, erigida em face das tentativas do Estado em se imiscuir nos assuntos privados e, portanto, tendente a firmar compromisso com a ideologia capitalista liberal (possibilitando o debate livre e aberto sobre os assuntos públicos), e rechaçar, por outro lado, os excessos do totalitarismo, regime em que o Estado utiliza os indivíduos como instrumentos de suas políticas - ideia combatida, para Fiss (2010, p. 27), nos casos *West Virginia State Board of Education v. Barnette* e *Wooley v. Maynard*. O fulcro da proteção dessa liberdade, pois, como defendido por Farinho (2006, p. 23), "[...] se encontra do lado daquele que exprime e não do lado daquele que é destinatário do pensamento expresso".

Devido ao seu caráter predominantemente subjetivo e abstrato, a dimensão individual da *liberdade de manifestação do pensamento* "[...] não está sujeita à exigência ou ao critério da verdade [...] podendo ser alvo apenas de discussão crítica" (SOUZA, 2013, p. 170-171), entendimento que é partilhado por Farias (2004, p. 55), e complementado por Rodrigues Junior (2009, p. 57), que admite o descompromisso do conteúdo da liberdade de expressão com a veracidade ou mesmo com a inteligibilidade - ou seja, pode ela consistir até numa manifestação incompreensível ao interlocutor.

Por seu turno, a dimensão pública ou social da *liberdade de manifestação do pensamento*, de feição prevalentemente objetiva, para Souza (2013, p. 168)

> [...] é reputada como essencial elemento da democracia, pois a livre expressão e comunicação de ideias cumpre uma função informativa, possibilitando um melhor conhecimento dos assuntos de relevância coletiva ou comunitária, bem como uma função crítica, assegurando melhores condições de avaliação do poder, especialmente do poder político.

Nesse ponto, cumpre dar atenção à adoção de uma terceira expressão linguística, comumente associada à dimensão social da *liberdade de manifestação do pensamento*: *liberdade de prestar informação*[52], expressamente prevista, por exemplo, pelas Constituições portuguesa (art. 37.°, 1)[53] e chilena (art. 19, §

52 A essa expressão Farias (2004, p. 55) se refere como *liberdade de comunicação*, concordando em que ela é constituída por conteúdo objetivo e, portanto, é suscetível de comprovação da verdade.

53 Na redação original, com destaque acrescido: "1. Todos têm o direito de exprimir e divulgar livremente o seu pensamento pela palavra, pela imagem ou por qualquer outro meio, bem como o *direito de informar*, de se informar e de ser informados, sem impedimentos nem discriminações."

12.º)[54]. Essa dimensão assume não mais a feição natural da liberdade de expressão anteriormente apontada, mas verdadeira fisionomia *política*, segundo Fiss (2010, p. 31) justificada quando a força da democracia depende da qualidade do debate público, como demonstrado nos casos *New York Times v. Sullivan* e *Dombrowski v. Pfister*, julgados pela Suprema Corte norte-americana e em que ficou consolidada a doutrina do escrutínio estrito (*strict scrutiny*), segundo a qual quando se esteja diante de qualquer regulação que ameace a robustez do debate público, deverá o Estado demonstrar não apenas que persegue interesse legítimo, senão também que tal interesse é especialmente urgente e que os meios escolhidos pela legislatura foram estudados exaustivamente como destinados a esse fim.

Pode-se concluir, portanto, que o direito fundamental de *liberdade de manifestação do pensamento* possui, além da dimensão individual - a *liberdade de expressão* - uma outra social - a *liberdade de prestação de informação*, que é, segundo Farinho (2006, p. 24), fundada "[...] na vontade de alteridade, em que o sujeito tem como principal interesse chegar ao outro e onde é fundamental a assimilação do dado ou dados transmitidos".

Ainda assim, há de se apartar a forma simples da *liberdade de prestar informação* da *delação*, consistente na informação dirigida a entidade pública para que, dentro de seus poderes de investigação, procure esclarecer o fato ilícito indigitado, já que aquela pode se destinar a ampla difusão da informação - o que não se espera, *a priori*, da denunciação (principalmente a anônima), que por natureza é endereçada apenas ao investigador. Assim é que a Constituição uruguaia (art. 29)[55], por exemplo, atribui responsabilidade ao autor, impressor ou emissor da manifestação do pensamento, de forma a permitir deduzir que o extravasamento de sua liberdade só é possível se for dada *publicidade* a essa

---

54 Na redação original, grifado adrede: "12.º La libertad de emitir opinión y la de informar, sin censura previa, en cualquier forma y por cualquier medio, sin perjuicio de responder de los delitos y abusos que se cometan en el ejercicio de estas libertades, en conformidad a la ley, la que deberá ser de quórum calificado."

55 No original: "Es enteramente libre en toda materia la comunicación de pensamientos por palabras, escritos privados o publicados en la prensa, o por cualquier otra forma de divulgación, sin necesidad de previa censura; quedando responsable el autor y, en su caso, el impresor o emisor, con arreglo a la ley por los abusos que cometieren."

manifestação. Igualmente, na Itália, a Constituição (art. 21)[56] alude aos "meios de difusão", ou seja, pressupõe que a responsabilização depende da *publicização*. A Constituição argentina (art. 14)[57], por fim, e no mesmo sentido, protege a difusão de ideias *pela imprensa*.

Com efeito, destinando-se a *liberdade de prestar informação* à divulgação da informação pensada, só pode ela ser externada depois de avaliação cuidadosa de seu emitente, motivo que levou Rodrigues Junior (2009, p. 19) a entender que ela "[...] deve ser verdadeira e não pode ficar indiferente aos valores que tocam em profundidade a existência humana". Diferentemente, a "verdade" exigível da manifestação do pensamento do delator pode ser aferida ao longo da investigação - não sendo imprescindível que seja cristalinamente já por ele demonstrada, haja vista, ademais, a possibilidade de não dispor de recursos cognitivos suficientes para aproximar-se desta "verdade" - dever de diligência, porém, que se reclama do responsável por considerar as providências dela decorrentes e, mais ainda, de quem toma a iniciativa de torná-la pública. Nesse sentido, Martins (2012, p. 214-215) defende que a liberdade de manifestação do pensamento não permite a avaliação da veracidade do juízo de valor externado pelo exercício dessa liberdade e, apesar de entender que as afirmações comprovadamente inverídicas não fazem parte do âmbito de proteção desse direito fundamental, reconhece que mesmo as informações inverídicas são por este protegidas, se "[...] o estado de não veracidade não for consciente por parte daquele que se expressa", no que enxergou a "[...] liberdade de cometer erros e enganos".

Outrossim, enquanto a liberdade de expressão e mesmo a liberdade de prestar informação demandam, principalmente, posturas *negativas* do Estado - no sentido de não obstar, desarrazoadamente, seu exercício - a denúncia anônima se destina a exigir prestação *positiva* do ente público, consistente na investigação em torno do ilícito para, por conseguinte, adotar as medidas persecutórias pertinentes.

---

56 No original: "Tutti hanno diritto di manifestare liberamente il proprio pensiero con la parola, lo scritto e ogni altro mezzo di diffusione."

57 No original: "Todos los habitantes de la Nación gozan de los siguientes derechos conforme a las leyes que reglamenten su ejercicio; a saber: [...] de publicar sus ideas por la prensa sin censura previa"

Em face de todo o expendido, não há dúvida de que o ato do denunciante de provocar a autoridade competente para a investigação sobre a ocorrência de ilícito - ou de sua iminência - de que tenha informações, feito de forma anônima ou identificada, constitui manifestação do pensamento, conquanto não perfeitamente coincidente nem com a liberdade de expressão, nem com o direito de prestar informação. Deveras, ainda que se deixe impelir pela aparência (*opinião*), e mesmo que seja motivado pela simples representação imparcial do fato em sua mente (*ideia*), pela *vontade* em ver tal fato apurado ou o suspeito processado, ou partindo de um *juízo*, a exteriorização de sua impressão privada, particular, constitui manifestação de pensamento, mais adequadamente definida como outra espécie de *liberdade*, a saber, a *de provocação de autoridade pública*.

Em decorrência disso, cumpre analisar as características da denúncia anônima, com o fito de confrontá-las com as de outras modalidades da liberdade de provocação de autoridade pública, como os direitos de petição e de ação. Pode-se principiar indagando se se considera a denúncia anônima forma de exercício do *direito de petição*[58], por uns considerado "[...] modalidade específica da liberdade de manifestação do pensamento" (SOUZA, 2013, p. 206), e, por outros, forma da liberdade de opinião em que esta é dirigida a autoridades públicas (DUGUIT, 1907, p. 582). Pode-se, em relação a tal direito, até assumir sentido mais amplo, como o defendido, por exemplo, por Maximiliano (2005, p. 701) - escrito dirigido ao poder público "[...] no qual exponha opiniões, pedidos ou queixas"[59] - e por Canotilho (2002, p. 507), com base no texto da Constituição portuguesa:

> [...] faculdade reconhecida a indivíduo ou grupo de indivíduos de se dirigir a quaisquer autoridades públicas apresentando petições, representações, reclamações ou queixas destinadas à defesa dos seus direitos, da constituição, das leis ou do interesse geral.

---

58 Segundo Maximiliano (2005, p. 702), o direito de petição foi consolidado a partir do célebre julgamento dos sete bispos, no quarto ano do reinado de Jaime II, da Inglaterra, e depois pela Magna Carta, a partir da promessa *Nulli negabimus aut differemus rectum vel justitiam.*

59 Maximiliano (2005, p. 703), por outro lado, insinua distinção entre o direito de petição e o *direito de ação*, tanto que reputa aquele como uma conquista de outrora, valiosa em monarquias absolutas, mas sem importância naquela época republicana já por ele experimentada, quando se recorria, de preferência, ao processo judiciário, iniciado pela ação.

A partir dessa acepção ampla, poder-se-ia entender a denúncia anônima abarcada pelo direito de petição, porquanto dirigida a autoridade pública e portadora de pedido, reclamação ou queixa - a investigação sobre fato ilícito de que se conheça algum elemento útil para sua elucidação. Entretanto, Colom Pastor (1997, p. 41) defende conceito mais restritivo do direito de petição, de modo que só há de ser exercido em quatro hipóteses: petições que reclamam do poder público um ato de liberalidade, que, para ele, são as atividades que estão dentro do âmbito de discricionariedade ou oportunidade (COLOM PASTOR, 1997, p. 33); as que solicitam a promulgação de novas normas; as que se referem à melhoria de serviços públicos; e as que se referem a irregularidades administrativas[60] - de modo que somente nesta última hipótese poderia encontrar correspondência com a denúncia anônima, e, ainda assim, excluindo as denunciações de natureza política e criminal.

Convém ressaltar, porém, que o direito de petição, nascido como um mecanismo de correção do sufrágio político adotado logo após as revoluções liberais (COLOM PASTOR, 1997, p. 19), possui nítido caráter político, havendo Duguit (1907, p. 584) recordado que Le Chapelier já propusera à Assembleia Nacional Francesa em 1791 a distinção entre o direito de queixa (portadora de interesse individual), e o direito de petição, pelo qual se pedia ao Congresso medida que atendesse ao interesse geral, de forma que se caracterizava como direito político, a ser reservada aos cidadãos ativos[61]. Daí Miranda (2005, p. 495) pontuar que, em Portugal, é ele "[...] reservado a cidadãos portugueses e a cidadãos de países de língua portuguesa com estatuto de igualdade", do mesmo modo como a Constituição espanhola limita seu

---

60 No original: "[...] peticiones que interesan de los poderes públicos un acto graciable, las que solicitan la promulgación de nuevas normas, las que se refieren a mejoras de servicios, y las que se refieren a irregularidades administrativas".

61 No original: "Dans un rapport présenté à l'Assemblée nationale, le 9 mai 1791, Le Chapelier proposait de distinguer la plainte et la pétition proprement dite. Il définissait la plainte le droit naturel et inviolable appartenant à tout individu de formuler une réclamation adressée aux pouvoirs publics contre une décision individuelle le concernant, et le droit de pétition, le droit de demander au législateur de prendre une décision par voie générale sur un objet d'intérêt général. D'après Le Chapelier, le droit de pétition, ainsi compris dans ce sens restreint, est un droit politique; il l'appelait «cette espèce d'initiative du citoyen pour les lois et les institutions sociales» et il pensait qu'il devait être réservé aux citoyens actifs." Todavia, ressalta que não foi esta a concepção que prevaleceu, pois sob forte oposição de Pétion, Grégoire, Robespierre e Maury, a Assembleia acabou por reconhecer o direito de petição como acessível a todos.

exercício apenas aos *espanhóis* (art. 29, 1)[62]. Daí se extrai a defesa de Pimenta Bueno, ainda na discussão da Constituição brasileira que seria promulgada em 1891, de que a petição fosse assinada "[...] por todos e cada um dos peticionários pelo seu próprio nome e não sob denominação collectiva de sociedade política ou anonyma" (BARBALHO, 2002, p. 317, *sic*), aliás no mesmo sentido de Maximiliano (2005, p. 702), que exigia, para o exercício desse direito, "[...] assignaturas individuaes e não de sociedades anonymas ou politicas". Diferentemente, normalmente não se exige do denunciante qualquer atributo especial - muito menos se ele se mantiver sob o anonimato, situação incompatível com a aposição de assinatura própria, por exemplo, a dificultar a que sua própria identidade seja aferida com precisão.

Por outro lado, o direito de petição confere ao peticionário o "[...] direito a que suas petições sejam admitidas, a que sejam apreciadas e a serem informados sobre tal apreciação" (MIRANDA, 2005, p. 495), tendo a Constituição portuguesa reconhecido expressamente este último atributo (art. 52.º, 1, *in fine*), que constitui mais um entrave a que nesse direito se inclua a denúncia anônima. Isso porque o anonimato, se absoluto, impede completamente a prestação da resposta particularmente direcionada[63] por parte da autoridade pública investigante. Tampouco se pode esperar dessa autoridade, impossibilitada de prestar conta de seu trabalho de modo particular ao denunciante, ampla divulgação do resultado das investigações com o fito de facilitar a chegada da informação a este, mormente se a suspeita por ele levantada não se confirmar, haja vista o atentado que tal publicidade pode representar aos direitos de personalidade (honra e imagem) do investigado. Eis por que Colom Pastor (1997, p. 134) advoga que a petição *anônima* não reúne os requisitos formais indispensáveis para que se considere manifestação do direito de petição.

---

62 É bem verdade, por outro lado, que Colom Pastor (1997, p. 101) reconhece a tendência, no atual sistema constitucional espanhol, de não se exigir legitimação alguma de quem dirija petições aos poderes públicos. Do mesmo modo, a Constituição brasileira, ao instituir o direito de petição em seu art. 5.º, XXXIV, *a*, o assegura *a todos*, e não apenas aos cidadãos brasileiros.

63 Tal resposta individualizada só se mostraria possível se a denúncia anônima fosse formulada a partir do uso de *e-mail* (por óbvio não indicativo da identidade do delator), ou se o autor da denúncia, ao formulá-la, solicitasse que lhe fossem prestadas informações por meio de Caixa Postal.

Em virtude desses argumentos, não se pode considerar a denúncia anônima como manifestação do direito de petição, por mais que se reconheça neste, com Colom Pastor (1997, p. 27), a origem dos direitos consistentes na provocação da prestação estatal, como o próprio direito de ação.

Algo igualmente diverso da denúncia anônima é o exercício do *direito de ação*, conforme assentado nas cortes internacionais. A Convenção Europeia dos Direitos do Homem, por exemplo, em seu art. 35.º, § 2.º, *a*, expressamente veda o simples conhecimento, pelo Tribunal Europeu dos Direitos do Homem[64], de qualquer petição individual formulada anonimamente, conquanto tenha esta Corte admitido, no caso *Shamayev e outros v. Geórgia e Rússia*, solicitação de treze chechenos que não declinaram seus nomes verdadeiros (reportando-se sob pseudônimos), com o fim de proteger suas famílias e parentes ainda residentes na Rússia, pois o Tribunal entendeu haver elementos bastantes para verificar que se tratava de pessoas reais, escamoteadas por razões compreensíveis[65]. Do mesmo modo, o Protocolo Facultativo Referente ao Pacto Internacional sobre Direitos Civis e Políticos de 1966, em seu art. 3.º, determina que não serão recebidas as comunicações anônimas dirigidas ao Comitê dos Direitos Humanos, o mesmo se observando quanto ao Protocolo Facultativo à Convenção sobre a Eliminação de Todas as Formas de Discriminação Contra a Mulher (art. 3.º)[66] e à Carta Africana dos Direitos do Homem e dos Povos (art. 56.º, 1)[67]. O direito de ação é exercido com o fim de instau-

64 Apesar de ser frequentemente denominada *Corte* Europeia de Direitos Humanos - em decorrência natural das expressões idiomáticas inglesa *European Court of Human Rights*, e francesa *Cour Européenne des Droits de L'Homme* - faz-se aqui a opção pela expressão *Tribunal* Europeu dos Direitos do Homem, tal como traduzido para a língua portuguesa nos documentos oficiais dessa corte e adotado pelo constitucionalista português Canotilho (2002, p. 923). V. nota 35 acima.

65 No original: "La Cour ne conteste pas que les requérants introduisirent leur requête en lui indiquant des surnoms et qu'ils ne fournirent que plus tard leurs vrais patronymes. Même si la véracité de ceux-ci reste encore, dans certains cas, à prouver, la Cour ne met pas en doute le fait que, derrière les tactiques de dissimulation des vraies identités pour des raisons que l'on peut comprendre, se trouvent des personnes réelles, concrètes et identifiables par un nombre suffisant d'indices, autres que leurs noms" (TEDH, 2003, p. 38).

66 Não obstante, tal Protocolo (promulgado no Brasil pelo Decreto n.º 4.316, de 30-07-02), em seu art. 6.º, admite que a comunicação recebida pelo Comitê sobre a Eliminação da Discriminação contra a Mulher, instituída pela Convenção, seja levada confidencialmente à atenção do Estado Parte a que se imputa violação.

67 À semelhança do protocolo anteriormente citado (v. nota precedente), também se admite neste a manutenção do anonimato para o autor da comunicação dirigida à Comissão Africana dos Direitos do Homem e dos Povos.

rar, por vezes sem maiores rigores investigativos preliminares (quando já se conte com elementos de prova bastantes), processo judicial contraposto aos entes acusados de violação de direitos humanos - no que destoa da denúncia anônima, endereçada a autoridade investigante que, apenas após verificar a viabilidade do ajuizamento da ação, exerce este direito.

Delineados os contornos históricos, etimológicos e jurídicos da denúncia anônima, parte-se para colocá-la à prova diante da dialeticidade do processo comunicativo, exigência hermenêutica do ambiente democrático - no âmbito do qual se investigará a pertinência dessa espécie de manifestação de pensamento. Antes, porém, buscar-se-á investigar o anonimato em si segundo avaliação da Ética, a partir de suas possíveis motivações, a fim de verificar se possui carga valorativa inexoravelmente vinculada ao afastamento - ou realização - do Bem.

1.2 ÉTICA DO ANONIMATO

O comportamento humano de manter-se *anônimo* (segundo a definição delineada no início do tópico anterior), tal qual toda conduta executada como expressão de vontade racionalmente livre (GALIANO HAENSCH, 2004, p. 44), está sujeito a valoração e, por conseguinte, a juízo ético, aquele que Singer (2002, p. 10) considera buscar, fundamentalmente, orientar a prática. Em outras palavras, o juízo ético acerca desse particular comportamento se propõe a valorá-lo como algo correto, justo ou bom - ou seus antípodas - e, desse modo, inserir - ou proscrever - o anonimato do rol das condutas éticas.

Há de se reconhecer, porém, que para fazer jus à pertinência a esse rol, não se espera que a conduta se amolde, inexoravelmente, a um sistema de normas simples e breves, pois, como ainda lembrado por Singer (2002, p. 10), tal sistema não responderia satisfatoriamente à complexidade da vida, segundo seu exemplo em torno da regra simples "Não minta":

> Em situações normais, pode ser errado mentir, mas, se você vivesse na Alemanha nazista e a Gestapo se apresentasse à sua porta em busca de judeus, sem dúvida o correto seria negar a existência da família judia escondida no seu sótão.

Tal constatação não pretende instaurar o *relativismo ético* que enxerga qualquer comportamento como aceitável pelo simples fato de encontrar respaldo cultural, em determinada sociedade, mas busca comprovar que o juízo de valor sobre qualquer conduta demanda a apreciação de suas circunstâncias específicas, de maneira a impedir que ela seja, abstratamente e de modo inflexível, associada ao Bem, Útil ou Justo. Ao contrário, comunga-se aqui do entendimento de Singer (2002, p. 18), para quem mesmo os atos praticados com base no interesse pessoal - em princípio considerados egoístas e excludentes - podem ser compatíveis com princípios éticos de bases mais amplas, desde que sejam eticamente defensáveis, ou seja, abertamente *justificáveis*. Nesse ponto destaca-se a incidência da *Retórica*, a partir da qual, conforme defende Fontes (2007, p. 88), as questões ético-jurídicas não podem ser pensadas - no contexto pós-metafísico e pós-positivista em que "[...] o direito não deve somente ser obedecido, mas também reconhecido" (PERELMAN, 2005, p. 554) - sem considerar a *justificação* de sua aplicação.

Eis onde reside a importância de investigar quais *motivações* podem levar alguém a praticar ações anonimamente, vale dizer, de modo que suas características sejam coordenáveis o mínimo possível para que sua identidade não seja conhecida: só assim podem ser tais ações sujeitas a juízo de valor mais acurado, o que acaba por repercutir na própria admissibilidade da denúncia *anônima* objeto da presente pesquisa.

1.2.1 O anonimato e suas justificativas

O histórico da denúncia anônima, brevemente relatado acima (v. 1.1.1), em razão de associá-la, por vezes, a atitudes de vulneração do delatado a assaques inverídicos e mal-intencionados, pode sugerir que o anonimato se trate de desvalor por si só, e por esse motivo seja merecedor de peremptória proscrição dos ordenamentos jurídicos que demonstrem a mínima preocupação com os direitos fundamentais dos acusados em geral. Para isso, são destacados os propósitos *negativos* do anonimato, como apontado por Wallace (1999, p. 23) serem os casos de ações criminosas que nele se esquivam para garantir a impunidade e da divulgação do discurso de ódio (*hate speech*). Assumem tal propósito negativo as manifestações anônimas consistentes, por exemplo, na prestação de informações sobre determinada pessoa a ponto de lhe ocasionar a demissão, sem permitir a esta identificar a verdadeira causa de sua dispensa - nem, portanto, contrarrazoar as informações desabonadoras. Igualmente, Theodore John Kaczynski, conhecido como *Unabomber*, quando dirigiu cartas-bomba a cientistas, engenheiros e executivos nos Estados Unidos, arvorava-se no anonimato para assegurar sua impunidade, tanto quanto grupos de pedófilos ou a Ku Klux Klan dele se valem para resguardar seus membros de responsabilização pelos seus atos ilegais (WALLACE, 1999, p. 29-31) - aliás, atitude natural para qualquer pessoa que, conscientemente, infrinja uma norma jurídica e não pretenda sujeitar-se à sanção correspondente nem simplesmente desdenhe sua efetividade[68]. O próprio Machado de Assis (2006, p. 139), em seu conto "A senhora do Galvão", narrava a suspeita da personagem Maria Olímpia de que as cartas anônimas a ela dirigidas seriam obra de suas inimigas, com o fito de afligi-la ou de propiciar a briga com seu marido, a quem se atribuía relacionamento extraconjugal.

Platão (2000, p. 43-44)[69] discute a natureza e a origem da justiça precisamente a partir da parábola narrada por Glauco ao se dirigir a Sócrates: o antepassado de Giges, humilde pastor a serviço do rei da Lídia, tendo encontrado um anel mágico que lhe permitia a invisibilidade diante dos demais, aproveitou-se dessa condição para seduzir a rainha e conspirar com ela a morte do rei. Desse relato Glauco concluiu que, se "[...] existissem dois anéis desta natureza e o justo recebesse um, o injusto outro, é provável que nenhum fosse de caráter tão firme para perseverar na justiça e para ter a coragem de não se apoderar dos bens de outrem", para provar que "[...] ninguém é justo por vontade própria, mas por obrigação". Nesse que Wallace (1999, p. 31) caracterizou como "cenário do anel de Giges", à invisibilidade corresponde o anonimato, na medida em que a quem dela desfruta se concede o poder de dar vazão ao ímpeto natural - segundo Glauco - de prevalecer sobre os outros, assumindo, impunemente, postura antiética ou criminosa. Assim, a pessoa injusta procura e confia em estratégias que lhe possibilitam evitar a responsabilização por suas ações[70], tal como habitualmente é enxergado o anonimato.

---

68 Essa última postura era, precisamente, a característica identificada por Arendt (2012, p. 477) no totalitarismo em geral, ao lembrar que os nazistas sempre confessavam publicamente seus crimes políticos, incutindo na população em geral o sentimento de terror segundo o qual parecia ser "[...] mais seguro pertencer a uma organização paramilitar nazista do que ser um republicano leal", justamente "[...] porque nem a polícia nem os tribunais processavam seriamente os criminosos políticos da chamada Direita".

69 Na tradicional citação dos textos gregos antigos: *Rep.*, II, 358e a 360e.

70 No original: "Plato's point is that the successfully unjust (immoral or unethical) person seeks and relies on strategies which enable her to avoid accountability for her actions."

O valor do anonimato é igualmente questionado, segundo Wallace (1999, p. 28), pelas abordagens éticas que acentuam a importância do reconhecimento do Outro em sua inteireza como pessoa e para as quais a perda da personalidade na interação social pode ser em princípio indesejável, fazendo expressa menção à relação Eu-Tu teorizada por Buber e à noção do Rosto como conceito ético central construída por Lévinas[71]. Há de se advertir, porém, por parecer oportuno à discussão aqui encetada em torno do anonimato, que a simbologia do Rosto traçada por Lévinas não deve ser entendida como necessidade de identificação - portanto, contrária a qualquer manifestação anônima - pois "[...] ultrapassa a individualização contextualizada simbolizando algo que está além de uma descrição meramente estética, de uma identidade" (BORGES FILHO, 1995, p. 1.860), para significar a assunção do destino de outrem "[...] e se aplica ao primeiro que aparece" (LÉVINAS, 2010, p. 130) - por isso, independentemente de sua perfeita *coordenabilidade de características.*

Apesar dessa forte carga valorativa negativa, há razões para admitir que o anonimato também ampara atitudes bem avaliadas na sociedade, principalmente as ligadas à livre discussão de ideias. Wallace (1999, p. 28) cita o exemplo de escritoras mulheres que adotaram pseudônimos[72] masculinos sem os quais seus trabalhos dificilmente seriam publicados, como ocorreu à britânica Mary Ann Evans (que tencionava fugir aos estereótipos impostos às mulheres de sua época escrevendo sob o pseudônimo de "George Eliot") e à francesa Amandine Aurore Lucile Dupin (que para ser aceita no meio literário e defender a causa feminista se valeu do *nom de plume* de George Sand). Por outro lado, o

---

71 No original: "Anonymity itself may be of problematic value for some ethical approaches which stress the importance of recognition of the Other in their fullness as a person. [...] Consider, for example, Buber's I-Thou relationship, Hegelian-based recognition ethical theories and Levinas's notion of the Face as the central ethical concept. [...] From the point of view of such theories a loss of full personhood in the social interaction or the absence or hiddenness of the person might be in principle undesirable."

72 A legislação brasileira já garantia a utilização de pseudônimo desde o Código Penal de 1940, quando, em seu art. 185, previa o crime de usurpação de nome ou *pseudônimo* alheio. Ainda que esse artigo tenha sido expressamente revogado pela Lei n.º 10.695/2003, não se deixou de prever proteção à utilização de pseudônimo, já que a Lei n.º 9.610/1998, que dispõe sobre direitos autorais, define como obra pseudônima aquela cujo autor se oculta sob nome suposto (art. 5.º, VIII, *c*), garantindo esse direito aos autores (artigos 12, 15 e 24, II). Finalmente, o atual Código Civil, diferentemente do anterior, veio corroborar tal proteção, ao dispor que o "[...] pseudônimo adotado para atividades lícitas goza da proteção que se dá ao nome" (art. 19), demonstrando que não é o anonimato um desvalor em si mesmo no ordenamento jurídico brasileiro.

anonimato pode até ostentar justificativa que não pretenda ser nem misantropa nem politicamente engajada, como quando o autor busca apenas demarcar determinado estilo literário prevalecendo-se de pseudônimo[73], conforme já realçado no item 1.1.2 acima: assim procedeu J. K. Rowling ao publicar a obra de suspense *The cuckoo's calling* sob o pseudônimo, em princípio desconhecido de seu público, de Robert Galbraith, no afã de se afastar de sua vinculação aos livros de *Harry Potter*, pelos quais ficou mundialmente conhecida. Com o desiderato primacial de garantir a idoneidade do processo, a partir da objetividade e imparcialidade da seleção, verifica-se o anonimato também no método de avaliação cega por pares (*double-blind peer review*) de trabalhos científicos. Há, ainda, quem se valha do anonimato por razões religiosas ou espirituais, como, segundo Wallace (1999, p. 30), os autores de manuscritos iluminados procedem para minimizar a proeminência de seu ego[74], à semelhança dos doadores que, anonimamente, destinam recursos financeiros ou se dedicam às obras sociais e caritativas.

Em episódio narrado por Nabuco (1936, p. 10) há outro uso meritório do anonimato: quando seu pai, José Thomaz Nabuco de Araújo, publicou, em desagravo a duras críticas dirigidas, por um jornal local, ao pai deste, enquanto Presidente nomeado da Província da Parahyba, "[...] justificação cabal de todos os seus actos", possivelmente buscava evitar que enxergassem tal justificação como ato passional e viciado, decorrente do amor filial.

Wallace (1999, p. 30) menciona, ainda, o anonimato do resultado de testes de HIV como decorrente do propósito de proteger os portadores desse vírus do estigma social - que, além do isolamento frente a pessoas "sadias", poderia redundar em perda de emprego ou na negação de acolhimento por plano de saúde, por exemplo - do mesmo modo que nos grupos baseados no modelo dos *Alcoólicos Anônimos*, igualmente, o anonimato, além de evitar a tacha do

---

73 De maneira mais rigorosa, Tepedino *et alii* (2007, p. 50) traçam a distinção entre *pseudônimo* e *heterônomo*, sendo este último o fenômeno "[...] caracterizado pela criação de diferentes 'personalidades', acompanhadas de nomes distintos, com os quais o artista assina suas produções", citando o clássico exemplo de Fernando Pessoa que aos seus heterônimos *Alberto Caeiro*, *Ricardo Reis* e Álvaro de Campos associava "[...] estilos, preocupações e mesmo biografias 'próprias'".

74 No original: "Anonymous illustrators of illuminated manuscripts were concerned to minimize the prominence of the self for spiritual and religious reasons."

julgamento crítico e preconceituoso das pessoas[75] que não padecem desse mal (tal como sucede contra os portadores de HIV), propicia cenário terapêutico mais adequado e seguro (WALLACE, 1999, p. 31)[76]. Finalmente, na doação de gametas ou embriões, prática cada vez mais comum diante da constatação da infertilidade humana como problema de saúde, sói que se estabeleça a regra do anonimato do doador[77], até para preservá-lo, por exemplo, de eventual cobrança de direitos alimentares ou mesmo afetivos.

Verifica-se, com o exame das situações acima apontadas, que o anonimato, por si só, não se mostra merecedor de reprovação ética inflexível - nem a assunção pública da responsabilidade pelos atos reclama loas a esse comportamento, como demonstraram as "corajosas" confissões dos nazistas pelos crimes políticos por eles cometidos (v. nota 68 acima). Mais das vezes, a *motivação* - desde que possa ser abertamente justificada - que leva o agente a praticar ações anonimamente é que vai determinar se sua conduta visa a realizar o Bem ou a afastar-se dele, julgamento em larga medida auxiliado pela Retórica que, abdicando de avaliação inquestionável do anonimato, permite "[...] assumir uma postura crítico-reflexiva e revisitar certezas fundamentais" (FONTES, 2007, p. 99), deixando ainda espaço para sua aceitação no ambiente democrático.

Há de se notar, porém, que o mero exame da motivação do anonimato não se mostra tampouco suficiente para sua análise ética. Exemplo disso é

---

75 Eis a razão da preservação da identidade das crianças e adolescentes que cometem ato infracional no Brasil - embora nesse caso o anonimato não represente *escolha* deliberada destes - prevista no Estatuto da Criança e do Adolescente (Lei n.º 8.069/1990), ao vedar que qualquer notícia a respeito do ato infracional possa identificar seu autor a partir de "[...] fotografia, referência a nome, apelido, filiação, parentesco, residência e, inclusive, iniciais do nome e sobrenome" (art. 143).

76 No original: "[...] with a group like Alcoholics Anonymous anonymity may serve several purposes simultaneously: it may help provide a 'safe' therapeutic setting; it may help to prevent critical or prejudicial judgment (stigmatization) or action by others against those attempting to recover from alcoholism as well as to possibly render noncoordinatable by members of the group their own other locations, again for similar reasons."

77 No Brasil, o Conselho Federal de Medicina (2015), por meio de sua Resolução n.º 2.121/2015, que discrimina as normas éticas para a utilização das técnicas de reprodução assistida, estabelece que os "[...] doadores não devem conhecer a identidade dos receptores e vice-versa" (item IV, 2, das normas éticas) e que será "[...] mantido, obrigatoriamente, o sigilo sobre a identidade dos doadores de gametas e embriões, bem como dos receptores. Em situações especiais, informações sobre os doadores, por motivação médica, podem ser fornecidas exclusivamente para médicos, resguardando-se a identidade civil do(a) doador(a)" (item IV, 4).

que o anonimato serviu também aos propósitos bem-intencionados de combate ao narcoterrorismo na Colômbia, em revide aos atentados perpetrados contra juízes - destacando-se o episódio da tomada do prédio da sede da Corte Suprema daquele país por membros do movimento guerrilheiro M-19 no dia 6 de novembro de 1985, do qual resultaram noventa e quatro mortos - razão pela qual ficou conhecido como *Holocausto del Palacio de Justicia*[78]. Isso porque se estabeleceu na Colômbia, com o agravamento das ações criminosas dos traficantes reunidos em carteis, estado de sítio que redundou na edição do Decreto n.º 2.790, de 20 de novembro de 1990, pelo qual foram criados os chamados *jueces sin rostro*[79], estabeleceu-se nova jurisdição (*Jueces de Orden Público*) e se garantiu aos magistrados que tomassem providências sem que seus nomes e assinaturas fossem tornadas públicas nos autos (art. 49), ou tendo preservada sua identidade durante a produção de provas a partir da exigência de formulações por escrito ou qualquer outro meio idôneo (art. 50), no afã de evitar que sofressem represálias por parte de quem fosse por eles condenado. No entanto, em informe produzido pela Comissão Interamericana de Direitos Humanos, após visitar o país em 1990 e 1992, concluiu-se que a previsão dos *jueces sin rostro* contradizia os postulados da Convenção Americana[80] (CmIDH, 1993). Por seu turno, a ineficácia do procedimento pôde ser atestada pela constatação, reproduzida por Rosa e

---

78 Por esse fato, a Comissão Interamericana de Direitos Humanos recomendou ao Estado colombiano, dentre outras medidas, adotar e implementar as providências necessárias para enfrentar situações de perturbação da ordem pública mediante a aplicação de meios e métodos respeitosos dos direitos humanos (CmIDH, 2011, p. 131).

79 Instituto assemelhado, embora com distinções relevantes, é previsto, no Brasil, no art. 1.º da Lei n.º 12.694, de 24 de julho de 2012, que faculta ao magistrado decidir pela formação de colegiado para a prática de ato processual concernente aos ilícitos praticados por organizações criminosas. A notável diferença é que, ainda que o colegiado seja constituído por três integrantes - como meio de desconcentrar eventual represália das organizações investigadas - suas decisões devem ser sempre firmadas, portanto dando publicidade à identidade de cada um de seus componentes, conquanto sem qualquer referência a voto divergente de qualquer membro (art. 1.º, § 6.º). Apenas nesta última ressalva Rosa e Conolly (2014, p. 18) reconhecem atentado à "paridade de armas" pugnada pelo processo penal e, portanto, inconstitucionalidade.

80 No original: "La existencia de jueces "sin rostro" y de procedimientos secretos para la presentación y deposición de testigos, ofrecimiento y actuación de pruebas y pericias, contradice los postulados de la Convención Americana. En Colombia debe superarse cualquier modalidad de justicia secreta para favorecer en general el fortalecimiento de la administración de justicia y en particular, de las garantías fundamentales."

Conolly (2014, p. 4), de que "[...] os juízes anônimos continuaram a morrer, em decorrência da corrupção dos servidores públicos que vendiam informações sigilosas. O crime organizado teve apenas de desembolsar valor maior para identificar os magistrados mascarados."

Também no Peru, onde se adotou tal prática de preservação da identidade dos juízes a partir do Decreto-Lei n.º 25.475 de 1992 "[...] em momento de agravamento espantoso do terrorismo aos arredores de Lima" (ROSA; CONOLLY, 2014, p. 4), a mesma Comissão a repeliu, por considerá-la flagrante violação das garantias de ser julgado por juiz ou tribunal independente e imparcial e da publicidade do processo penal, consagradas, respectivamente, nos artigos 8.1 e 8.5 da Convenção Americana. Ademais, tal como atestado na Colômbia, considerou-se que a preservação da identidade dos magistrados peruanos não atendia à exigência da estrita necessidade, uma vez que os beneficiados com essa garantia não se sentiam, afinal, protegidos pelo sistema, cujas falhas permitiam a identificação dos atores do processo[81] (CmIDH, 2000). Do mesmo modo, a Corte Interamericana de Direitos Humanos reconheceu a infringência dos artigos 8.1 e 8.5 já referidos diante da condenação de quatro chilenos submetidos a tribunal militar "sem rosto" no Peru, onde esse procedimento era previsto para os delitos de traição à Pátria, por impossibilitar aos acusados conhecer a identidade do julgador e, com isso, valorar sua aptidão ao julgamento (CIDH, 1999, p. 46), resultando na posterior revogação das normas que previam tal procedimento, atestada por aquela Corte (CIDH, 2011, p. 16). Tais decisões, enfim, em vez de vulnerar a necessidade de avaliação das razões do anonimato, antes a confirmam, haja vista que sempre as levaram em consideração nos arrazoados, além do que foram voltadas à análise da motivação *abstrata* conducente à produção das normas atacadas, e não ao móbil *pessoal* dos beneficiados pelo anonimato que estas instituíram.

---

81 No original: "Sobre la base de las declaraciones hechas por los propios jueces, la impresión general del Relator Especial fue que los jueces y los fiscales, que supuestamente se benefician por el hecho de que trabajan en forma anónima, no se sienten protegidos por el sistema. A juicio de ellos, es bastante fácil descubrir quiénes son los jueces y los fiscales, particularmente en las provincias o en las ciudades pequeñas [...]."

1.2.2 Análise do anonimato como (possível) obstáculo ao processo comunicativo

Uma vez comprovada a importância das justificativas do anonimato para sua avaliação ética, deve a denúncia anônima ainda superar outra oposição, também destinada a incutir-lhe, abstratamente, a desaprovação, novamente ligada ao anonimato em si. Isso porque uma das mais comuns ressalvas que se apontam à admissão da denúncia anônima para principiar uma investigação é a de que o investigado se sujeita à incômoda situação de ter sua privacidade devassada por indicação de pessoa que ele não pode identificar. Desse modo, insinua Rangel (2008, p. 740) que tal prática impossibilita o verdadeiro agir comunicativo, segundo ele pressuposto da ética da alteridade vislumbrada por Jürgen Habermas, haja vista não se conhecer um dos interlocutores desse processo.

Deveras, Alexy (2005, p. 134) sintetiza as condições correspondentes às quatro classes de atos de fala desenvolvidos por Habermas, das quais se destaca a possibilidade de todos os potenciais participantes num discurso "[...] de utilizar atos de fala comunicativos, de modo que possam a qualquer momento iniciar um discurso e conduzi-los com réplicas e tréplicas, perguntas e respostas". A alegação lançada contra a admissibilidade da denúncia anônima decorre, portanto, do fato de que, não conhecendo a identidade do denunciante, e por esse motivo despido da garantia de sua participação no curso do processo, o acusado seria subtraído do direito de retorqui-lo, de lhe dirigir perguntas, ou até de lançar dúvidas sobre sua credibilidade em face de seu passado ou sua personalidade.

Antes mesmo dessa construção teórica, porém, já se consolidou no texto da Constituição norte-americana o direito à correta identificação das testemunhas de acusação, a fim de que se possa confrontá-las e indagá-las (*confrontation clause* e *right to cross-examination*), a partir da Sexta Emenda, ratificada em 15 de dezembro de 1791; nela se consignou que em todo processo criminal os acusados têm o direito de confrontar as testemunhas que lhes sejam contrárias[82]. Assim é que Malan (2009, p. 87) defende que de tal direito decorre o de conhecer a verdadeira identidade das fontes de prova testemunhal, por ser

---

82 No original: "In all criminal prosecutions, the accused shall enjoy the right [...] to be confronted with the witnesses against him [...]". Há de se reconhecer, não obstante, que

> [...] essencial para a efetividade tanto de seu exame cruzado quanto da argumentação da defesa técnica sobre a credibilidade dessas fontes, ao ensejo da subsequente fase de valoração da prova testemunhal. Assim, só com o conhecimento sobre a real identidade das testemunhas pode o acusado arguir a sua falta de credibilidade, decorrente de uma série de fatores tais como interesse pessoal em incriminar o acusado; relações de parentesco com as partes processuais; prévias condenações por crime de falso testemunho etc.

A atual Constituição italiana, no mesmo passo, incumbe à lei assegurar que, no processo penal, a pessoa acusada de um crime tenha a faculdade, diante do juiz, de interrogar ou fazer interrogar as pessoas que fizerem declarações contra ela[83] (art. 111, terceiro parágrafo), norma posteriormente albergada pela Convenção Europeia dos Direitos do Homem (art. 6.º, 3, *d*) e pelo Pacto Internacional sobre Direitos Civis e Políticos (art. 14, 3, *e*). Vê-se, pois, que conquanto se reconheçam notáveis distinções entre os sistemas *adversarial* (onde brotou o *right of confrontation*) e *non-adversarial* - como o de que, no primeiro, "[...] as testemunhas são consideradas como sendo *pertencentes* às partes processuais" (MALAN, 2009, p. 45) - mesmo no direito continental europeu (onde este último sistema ostenta mais vigor) o direito à confrontação já encontra reconhecimento, por mais que a tradição jurídica romano-germânica tenda a incluí-lo no conceito amplo de contraditório (SOUZA, 2012, p. 93).

Voltando olhares para a produção jurisprudencial europeia, merece destaque o caso *Kostovski v. Holanda*, julgado pelo Tribunal Europeu dos Direitos do Homem em 20 de novembro de 1989, em que os suspeitos foram processados com base em denunciações feitas por testemunhas cuja identidade só era conhecida pelos policiais que colheram seus depoimentos, reserva justificada por seu temor de represálias. No curso do processo, o governo holandês arguiu a sustentação da condenação dos suspeitos com base em testemunhos anônimos em face de, com o incremento do crime organizado e violento, ter surgido a necessidade de proteger as testemunhas que tenham justificativa de temer

---

mesmo o *right of confrontation* admite derrogação no sistema jurídico norte-americano, como exemplificado por Souza (2012, p. 79-80) com a doutrina do *forfeiture by wrongdoing*, pela qual se admite, para fins de consideração pelo julgador, declaração prestada contra parte que busque promover a indisponibilidade do declarante como testemunha, por exemplo, intimidando-o ou ameaçando-o.

83 No original: "Nel processo penale, la legge assicura che la persona accusata di un reato [...] abbia la facoltà, davanti al giudice, di interrogare o di far interrogare le persone che rendono dichiarazioni a suo carico [...]".

represálias, garantindo-lhes o anonimato[84] (THAMAN, 2008, p. 137). A Corte europeia, todavia, refutou esse argumento e reafirmou o *right of confrontation*, sob a inspiração de que, sem saber a identidade da testemunha, a defesa seria privada de suas particularidades, as quais poderiam habilitá-la a demonstrar que determinado depoente fosse preconceituoso, hostil ou não confiável[85], e o direito à justa administração da justiça tem tamanha proeminência em uma sociedade democrática que ele não pode ser sacrificado pela conveniência[86] (THAMAN, 2008, p. 138-139).

No ano seguinte a mesma Corte, tanto no caso *Windisch v. Áustria*, julgado em 27 de setembro (CARPIO DELGADO, 2007, p. 38), quanto no caso *Delta v. França*, julgado em 19 de dezembro, consignou que ao acusado deve ser dada oportunidade adequada para confrontar e questionar uma testemunha adversa, pois enquanto os policiais são autorizados a entrevistar testemunhas durante o inquérito, tal prova geralmente não é admissível no julgamento, a menos que seus depoimentos sejam reafirmados durante a investigação preliminar formal, diante do juiz, com as garantias do direito à confrontação pelo defensor[87] (THAMAN, 2008, p. 130). Merecem referência outros dois julgados

---

84 No original: "[...] with the increase in violent, organised crime a need was felt to protect those witnesses who had justification for fearing reprisals, by granting them anonymity".

85 Para obviar os falsos e tendenciosos testemunhos, o Código de Processo Penal brasileiro exige que a testemunha, ao depor em juízo, declare seu nome, idade, estado, residência, profissão, lugar onde exerce sua atividade e eventual parentesco com as partes, explicando as razões da ciência do que diz saber ou as circunstâncias pelas quais possa avaliar-se sua credibilidade (art. 203); havendo dúvida sobre sua identidade, entretanto, o juiz procederá à verificação pelos meios ao seu alcance (art. 205).

86 No original: "If the defense is unaware of the identity of the person it seeks to question, it may be deprived of the very particulars enabling it to demonstrate that he or she is prejudiced, hostile or unreliable. [...] The right to a fair administration of justice holds so prominent a place in a democratic society that it cannot be sacrificed to expediency". Carpio Delgado (2007, p. 41), comentando o julgamento de Dusko Tadic pelo Tribunal Penal Internacional para a ex-Iugoslávia que redundou em sua condenação por crimes contra a humanidade, reconheceu ter essa Corte demonstrado a mesma preocupação expressa no caso *Kostovski v. Holanda*, sobre a importância, para a defesa, de conhecer a identidade das testemunhas e, assim, poder demonstrar que seus depoimentos são parciais, hostis ou carentes de fundamento.

87 No original: "[...] an accused should be given an adequate and proper opportunity to challenge and question a witness against him, [...] while police are authorized to interview witnesses during the police inquest, such evidence is usually not admissible at trial unless the statements have been reaffirmed during the formal preliminary investigation in front of a judge with the guarantees of the right to confrontation by the defendant or defense counsel".

desse Tribunal: o caso *Lüdi v. Suíça*, em que foi reconhecida a dificuldade da luta contra o tráfico de entorpecentes, que justificaria o depoimento de agente infiltrado, *mediante a preservação de sua identidade* - já que, segundo alegação do governo suíço, era necessário que tal agente continuasse sua infiltração no ambiente do tráfico - porém desde que sujeito seu depoimento ao confronto formulado pelo acusado (TEDH, 1992); e *Saïdi v. França*, por ocasião do qual a Corte reconheceu que assistia ao acusado a garantia de desafiar e questionar as testemunhas anônimas que apontaram-no como criminoso em audiência pública (TEDH, 1993).

Observe-se, porém, que a jurisprudência do TEDH não expurgava, até então, o processo penal de qualquer possibilidade de anonimato, e sim condicionava a admissibilidade do testemunho anônimo a severas restrições (SOUZA, 2012, p. 94). Eis que, decidindo o caso *Doorson v. Holanda* em 26 de março de 1996, em autêntico processo de *distinguishing*[88], o TEDH considerou *razoável* a manutenção do anonimato de depoente em decorrência de se tratar de apuração de tráfico de entorpecentes, em que os traficantes amiúde recorrem a ameaças ou a violência efetiva contra quem testemunhar contra eles (CARPIO DELGADO, 2007, p. 39) - o que pôde se contatar, nesse caso concreto, em razão de uma das testemunhas ter sido objeto de agressão e outra haver sido ameaçada pelos acusados[89] - e da particularidade de a oitiva das testemunhas anônimas ter sido realizada com a presença do defensor do acusado, que podia visualizá-las e dirigir-lhes questionamentos, além de o próprio juiz de instrução ter podido registrar suas impressões em relação à credibilidade e confiabilidade das testemunhas (TEDH, 1996). Finalmente, no caso *Krasniki v. República Tcheca*, consolidou-se o posicionamento de que o uso de depoimentos de

---

88 Souza (2012, p. 5) reproduz pertinente distinção entre os conceitos de *distinguishing* e *overruling*, colhidos da jurisdição constitucional anglo-saxã: "O *distinguishing* ocorre quando o julgador reconhece a importância e a força normativa do precedente, mas, em virtude de peculiaridades do caso concreto, exclui a situação *sub judice* da regra geral em razão de a hipótese não se enquadrar totalmente na previsão jurisprudencial anterior. Por sua vez, o *overruling* se dá quando o órgão jurisdicional considera que o precedente não é mais válido e deve ser superado por um novo entendimento."

89 De acordo com a narrativa de Thaman (2008, p. 141), no original: "Witness Y.16 stated that he had in the past suffered injuries at the hands of another drug dealer after he had 'talked' and feared similar reprisals from the applicant. Witness Y.15 stated that he had in the past been threatened by drug dealers if he were to talk. He further stated that the applicant was aggressive".

testemunhas anônimas na persecução penal não é incompatível com a Convenção europeia: somente a condenação não pode ser baseada *exclusivamente* ou em *extensão considerável* apenas em tais depoimentos[90] (TEDH, 2006)[91].

Há de se frisar, porém, que a natureza do delito em si não pode se considerar bastante para implicar a aceitação do anonimato da testemunha. No caso *Van Mechelent v. Holanda* (julgado em 23 de abril de 1997), o TEDH considerou que a corte holandesa, ao acatar a preservação da identidade dos policiais depoentes, não se esforçara em avaliar os riscos, para eles ou suas famílias, de sofrer represálias, nem investigara se os acusados estavam em condições de realizar tais represálias ou incitar outras pessoas a realizá-las. Igual preocupação foi demonstrada no caso *Vissier v. Holanda*[92] (decisão de 14 de fevereiro de 2002), em que o TEDH julgou não haver o Juiz de Instrução detalhado por que aceitou como razoável o temor pessoal da testemunha anônima, nem ter o Tribunal de Apelação realizado exame sério nem fundado sobre as razões desse anonimato, segundo narrado por Carpio Delgado (2007, p. 40). O Tribunal Penal Internacional para a ex-Iugoslávia igualmente reconheceu, no julgamento de Dusko Tadic pelas acusações de crimes contra a humanidade por ele praticadas naquele país, que, para justificar a preservação do anonimato da testemunha, seu medo deve ser *verdadeiro*, ou seja, não pode ser fundado em apreciação subjetiva, senão sobre base objetiva (CARPIO DELGADO, 2007, p. 42).

Com tais decisões, segundo avaliação de Lusty (2002, p. 415), o TEDH pretendia estabelecer padrão mínimo válido para todos os países europeus, muitos dos quais ainda possuidores de sistemas inquisitoriais de processo penal,

---

90 No original: "[...] the use of statements made by anonymous witnesses to found a conviction is not in all circumstances incompatible with the Convention. [...] no conviction should be based either solely or to a decisive extent on anonymous statements".

91 Como relatado por Souza (2012, p. 113-119), a jurisprudência do TEDH acabou repercutindo na legislação de vários países europeus, no sentido da admissibilidade dos testemunhos anônimos, como se vê na Bélgica (Lei 8.4.2002, que incluiu os artigos *75bis* e *86bis*, §1er ao *Code d'instruction criminelle*), em Portugal (Lei n.º 93/1999), e na Holanda, que procedeu à reforma de seu Código de processo penal em razão dos julgados do TEDH diretamente relacionados a sua jurisdição.

92 O expressivo número de casos envolvendo a discussão em torno do testemunho anônimo submetidos ao TEDH contra a Holanda se deve, em grande medida, à alteração de seu Código de Processo Penal em 1993, em cujo art. 226, *a*, se previa a preservação do segredo da identidade de testemunha se houvesse razões para crer que sua revelação representaria ameaça para a vida, a saúde, a segurança, a vida familiar ou a situação socioeconômica do interessado.

que têm historicamente acolhido o segredo e não têm reconhecido o direito de confrontação pessoal ou de *cross-examination*[93].

Não obstante tais argumentos, não se deve confundir a *testemunha anônima, oculta* ou *confidencial*[94], comumente utilizada no sistema processual *inquisitorial* e repudiada pelo direito de confrontação, com o *denunciante anônimo*, como pretendeu defender Delgado (1999, p. 73) em seu libelo contra este, ao estatuir que toda pessoa que tenha que se defender de uma imputação tem direito de conhecer aquele que promove a investigação de um fato[95], e há várias razões para isso.

A primeira é que a denúncia anônima, em rigor, não é admitida como *prova jurídica*, no sentido empregado por Ferraz Júnior (2015, p. 281) de constatação demonstrada de fato ocorrido (sentido objetivo) ou capaz de sugerir confiança (sentido subjetivo). Em vez disso, ela melhor se caracteriza como *objeto* sobre o qual recai a prova, ou, nas palavras de Souza (2012, p. 50), como "[...] enunciado linguístico que descreve uma situação pretérita". Isso porque a denúncia anônima frequentemente serve apenas como impulsionadora da atividade de investigação, portanto se refere a uma *hipótese* e se destina a formar juízo de *probabilidade*, ao contrário dos atos de prova, que dizem respeito a uma *afirmação* voltada ao convencimento do julgador e se destinam a formar juízo de *certeza*, de acordo com Lopes Júnior e Gloeckner (2014, p. 205). Tanto

---

93 No original: "It should not be forgotten that the principles enshrined in the ECHR, as interpreted by the European Court, are intended to establish a common 'minimum' standard for all European nations, the vast majority of which have inquisitorial systems of criminal justice that have traditionally embraced secrecy and not recognised (let alone cherished) a right of personal confrontation and direct cross-examination."

94 Carpio Delgado (2007, p. 37) propõe a distinção entre testemunha *anônima* - aquela cuja identidade é desconhecida ou escamoteada do acusado e do público - e testemunha *oculta*, cuja identidade é conhecida do acusado, mas que depõe na fase preliminar de investigação ou em Juízo através de mecanismos que dificultam que seja vista pelo acusado ou pelo público, distinção corroborada por Souza (2012, p. 4). No Brasil, por exemplo, conquanto não haja previsão legal da testemunha anônima, a ocultação da identidade da testemunha é admitida pelo art. 217 do Código de Processo Penal, que prevê sua inquirição por videoconferência ou sem a presença do réu, quando esta lhe acarretar humilhação, temor ou sério constrangimento, de modo a prejudicar a espontaneidade do depoimento.

95 No original: "[...] quien debe defenderse de una imputación tiene derecho a conocer al que promueve la investigación de un hecho".

é assim que a primeira não se presta, sozinha, a motivar condenações[96] dos acusados - ou sequer para iniciar o processo penal, a partir da dedução da pretensão punitiva em juízo, segundo a jurisprudência do Supremo Tribunal Federal (v. 2.1 adiante).

No mencionado caso *Kostovski v. Holanda*, por exemplo, o TEDH reconheceu que a Convenção Europeia dos Direitos do Homem não impedia a acolhida, *na fase de instrução*, de fontes como os *informantes anônimos*[97], considerando situação diversa do uso posterior dessas declarações como provas suficientes para justificar a condenação, consoante aponta Carpio Delgado (2007, p. 37-38). Também Rudi (2008, p. 159) distingue as testemunhas de identidade reservada dos denunciantes anônimos, esclarecendo que as primeiras são rejeitadas pelo art. 33 Bis da *Ley 23.737* argentina (conhecida como *Ley de Drogas*), enquanto, por outro lado, esta lei garante o anonimato das pessoas que denunciem os delitos nela previstos (art. 34 Bis)[98]. Mesmo os inquisidores Kramer e Sprenger (2015, p. 409-410), no auge da Inquisição promovida pela Igreja Católica na baixa Idade Média, distinguiam o mero *informante* do *acusador*, considerando que a acusação poderia ser, naqueles tempos, promovida por qualquer pessoa, desde que se submetesse à Lei de Talião caso não conseguisse provar a heresia de quem por ela acusado.

Deveras, a denúncia anônima não é formulada em audiência pública, e o *right of confrontation*, conforme lembrado por Malan (2009, p. 78), só abarca as declarações que sejam passíveis de *valoração pelo juiz* e, além disso, tenham natureza testemunhal - o que não ocorre à denúncia anônima, pois, segundo a ótica do Tribunal Europeu dos Direitos do Homem, a caracterização de tes-

96 A fim de rechaçar eventual alegação de que a denúncia anônima influenciasse, veladamente, a decisão do juiz encarregado da apuração do ilícito, o art. 431 do *Codice di Procedura Penale* italiano de 1988 prevê o desentranhamento de peças integrantes do procedimento investigatório após o recebimento da denúncia (*fascicolo per il dibattimento*), autos aos quais têm acesso as partes para preparar suas atividades, mas cujos documentos não podem ser, em regra, utilizados em juízo.

97 A esse respeito, a justificativa para a apresentação do projeto de lei que resguarda o sigilo da fonte na delação - como medida anticorrupção proposta pelo Ministério Público Federal brasileiro - faz expressa distinção entre informante *anônimo* (cuja identidade se desconhece) e informante *confidencial*, cuja identidade "[...] será conhecida, mas não revelada por importante razão de interesse público" (BRASIL, 2015b).

98 Na redação original da citada lei: "**Art. 34 Bis** — Las personas que denuncien cualquier delito previsto en esta ley o en el artículo 866 del Código Aduanero, se mantendrán en el anonimato."

temunha depende da "[...] capacidade de o seu relato fundamentar a sentença penal condenatória" (MALAN, 2009, p. 116). Contrariamente às testemunhas anônimas, portanto, a admissão de denúncias anônimas não as transforma em *prova* que possa exigir efetiva análise do cabimento de *testemunhos* na avaliação judicial de *condenação*, daí por que Malan (2009, p. 143) salientar que os regramentos procedimentais do Tribunal Internacional Criminal "[...] só autorizam o anonimato da testemunha na fase de investigação preliminar, e mesmo assim em circunstâncias excepcionais".

Por outro lado, a pecha de que a denúncia anônima afronta o direito do preso à identificação dos responsáveis por sua prisão ou por seu interrogatório policial, como apontado por Souza (2013, p. 192), tampouco se mostra convincente, haja vista que se o denunciante é apenas o iniciador da investigação, e esta se baseia em outras provas, não é ele o verdadeiro *responsável* pela prisão ou interrogatório, porque estes só são levados a termo por autoridade municiada desses outros elementos de prova. Nesse sentido, é oportuno trazer à baila outro julgado europeu analisado por Thaman (2008, p. 144-145) - o caso BGHSt 36, decidido pela Suprema Corte Alemã em 31 de março de 1989, em que se admitiu a ouvida de testemunhas investidas do mister da investigação que apenas colheram depoimento de informante anônimo. Todavia, ressaltou-se que, além de ficar evidente por que a identidade dos informantes na opinião das autoridades públicas não poderia ser revelada, a chamada *hearsay testimony* ocorrente no caso não consistiu na única prova incriminadora, já que um julgamento condenatório não pode consistir apenas em afirmações "de ouvir dizer", quando a defesa não tem o direito de confrontar a testemunha[99].

Diante de tais contestações, vê-se que a denúncia anônima não acossa a comunicação entre as partes no curso de investigação, haja vista que esta se dá em processo movido não pela força e vontade do denunciante, e sim pela iniciativa da autoridade investigadora - o delegado de polícia ou o membro do Ministério Público, por exemplo. A corroborar essa conclusão, cumpre trazer

---

99 No original: "They contained, respectively, reasons from which was evident why the identity of the informant in the opinion of the public authorities could not be revealed. [...] the German Supreme Court's emphasis on the fact that the proposed hearsay testimony would not have been the only incriminating evidence [...] a judgement of guilt cannot rest alone on hearsay statements where the defendant has no right to confront the witness".

à baila esclarecimento de Lévinas (2010, p. 132) ao ser indagado se o carrasco teria Rosto (v. 1.2.1 acima):

> Há uma certa medida da violência necessária a partir da justiça; mas, se falamos de justiça, é necessário admitir juízes, é necessário admitir instituições com o Estado; viver num mundo de cidadãos, e não só na ordem do face a face.

Desse modo, o diálogo processual travado em busca da "verdade" se mantém íntegro, entre o acusado e os produtores das provas contrárias à presunção de inocência. O acusado, pois, não se esquiva de uma acusação apócrifa e irresponsável, mas de elementos de prova coligidos por pessoa ou grupo de pessoas com identidade e de quem se pode cobrar responsabilidade, já que o anonimato só alberga o denunciante (muitas vezes temeroso de sofrer represálias), o que enfraquece o argumento, levantado por Souza (2013, p. 347) e Schier (2011, p. 242), de que ele atenta contra o contraditório e a ampla defesa.

A análise do tratamento dado à questão pelo ordenamento jurídico brasileiro calha para auxiliar sua compreensão. Com efeito, deve-se reconhecer o dever de assegurar ao "denunciado" acesso às investigações, conforme deflui da leitura do inciso LXIII do art. 5.º da Constituição brasileira, porquanto desde a efetuação da prisão provisória o preso tem direito a assistência de advogado[100]. No entanto, o fato de ter sido acatada denúncia anônima no início ou

---

100 O art. 7.º, XIV, da Lei n.º 8.906/1994, que dispõe sobre o Estatuto da Advocacia, em sua redação original, já esmiuçava tal direito, garantindo ao advogado "[...] examinar em qualquer repartição policial, mesmo sem procuração, autos de flagrante e de inquérito, findos ou em andamento, ainda que conclusos à autoridade, podendo copiar peças e tomar apontamentos". Posteriormente, o próprio Supremo Tribunal Federal editou a Súmula Vinculante n.º 14, para pacificar o direito de o defensor, "[...] no interesse do representado, ter acesso amplo aos elementos de prova que, já documentados em procedimento investigatório realizado por órgão com competência de polícia judiciária, digam respeito ao exercício do direito de defesa", o que deve se estender, por óbvio, às investigações criminais conduzidas pelo Ministério Público, conforme recentemente decidido pelo Ministro Gilmar Mendes, como condicionamento necessário para a admissão dos poderes investigativos daquele órgão (ROHC 97.926, 2014). De início, o entendimento desta Corte, porém, só estendia a permissividade determinada pela citada súmula aos procedimentos de natureza penal, não englobando os feitos cíveis e administrativos *stricto sensu* (AgRec 8.458, 2013, e AgRec 10.771, 2014, respectivamente). No entanto, Lopes Júnior e Gloeckner (2014, p. 255) já sustentavam que, em razão de o art. 7.º, XV, da Lei n.º 8.906/1994 consignar o direito do advogado de "[...] ter vista dos processos judiciais e administrativos", essa lei teria aplicação mais ampla, para abranger todos os procedimentos de caráter investigatório, como as sindicâncias e as investigações capitaneadas pelo Ministério Público – o que foi, finalmente, acolhido pelo legislador brasileiro, redundando na modificação operada pela novel Lei n.º 13.245/2016, que deu nova redação ao citado art. 7.º, XIV, para permitir ao

curso da investigação não elide tal direito nem instaura inaceitável *sigilo dos elementos de prova*[101]: o advogado continua tendo acesso aos autos, e todos os *elementos de prova* nele encontrados, inclusive o teor de eventual denúncia anônima - só não conhecerá a *identidade* do denunciante.

Outrossim, ainda que se trate de sistema de proteção de testemunhas, em que seus depoimentos têm verdadeiro valor de prova e suas identidades são camufladas antes ou em seguida ao seu depoimento com vistas a salvaguardá-las de vindita do acusado (ou de organização criminosa a que ele pertença), tais identidades são conhecidas dos órgãos estatais, não se confundindo esse instituto com o da denúncia anônima, como afirma Giacobbo (2009, p. 105).

Com base nas assertivas lançadas até aqui, vê-se não ser correto identificar a aceitação da denúncia anônima necessariamente com o sistema processual penal inquisitivo, descrito no vestíbulo deste livro e incompatível com os reclamos democráticos do processo público voltado à proteção de direitos dos acusados - dentre eles o direito de arrostar provas contra eles produzidas. Isso porque naquele sistema a acusação formal, idônea a iniciar processo que poderia redundar em condenação pela prática do ilícito, já era formulada a partir de simples denunciação, ou, recebendo esta, o próprio magistrado podia iniciar o processo penal. Tal não se passa no âmbito do sistema *acusatório*, onde a denúncia anônima, por exemplo, apenas dá início às investigações *preliminares*, sem prescindir da reunião de elementos de prova mínimos para que o encarregado estatal de oferecer a peça inicial de tal processo - agente distinto, frise-se, do encarregado de *decidir* a pretensão punitiva - possa efetivamente deduzir a culpa do delatado em juízo.

Em outras palavras, no sistema acusatório a denúncia anônima não iniciaria o *processo penal*, como no sistema puramente inquisitivo, e sim a *investigação* antecedente ao procedimento que, propriamente, pudesse redun-

advogado examinar "[...] em qualquer instituição responsável por conduzir investigação, mesmo sem procuração, autos de flagrante e de investigações de qualquer natureza, findos ou em andamento, ainda que conclusos à autoridade, podendo copiar peças e tomar apontamentos, em meio físico ou digital".

101 A Segunda Turma do Supremo Tribunal Federal consolidou a inoponibilidade de regime de sigilo de investigação a advogado constituído por indiciado ou réu, a fim de ter conhecimento "[...] dos elementos probatórios já documentados, produzidos e formalmente incorporados aos autos da persecução penal", ainda assim ressalvando os elementos em curso de execução, que não tenham ainda sido incorporados (HC 93.767, 2014).

dar em apuração de culpa e eventual condenação do acusado - portanto, após instrução judicial que respeitasse o diálogo e as confrontações entre pontos de vista próprios do processo comunicativo, entre sujeitos identificados: órgão estatal investigante e acusado. De toda forma, o amoldamento da denúncia anônima com outros atributos do Estado Constitucional democrático deve ser avaliado, o que se buscará nos tópicos seguintes, ao lado da investigação sobre sua repercussão no desenvolvimento do indivíduo e da sociedade como um todo.

1.3 COMPATIBILIDADE DA DENÚNCIA ANÔNIMA COM O ESTADO CONSTITUCIONAL DEMOCRÁTICO

A livre manifestação do pensamento, categoria abrangente em que se perfilha a denúncia anônima, como já visto, aparece frequentemente vinculada ao exercício da cidadania democrática, uma vez que, nas palavras de Sorto (2009, p. 61), "[...] a cidadania só é possível nos regimes que favoreçam a liberdade, tais como os democráticos", e, de modo mais específico, Rawls (2008, p. 277) conclui que o "[...] regime democrático é algo que pressupõe a liberdade de expressão e de reunião e liberdade de consciência e pensamento". O presente tópico será destinado a analisar essa vinculação, primeiro para verificar de que maneira a liberdade de manifestação do pensamento pode contribuir na consolidação da democracia e do desenvolvimento dos países democráticos e, por fim, como experiências democráticas acolheram a prática da denúncia anônima.

1.3.1 Liberdade de manifestação do pensamento, democracia e desenvolvimento

A etimologia da palavra *democracia* (em tradução singela do grego, *δήμος* ou *demos* significando povo, e *κράτος* ou *kratos* significando poder) pode indicar para forma de exercício do poder que se realiza em nome do povo. É de se reconhecer, porém, que o sentido de *povo* - e, por extensão, de *democracia* - vivenciado na Grécia clássica era distinto do compreendido hoje, tanto que Aristóteles (1985, p. 91)[102] reputava a democracia modalida-

102 Na tradicional citação dos textos gregos antigos: *Política*, III, 1279b.

de de desvio do governo constitucional (ou *politéia*), por constituir o governo no interesse dos pobres, e não para toda a comunidade – já que, então, escravos, mulheres e estrangeiros, por exemplo, eram alijados do direito de participação política. O termo *povo*, pois, como denuncia Müller (2003, p. 83), tradicionalmente "[...] não se reveste de traços inocentes, neutros, objetivos, mas decididamente seletivos".

De todo modo, ao se considerar que, se não o povo, mas o *cidadão* grego expressava sua vontade por ele mesmo, sem intermediários, costuma-se denominar esse modelo de *democracia direta*. No entanto, essa modalidade se tornou impraticável, a partir da organização política medieval, e, quando eclodiram os primeiros movimentos democráticos em fins da Era Moderna, o "governo do povo" passou a ser exercido pelos *representantes* deste, escolhidos através do sufrágio, instaurando a forma *representativa* da democracia a partir do século XVIII.

É bem verdade que o princípio representativo não nasceu vinculado às eleições, haja vista que a ideia de representatividade foi amiúde invocada, ao longo da história, pelos monarcas não eleitos para garantir sua posição de mandatários naturais ou divinos dos habitantes das terras por eles governadas. Ademais, mesmo após a Revolução Francesa, o rei (que não era eleito) permanecia como representante da nação (agora a verdadeira titular da soberania), só que dividindo tal missão com o corpo legislativo, conforme, por exemplo, previsto na primeira Constituição revolucionária francesa (BONAVIDES, 2004, p. 259). No entanto, há de se reconhecer a exigência cada vez mais forte de que a legitimação do domínio político derivasse do próprio povo, o que fez assomar a importância das eleições, enxergadas como processo de escolha dos representantes do povo para o governo, já que não o exercia mais diretamente.

Por outro lado, verifica-se que a democracia representativa daqueles tempos surgia com grave restrição à participação popular, não apenas por limitar a ação do povo ao sufrágio, mas, principalmente, restringindo sobremaneira os aptos a votar[103]. Toda essa restrição ao crescimento do colégio eleitoral

103 A título de exemplo, no Brasil, com o advento da Lei Saraiva, de 1881, a exigir a alfabetização de eleitores e elegíveis, passou-se dos 1.097.698 eleitores registrados para apenas 117.022 em 1886, tendência mantida durante toda a Primeira República. Assim, o comparecimento às urnas foi, nesse período, sempre "[...] inferior a 4% da população, exceto na eleição de 1930, quando atingiu o espantoso recorde de 5,6% dos habitantes, ainda abaixo dos 10% alcançados pelo Império, em meados do século XIX" (SANTOS, 2007, p. 16-18)!

ainda limitava a ação do processo eleitoral na constituição de verdadeira democracia, a uma porque quanto menor o colégio mais facilmente ele se tornava controlável, a duas porque somente pequena parcela da população se via efetivamente representada na formação do *povo* que governava, afinal, como argumenta Canotilho (2002, p. 114), nos Estados modernos os deputados não representam o *povo* (de quem são simples comissários), e sim os *eleitores*, uma sua mais restrita parcela.

Eis por que a ampliação da capacidade eleitoral ativa, tendência política espargida por todo o mundo ao longo do século XX, trouxe como consequência real incremento da importância do processo eleitoral para os modelos democráticos que se consolidaram até os dias de hoje. Não obstante, essa tendência também representou modificações notáveis na representatividade eleitoral, porque o reconhecimento de *cidadão* passou a ser feito a um número antes inimaginável de pessoas.

Ainda que a capacidade eleitoral ativa tenha sido ampliada, porém, relegar a participação popular nos rumos do governo à simples concessão, aos cidadãos, do direito de escolher seus representantes não se mostrou suficiente para assegurar a legitimidade do exercício do poder em Estados formalmente democráticos. Rousseau (1999, p. 187), em sua época, já levantara crítica ao sistema representativo, ao advertir que o "[...] povo inglês pensa ser livre e muito se engana, pois só o é durante a eleição dos membros do parlamento; uma vez estes eleitos, ele é escravo, não é nada."

Tal preocupação com a legitimação democrática demandou nova compreensão do sentido de democracia, que longe de colher sua perenidade e segurança no assentimento uníssono das ordens políticas superiores, passou a buscar no incessante questionar de rumos sua mais importante nota de legitimidade - o debate livre e aberto que, por um lado, pode ajudar os indivíduos a determinar como viver suas vidas e, no plano político, lhes provê as informações e conhecimento para exercitar sua prerrogativa democrática efetiva e sabiamente (FISS, 2010, p. 58-59). Afinal, como lembrado por Müller (2003, p. 128), "[...] o *topos* do 'governo estável' [...] é um argumento próprio do Executivo, não da democracia".

Dessarte, quando Sen (2011, p. 358) apresenta a democracia como o "governo por meio do debate", está sendo fiel a essa nova compreensão conceitual, atrelando-a à "[...] participação política, o diálogo e a interação pública" (SEN,

2011, p. 360). Por esse motivo é que Häberle (2002, p. 36) pondera que "[...] a democracia não se desenvolve apenas no contexto de delegação de responsabilidade formal do Povo para os órgãos estatais (legitimação mediante eleições)", mas "[...] deveria incluir também a prerrogativa de participar ativamente nos processos de tomada das decisões públicas" (SOUZA NETO, 2003, p. 55), reforçando a defesa da democracia *participativa*, em que se insere o cidadão que, para a salvaguarda dos direitos e garantias albergados no plano constitucional, lança mão de denúncia anônima, à guisa de proteger sua incolumidade, sua tranquilidade e, por extensão, sua *dignidade*[104]. Em relação à necessária proteção da "capacidade de falar", Douzinas (2009, p. 185) caracterizava como horror último e abjeção mais forte sua obstrução, como "[...] o que aconteceu às vítimas do Holocausto, a quem foi negado o direito de falar e de ser abordado por outros. Com isso, eles foram excluídos da humanidade". Significativo símbolo da luta contra tal obstrução, pois, vê-se ilustrado por Lévinas (2010, p. 125), ao se referir aos bilhetes deixados pelos judeus antes de serem assassinados em Auschwitz junto aos crematórios, que diziam: "Sabei o que aconteceu, não o esqueçais, e, ao mesmo tempo, jamais sabereis".

Vê-se, desse modo, que a proteção eficaz de rol de direitos humanos ou fundamentais[105] constitui o verdadeiro penhor do sistema democrático, ao lado de instrumentos para a expressão inclusive da resistência ao modelo em vigor, segundo Müller (2003, p. 125-127) – sem os quais a democracia se degeneraria em formalismos com mera aparência de atendimento à *vontade popular*.

Com isso, torna-se inegável o papel da salvaguarda da liberdade de manifestação do pensamento na consolidação da democracia, haja vista esta requerer a ampliação do espaço *público*, seja ele entendido como o espaço *comum* (o que afeta todos ou a maioria), seja no sentido de espaço *acessível a todos*, conforme anota Lafer (1998, p. 243). Tal ampliação serve ao propósito de aferição da legitimidade democrática, muito mais do que confiante apenas nas eleições episódicas – critério *procedimental* de legitimidade – e reclama uma participação efetiva dos que dela desfrutam na ocupação desse espaço público, impossível de ser imaginada se diminuída a liberdade de manifestação do

---

104 A dignidade da pessoa humana figura como fundamento do Estado Democrático de Direito brasileiro, no art. 1.º, III, da Constituição da República.

105 Acerca de melhor precisão terminológica em torno dos direitos *humanos* e *fundamentais*, distinguindo-os, será discorrido no item 3.1 abaixo.

pensamento - concepção *material* de legitimidade. Nessa ocupação, quando assomam as discussões e as interações públicas, é que emergem os valores e comprometimentos comuns (SEN, 2000, p. 288).

Häberle (2002, p. 37-38) já enfatizara a importância do penhor dos direitos fundamentais como "[...] parte da base de legitimação democrática para a interpretação aberta tanto no que se refere ao resultado, quanto no que diz respeito ao círculo de participantes", inclusive destacando expressamente a "liberdade de opinião". Mais do que depender exclusivamente da atuação estatal, pois, confiar-se-ia ao cidadão - em ampliação de sua participação na democracia - papel importante na defesa dos direitos fundamentais, já que as queixas individuais, aliadas às inspeções *in loco*, constituem ferramentas eficientes para tal defesa, segundo Tomuschat (2008, p. 229) - o que se aplica às denúncias anônimas.

Vivencia-se, assim, a vinculação entre a democracia e a defesa dos direitos humanos, mostrando válida a lição de Rabenhorst (2001, p. 48), para quem "[...] a conjunção entre democracia e direitos do homem foi um acontecimento fundamental, na medida em que instaurou um novo tipo de legitimidade política e uma nova visão do espaço público." Marx, por sua vez, embora apresentasse crítica à democracia liberal (e mesmo à concepção de direitos humanos a ela atrelada), defendia modelo de sociedade em que, segundo interpretação de Douzinas (2009, p. 291) "[...] os direitos humanos serão redefinidos como os direitos de participação de todos em todos os aspectos da atividade social", encarecendo o ativo engajamento de cada um nas atividades políticas da comunidade.

Justifica-se, outrossim, a opção, neste tópico, pela expressão *Estado constitucional democrático*: a um só tempo, previne-se contra a identificação pura e simples com o *Estado de Direito* - com quem comunga da utilização do Direito com o fito de controle do poder - mas, diferentemente deste, também apresenta expressa preocupação com sua *legitimação democrática*, dispersando os motivos da cisma apontada por Canotilho (2002, p. 98) entre *democratas* e *constitucionalistas*.

É significativo, portanto, que a Constituição alemã de 1949, erigida para superar os insucessos e traumas da República de Weimar e do domínio nazista, apresente os direitos à liberdade como direito ao *livre desenvolvimento* da personalidade (art. 2, 1)[106]. Na visão de Martins (2012, p. 49-50), tal desenvolvimento pode se desdobrar de três maneiras: a *autodeterminação* sobre os próprios destinos e a identidade de cada um; a *autoconservação*, consistente na "[...] escolha do indivíduo em face da alienabilidade de suas informações pessoais"; e a *autoexposição*, entendida como o "[...] direito de cada um de somente se expor publicamente do modo como bem lhe convier".

Muito antes da Lei Fundamental alemã, porém, Mill (2005, p. 128) já baseava no *desenvolvimento pleno* de cada indivíduo, como princípio essencial de seu bem-estar, a defesa que fazia, dentro do rol de liberdades, da livre manifestação do pensamento, se bem que enxergasse nessa espécie de liberdade - acorde com sua inclinação utilitarista - *instrumento* útil para o descobrimento da verdade, pois só na colisão de opiniões adversas enxergava alguma probabilidade de ser reconhecida a verdade inteira[107] (MILL, 2005, p. 122). Dworkin (2002, p. 418), por outro lado, apesar de também identificar na liberdade de manifestação do pensamento aspecto do desenvolvimento e da realização pessoal do indivíduo, a encarava como valor em si mesmo, "[...] ainda quando isso não for de interesse geral", ou seja, tendo em seu favor não apenas a *utilidade* preconizada por Mill, mas algum outro argumento, como o direito a igual tratamento (*equal treatment*), escolhido por Dworkin (2002, p. 420). Moro (2004b, p. 49) também defende a preservação dessa liberdade mesmo quando o discurso nela fundado seja ofensivo à coletividade, porquanto "[...] nada tolhe em grau mais significativo o *desenvolvimento* da personalidade humana do que a imposição do silêncio" (grifo acrescido). Resta perquirir de que modo e em que extensão a proteção das liberdades - e, mais especificamente, da liberdade de manifestação do pensamento - pode refletir no sentido menos individualista - relacionado mais à mera proteção da intimidade ou preservação da vida privada (GIACOBBO, 2009, p. 115) - de *desenvolvimento*, para

106 Mais recentemente, a Constituição portuguesa, em decorrência da revisão constitucional ocorrida em 1997, também consagrou em seu texto o direito ao desenvolvimento da personalidade (art. 26.º, 1), se bem que, segundo Miranda e Medeiros (2005, p. 287), o sentido literal da expressão portuguesa pareça mais ligado à ideia de *formação* da personalidade do que para o sentido, reconhecido pela doutrina e jurisprudência tudescas, de *autonomia* e de livre *exteriorização* e *realização* da personalidade.

107 No original: "[...] sólo por la colisión de opiniones adversas tiene alguna probabilidad de ser reconocida la verdad entera."

extrair das respostas encontradas sua importância para a sustentação e fortalecimento da própria democracia.

A compreensão usual de desenvolvimento, nesse sentido mais abrangente, geralmente o vincula a critérios econômicos objetivamente mensuráveis, como o Produto Interno Bruto, a renda *per capita* e quejandos. Nesse tom, lembra Sen (2000, p. 30) quão frequente é a associação de sistemas políticos mais autoritários (com negação de direitos civis e políticos básicos) à promoção do desenvolvimento econômico, fenômeno que acabou por ser denominado como "tese de Lee", em alusão às ideias defendidas pelo ex-primeiro-ministro de Cingapura, Lee Yuan Yew. Em suma, apontava-se para os exemplos colhidos em países do sudeste asiático – e mesmo para a experiência brasileira do regime militar, principalmente na década de 1970 – para chegar à conclusão de que não se poderia buscar o desenvolvimento econômico e a democracia ao mesmo tempo.

Amartya Sen (2000, p. 23), porém, pretende cunhar uma nova compreensão de desenvolvimento, "[...] como um processo integrado de expansão de liberdades substantivas interligadas", para a qual os referidos critérios econômicos importam, mas não se mostram bastantes. Deveras, abandona a defesa tradicional do desenvolvimento desequilibrado, desigual, sinônimo de crescimento econômico, para se aproximar do conceito de desenvolvimento social ou sustentável, na nomenclatura hoje em voga nos debates políticos em todo o mundo. Tanto é assim que a Resolução n.º 41/128, da Assembleia Geral da Organização das Nações Unidas, de 4 de dezembro de 1986, já pressupunha o desenvolvimento como

> [...] um processo econômico, social, cultural e político abrangente, que visa ao constante incremento do bem-estar de toda a população e de todos os indivíduos com base em sua participação ativa, livre e significativa no desenvolvimento e na distribuição justa dos benefícios daí resultantes.[108]

Seguindo essa nova acepção de desenvolvimento, portanto, faz-se mais necessária a participação popular no espaço de discussão pública e, consequentemente, na condução das políticas econômicas e sociais pelo Estado. Essa é a

---

108 Nesse âmbito é que se justifica, por exemplo, a preocupação expressa na Constituição da República brasileira de garantir uma política de desenvolvimento urbano que ordene o pleno desenvolvimento das funções sociais da cidade e garanta o bem-estar de seus habitantes (art. 182, *caput*), ou de dirigir o sistema financeiro nacional à promoção do desenvolvimento *equilibrado* do país, de modo a "[...] servir aos interesses da coletividade, em todas as partes que o compõem" (art. 192, *caput*).

justificativa, conforme Sen (2000, p. 30), para jamais ter ocorrido fome coletiva, em toda a história, em uma democracia efetiva. Explica ele, em relação a tal indicativo, que, se fosse simplesmente confundida a democracia com o "governo da maioria", essa constatação não seria tão inexorável, já que a proporção da população afetada ou ameaçada por fome coletiva quase nunca é superior a dez por cento da população total do Estado. O que, de fato, impede que tamanho infortúnio ocorra em uma democracia é "[...] o alcance da argumentação pública, que mobiliza e ativa uma grande parte do público em geral para protestar e clamar contra a 'indiferença' do governo e para tentar derrubá-lo", em caso de fracasso no cumprimento de suas missões, concluindo que uma das conquistas da democracia é, precisamente, "[...] sua capacidade de fazer com que as pessoas se interessem, através de discussão pública, pelas dificuldades dos demais e tenham uma melhor compreensão das vidas alheias" (SEN, 2011, p. 378)[109], mesmo constituindo elas uma minoria.

Desse modo, deixa-se de considerar o desenvolvimento apenas em seu viés econômico (direito econômico *do* desenvolvimento), para inseri-lo no contexto mais abrangente dos direitos humanos (direito humano *ao* desenvolvimento), segundo distinção firmada por Feitosa (2012, p. 45). Não obstante, pela própria amplitude da abrangência desse direito, os países ocidentais, em especial, têm-no visto com ceticismo, tanto que os Estados Unidos da América, apenas em 1993, por ocasião da Conferência Mundial sobre Direitos Humanos em Viena, reconheceram o direito *ao* desenvolvimento (TOMUSCHAT, 2008, p. 55).

O enriquecimento do conceito de desenvolvimento, como visto, possibilitou fugir de seu enquadramento apenas como direito econômico e, com isso, também o depurou dos vícios impostos pela visão da Economia afastada "[...] do enfoque do valor das liberdades em favor do valor das utilidades, rendas e riquezas" (SEN, 2000, p. 42). Em outras palavras, restaurou à liberdade, tão cara à própria construção democrática, a dignidade já aventada pelos teóricos do liberalismo clássico. É preciso, no entanto, avaliar se esse sentido de liberdade constitui tão somente um *instrumento* para alcançar o desenvolvimento, ou, na mesma medida, também sua *finalidade* última.

---

109 Não por acaso, portanto, Cecato (2012, p. 37) identifica a "[...] relação entre desenvolvimento e cobertura das negociações coletivas" dos trabalhadores, concluindo que quanto maior é a participação destes no diálogo social - aspecto da democracia - mais firmemente se assegura o desenvolvimento em sua atual acepção.

Primeiramente, parece inegável a identificação da liberdade como meio de alcançar o desenvolvimento - principalmente se considerada sua mais atual concepção. Sen (2000, p. 24) aponta a liberdade de transações econômicas como "[...] um grande motor do crescimento econômico", citando o exemplo do Japão, que tirou proveito de seus destacados recursos humanos (como a elevada taxa de alfabetização desde o século XIX) para alavancar seu desenvolvimento econômico (SEN, 2000, p. 58). Assim, este país criou *oportunidades sociais* - uma das cinco *liberdades instrumentais* apontadas por Sen - com repercussão na "[...] liberdade substantiva de o indivíduo viver melhor" (SEN, 2000, p. 56).

Não obstante, é preciso encarar a liberdade também em seu aspecto *constitutivo* do desenvolvimento, evitando a frequente convocação de economistas que praguejam contra programas sociais e políticas públicas, antes da consolidação do crescimento econômico - para eles, este deve preceder os avanços sociais, como a considerar que as liberdades só se apresentam como *meios* para alcançar o desenvolvimento.

Contrapondo-se a esse entendimento, Sen (2000, p. 19) considera a liberdade como o principal *fim* do desenvolvimento, para cuja compreensão não se deve considerar apenas a importância das liberdades a partir "[...] de sua contribuição indireta a *outras* características de desenvolvimento (como o crescimento do PNB ou a promoção da industrialização)", mas como elemento *constitutivo* do enriquecimento do processo de desenvolvimento (SEN, 2000, p. 53).

Nesse ponto, evidencia-se a aproximação entre a liberdade de manifestação de pensamento (como espécie das liberdades políticas) e o desenvolvimento, porquanto as liberdades políticas ajudam a *promover* a segurança econômica - não sendo apenas *dependentes* dela. Tanto é assim que há países que tiveram incremento na qualidade de vida mesmo sem crescimento econômico, comprovando que é preferível investir na promoção de liberdades, a partir do custeio público, a esperar que um país venha a se tornar muito rico primeiro (SEN, 2000, p. 66).[110]

---

110 Em contrapartida, o Brasil da década de 1980 assistiu ao abandono, por parte do Estado, de verdadeira política nacional de desenvolvimento, limitando-se a política econômica, como denuncia Bercovici (2005, p. 60), "[...] à gestão de curtíssimo prazo dos vários 'planos' de estabilização econômica".

Segundo Sen (2011, p. 369-370), há uma contribuição *direta* da liberdade de manifestação do pensamento para a qualidade de vida de quem dela desfruta, primeiro porque permite extravasar ao ser humano seu desejo inato de se comunicar com os demais e compreender o mundo em que se encontra inserido, segundo porque essa abertura influi positivamente na formação dos valores na sociedade, construídos a partir da discussão pública.

Desse modo, as liberdades políticas em geral – e a liberdade de manifestação do pensamento em particular – exercem grande influência não somente na indução de respostas sociais a necessidades econômicas, como também na *conceituação* das próprias necessidades econômicas (SEN, 2000, p. 182).

Os argumentos até aqui esposados se mostram bastantes para afastar, em grande medida, a ideia de que as liberdades ditas *individuais* não exercem (nem recebem) qualquer influência na (ou da) esfera coletiva da sociedade: sendo elas corolários da própria democracia, e pressupondo o alargamento do espaço de discussão pública, têm repercussão direta no bem-estar de todos os conviventes neste espaço. Uma vez que o homem se encontra inserido em sociedade, por sua natureza gregária reconhecida na Modernidade, sua liberdade de manifestação de pensamento deixa de ser um direito meramente egoístico, invocado para dar vazão a interesses individuais, particulares, para reclamar verdadeira *responsabilidade*, dirigida a toda esta sociedade, responsabilidade esta que amiúde se expressa em favor de outra pessoa ou grupo de pessoas.

Eis a razão de Amartya Sen encarar a liberdade individual como verdadeiro *comprometimento social*, partindo da distinção entre a simples *simpatia*, atrelada "[...] à noção do bem-estar amplamente definido do próprio indivíduo", e o *comprometimento*, quando se está disposto, inclusive, "[...] a fazer sacrifícios para promover outros valores, como justiça social, nacionalismo ou bem-estar da comunidade (mesmo a um certo custo pessoal)" (SEN, 2000, p. 306).

Isso implica reconhecer que, na medida em que a liberdade individual – e, particularmente para o objeto do presente estudo, a liberdade de manifestação de pensamento – exige de seu detentor o "olhar para o outro", cumpre ela o relevante papel de melhorar "[...] o potencial das pessoas para cuidar de si mesmas e para influenciar o mundo, questões centrais para o processo de desenvolvimento" (SEN, 2000, p. 33).

Como o direito *ao* desenvolvimento se enquadra no rol dos chamados direitos humanos – apartando-se, como visto acima, de sua percepção exclusivamente atrelada à Economia - sua efetivação requer dos cidadãos uma postura ativa, haja vista que a "[...] afirmação dos direitos humanos é um chamado à ação - um chamado à mudança social - e não depende parasitariamente de uma exequibilidade preexistente" (SEN, 2011, p. 419).

Surge daí a importância de lançar olhares para nova manifestação da liberdade, não coincidente nem com a *liberdade de expressão*, nem tampouco com a *liberdade de prestar informação*, consoante definidos no item 1.1.2 acima: a *liberdade de provocação de autoridade pública*, consistente na iniciativa de acorrer ao poder instituído para, a partir da exteriorização da apreensão da comunidade e, fundamentalmente, dos problemas por ela enfrentados, colaborar no afã de solucionar tais problemas.

A garantia do direito de liberdade de provocação de autoridade pública, portanto, está inserida no ambiente democrático - já que não se imagina como tal direito se exerça em sua completude em regime ditatorial ou de exceção - e contribui para o bem-estar dos cidadãos, pelas razões já aduzidas anteriormente; por conseguinte, tem direta influência na construção da ideia de desenvolvimento, consentânea com as exigências do atual estádio do capitalismo, aqui adotada.

Deveras, essa garantia acende no cidadão a chama do *comprometimento social*, não necessariamente para que ele se insurja contra toda forma de violação aos direitos humanos, em qualquer parte, mas, como adverte Sen (2011, p. 408), para tornar patente "[...] que a pessoa que tem condições de fazer algo efetivo para impedir a violação desse direito tem uma boa razão para agir dessa maneira". A título de exemplo, Maia (2006, p. 225) informa que "[...] a quase totalidade das condenações por tortura, ocorridas no âmbito doméstico, decorreram de denúncias de vizinhos, investigadas pela polícia", evidenciando como pode ser significativo o comprometimento social dos cidadãos em relação à defesa dos direitos e interesses *do outro*.

De outra sorte, para que não haja poucos efetivamente *comprometidos*, por temerem colocar em risco a própria segurança e vida, assoma a importância da aceitação da denúncia anônima para provocar a autoridade pública, porque só assim os que demonstram apenas *simpatia* (em vez de *comprometimento*) pela defesa dos direitos humanos podem contribuir para a proteção dos subjugados a violações desses direitos - ou seja, sua aceitação amplia aos cidadãos as "condições de fazer algo efetivo" para impedir tais violações, nem que seja simplesmente demandando a atuação estatal.

Por fim, deve-se reconhecer que a responsabilidade social do denunciante acaba por substituir a responsabilidade do titular do direito humano ameaçado ou transgredido, já que este, sem a liberdade de se contrapor à violação, também é afetado em sua responsabilidade individual, afinal "[...] responsabilidade *requer* liberdade" (SEN, 2000, p. 322).

De tudo o que se expôs, mostra-se oportuna a conclusão a que chegou Sarlet (2012, p. 441), de que assim

> [...] como a liberdade de expressão e manifestação do pensamento encontra um dos principais fundamentos (e objetivos) na dignidade da pessoa humana, naquilo em que diz respeito à autonomia e livre desenvolvimento da personalidade do indivíduo, ela também guarda relação, numa dimensão social e política, com as condições e a garantia da democracia e do pluralismo político, assegurando uma espécie de livre mercado das ideias.

A garantia da liberdade de manifestação do pensamento, por conseguinte, não apenas favorece o desenvolvimento *individual* de a quem ela se atribui, como também exerce importante papel no desenvolvimento *coletivo*, a partir do fortalecimento dos instrumentos democráticos. Nesse contexto é que se buscará, no tópico subsequente, inserir a denúncia anônima propriamente, com vistas a aquilatar o tratamento que tem merecido, hodiernamente, de Estados constitucionais democráticos e de órgãos jurígenos e jurisprudenciais internacionais também fundados nas balizas impostas não apenas pela democracia representativa, mas principalmente pela participativa.

1.3.2 A denúncia anônima e seu acatamento no ambiente democrático

Uma vez reconhecida a denúncia anônima como possível exercício de manifestação de pensamento, e julgando-se esta afinada ao modelo democrático de Estado no item precedente, pode-se deduzir que também a denúncia anônima encontra guarida nos ordenamentos jurídicos de Estados constitucionais democráticos.

Pesa contra ela, porém, a sua gênese histórica (esboçada no item vestibular deste trabalho), a relatar que esse instituto teve início precisamente para municiar os detentores de poder de elementos de informações que sujeitassem seus críticos ou dissidentes a controle cerrado, de modo que a abertura típica da democracia não se vislumbrava presente.

Não obstante, além da desmistificação em torno da repugnância ética que o anonimato traria por si só já apresentada anteriormente (v. 1.2.1), há diversos outros marcos históricos que apontam em sentido oposto à incompatibilidade da denúncia anônima com a democracia. O anonimato é largamente defendido, por exemplo, nos Estados Unidos, país de tradição democrática, no âmbito da jurisprudência de sua Suprema Corte, como corolário da *liberdade de expressão*, e, por conseguinte, possui estreita relação com a democracia participativa ou deliberativa, uma vez que esta se alimenta do estímulo ao pluralismo e à constante avaliação dos rumos do Estado, a ponto de Niklas Luhmann (1985, p. 63) agregar ao entendimento de democracia e legitimação "[...] uma tintura de questionabilidade, de fragilidade e de sucedâneo de argumentação." Para ilustrar o prestígio do anonimato naquele país, basta lembrar que os *Federalist Papers*, reconhecidos como o cimento teórico dos pais fundadores dos Estados Unidos, foram primeiramente publicados apontando como autor o pseudônimo de *Publius*, em clara referência a um dos fundadores da República na Roma Antiga, Publius Valerius Publicola (KESLER, 2003, p. x), escamoteando, assim, a identidade de seus verdadeiros criadores: Alexander Hamilton, James Madison e John Jay.

A análise da receptividade da denúncia anônima por ordenamentos jurídicos democráticos pode ser iniciada a partir da jurisprudência da Suprema Corte estadunidense em torno da matéria, que começou a acolhida de escritos anônimos - embora não se tratasse, propriamente, de denúncia anônima no sentido aqui utilizado (v. 1.1.2) - decidindo o caso *Talley v. California* (EUA, 1960). Nele, o recorrente foi condenado por violação a determinada lei municipal de Los Angeles que proibia a distribuição de qualquer impresso que contivesse o nome e o endereço de quem o tivesse preparado, distribuído e patrocinado, haja vista haver ele distribuído prospectos, sem autoria definida, que conclamavam seus leitores a boicotar empresas que não concediam iguais oportunidades de emprego a negros, mexicanos e orientais. O *Justice*[111] Black, na ocasião, reconheceu a importância dos panfletos, folhetos, brochuras e livros anônimos no progresso da Humanidade. Na ótica desse magistrado, os grupos e seitas perseguidos de tempos em tempos na História só foram

111 Os integrantes da Suprema Corte norte-americana são denominados *Justices*, razão por que se opta, quando se fizer referência a algum deles no corpo do texto, pela utilização desse vocábulo estrangeiro, para tornar clara e específica a referência aos juízes desta Corte.

capazes de criticar práticas e leis opressivas anonimamente, tanto que a odiosa lei de imprensa inglesa, também reforçada nas Colônias, se deveu em parte ao conhecimento de que a exposição do nome dos tipógrafos, escritores e distribuidores diminuiria a circulação da literatura crítica contra o governo. Os antigos casos de difamação na Inglaterra mostram até onde o governo tinha de ir para descobrir quem foi o responsável por livros desagradáveis aos governantes. John Lilburne, exemplificava o *Justice* Black em seu voto, foi açoitado, ridicularizado e multado por se recusar a responder a perguntas destinadas a obter provas para condená-lo ou a alguma outra pessoa pela distribuição secreta de livros na Inglaterra[112].

Situação similar foi apreciada no julgamento do caso *McIntyre v. Ohio* (EUA, 1995), em que se analisava a condenação da Sra. Margaret McIntyre por distribuir panfletos em oposição à proposta de cobrança de taxa escolar e, em virtude disso, violar norma eleitoral estadual que proibia a distribuição de material de campanha sem a devida identificação e endereço de seu promovente. Na ocasião, o *Justice* Stevens reconheceu que o anonimato pode ser motivado por medo de retaliação econômica ou oficial, por receio de ostracismo social ou meramente pelo desejo de preservar a privacidade de alguém o quanto possível. Pontuou, ainda, que, qualquer que seja a motivação, o interesse em ter trabalhos anônimos adentrando o mercado de ideias inquestionavelmente sobrepuja, ao menos no campo do esforço literário, qualquer interesse público que requeira a revelação como condição de entrada. Sob a Constituição estadunidense, o panfleto anônimo não se mostrava prática perniciosa ou fraudulenta, mas uma tradição honorável da advocacia e da dissensão. O anonimato, para ele, seria um escudo contra a tirania da maioria, e assim exemplifica o propósito por trás do *Bill of Rights*, e da Primeira Emenda à Constituição em particular: proteger os indivíduos impopulares da retaliação – e suas ideias, da

---

112 No original: "Anonymous pamphlets, leaflets, brochures and even books have played an important role in the progress of mankind. Persecuted groups and sects from time to time throughout history have been able to criticize oppressive practices and laws either anonymously or not at all. The obnoxious press licensing law of England, which was also enforced on the Colonies, was due in part to the knowledge that exposure of the names of printers, writers and distributors would lessen the circulation of literature critical of the government. The old seditious libel cases in England show the lengths to which government had to go to find out who was responsible for books that were obnoxious to the rulers. John Lilburne was whipped, pilloried, and fined for refusing to answer questions designed to get evidence to convict him or someone else for the secret distribution of books in England."

supressão – no bojo de uma sociedade intolerante. Embora o direito de permanecer anônimo possa constituir abuso quando protege conduta fraudulenta, e o discurso político, por sua própria natureza, tenha por vezes consequências desagradáveis, geralmente a sociedade americana, segundo o magistrado, dá mais peso ao valor da liberdade de expressão que aos perigos de seu mau uso[113].

Tais julgados elidem, na esteira do aduzido no tópico 1.2.1, a compreensão do anonimato como desvalor por si só, enxergando-o como possível recurso democrático para o exercício de direito – notadamente o da liberdade de manifestação do pensamento. Nesse diapasão é que Rodotà (2014, p. 23) não apenas reconhece que, nos casos em que a revelação da identidade do autor da informação pode representar-lhe perseguição ou ameaça, o anonimato se apresenta como pré-condição da citada liberdade, como também denuncia que a atual luta de gigantes da Internet – como o Google e o Facebook – contra o anonimato se deve, na verdade, a sua avidez por informações pessoais dos usuários, a fim de que possam catalogar seus gostos, hábitos, comportamentos e relações, com o fito de tirar proveito econômico (RODOTÀ, 2014, p. 25), e não no intuito de controlar abusos ou atentados à democracia eventualmente cometidos por anônimos em atuação na rede. Lembre-se, por oportuno, que o denunciante não expõe a público o investigado, se a denúncia é apenas dirigida ao investigador, como adiante será esmiuçado nesta obra.

É bem verdade que a própria Suprema Corte, mais recentemente, tem atenuado a inexorabilidade da tutela dos escritos anônimos, como se percebe na decisão *Petitioners v. Sam Reed* (EUA, 2010), em que o *Justice* Scalia (que já proferira voto vencido no mesmo sentido no caso *McIntyre v. Ohio*, já referido acima, porém reconhecendo haver exceções onde o anonimato é necessário

---

113 No original: "The decision in favor of anonymity may be motivated by fear of economic or official retaliation, by concern about social ostracism, or merely by a desire to preserve as much of one's privacy as possible. Whatever the motivation may be, at least in the field of literary endeavor, the interest in having anonymous works enter the marketplace of ideas unquestionably outweighs any public interest in requiring disclosure as a condition of entry. [...] Under our Constitution, anonymous pamphleteering is not a pernicious, fraudulent practice, but an honorable tradition of advocacy and of dissent. Anonymity is a shield from the tyranny of the majority. [...] It thus exemplifies the purpose behind the Bill of Rights, and of the First Amendment in particular: to protect unpopular individuals from retaliation--and their ideas from suppression--at the hand of an intolerant society. The right to remain anonymous may be abused when it shields fraudulent conduct. But political speech by its nature will sometimes have unpalatable consequences, and, in general, our society accords greater weight to the value of free speech than to the dangers of its misuse."

para evitar ameaças, perseguição ou represálias[114]) ponderou que existem leis contra ameaças e intimidações, e as críticas severas, menos que ações injustas, são o preço que o povo americano tem desejado pagar pela autogovernança. Para ele, requerer de alguém que se erija para exercer, em público, seus atos políticos, alimenta a coragem cívica, sem a qual a democracia está condenada. Conclui asseverando que não persegue uma sociedade que, graças à Suprema Corte, faz campanha anonimamente ou mesmo exercita a democracia direta de iniciativa e *referendum* escondida do escrutínio público e protegida contra a responsabilização das críticas - o que não lhe lembra o "Lar dos Bravos"[115], que procurava identificar com os Estados Unidos.

Observe-se nesta última decisão, porém, que se trata de caso em que se pretendia o anonimato para assinar petições de referendo, assumindo o eleitor a posição de legislador, segundo o *Justice* Scala, manifestação bem diversa de denúncia anônima dirigida a autoridade para que investigue a ocorrência de ilícito. Daí que, em relação a esta hipótese mais especificamente, a mesma Corte, no caso *Aguilar v. Texas* (EUA, 1964), julgou caso em que o recorrente foi condenado pela posse de droga ilegal, após investigação iniciada por informação de pessoa cuja identidade não foi revelada, porém reputada confiável pelos investigadores, o que redundou na expedição de mandado de busca domiciliar expedido por juiz, e na apreensão da substância ilícita. Apesar de reconhecer a possibilidade de expedição de mandado de busca baseado em *hearsay testimony* (conforme conceituado no item 1.2.2 acima), o *Justice* Goldberg exigiu nesta hipótese que fossem informadas ao magistrado algumas das circunstâncias em que o informante tinha tomado conhecimento da existência da droga ilegal e em que se fiou o investigador para reputar confiável seu informante[116].

---

114 No original: "[...] where anonymity is needed to avoid 'threats, harassment, or reprisals'".

115 No original: "There are laws against threats and intimidation; and harsh criticism, short of unlawful action, is a price our people have traditionally been willing to pay for selfgovernance. Requiring people to stand up in public for their political acts fosters civic courage, without which democracy is doomed. For my part, I do not look forward to a society which, thanks to the Supreme Court, campaigns anonymously (McIntyre) and even exercises the direct democracy of initiative and referendum hidden from public scrutiny and protected from the accountability of criticism. This does not resemble the Home of the Brave."

116 No original: "[...] the magistrate must be informed of some of the underlying circumstances from which the informant concluded that the narcotics were where he claimed they were,

A partir desse julgado, estabeleceu-se a possibilidade de a investigação ser principiada por denúncia anônima, desde que cumpra, a fim de observar o estabelecido pela Quarta Emenda à Constituição[117], o chamado *two-pronged test*, consistente em: a) revelar a base de conhecimento do informante anônimo; b) fornecer fatos suficientes para demonstrar a veracidade e confiabilidade desse informante e de seus informes[118]. Tais condições foram já averiguadas no caso posterior *Spinelli v. United States* (EUA, 1969), em que a Suprema Corte reformou a decisão de condenação, sob a justificação do *Justice* Harlan de as circunstâncias em que se deu a informação de origem anônima não haverem sido esclarecidas a contento e da incapacidade de os agentes policiais comprovarem a credibilidade do informante e a idoneidade da própria informação[119] - ainda que esta fosse corroborada por outros elementos de prova, haja vista se tratar de caso em que a delação constituía elemento necessário para a configuração da causa provável (*probable cause*) da prática do ilícito[120] exigida pela Quarta Emenda. Assim, uma vez exigida a comprovação da probidade ou honestidade do delator, acabou a corte por repelir, em termos práticos, a recepção da de-

---

and some of the underlying circumstances from which the officer concluded that the informant, whose identity need not be disclosed, [...] was 'credible' or his information 'reliable'."

117 A Quarta Emenda à Constituição dos Estados Unidos assegura o direito contra buscas e apreensões desarrazoadas, de forma que nenhum mandado seja expedido, senão sob "causa provável" e apoiado por juramento e descrevendo o local a ser procurado e as pessoas ou coisas a serem apreendidas. No original: "The right of the people to be secure in their persons, houses, papers, and effects, against unreasonable searches and seizures, shall not be violated, and no Warrants shall issue, but upon probable cause, supported by Oath or affirmation, and particularly describing the place to be searched, and the persons or things to be seized".

118 Consonante com essa preocupação é a medida anticorrupção proposta pelo Ministério Público federal de preservação do sigilo da fonte de informação, ao propor que se possa "[...] arrolar agentes públicos, inclusive policiais, para prestar depoimento sobre o caráter e a confiabilidade do informante confidencial, os quais deverão resguardar a identidade deste último" (BRASIL, 2015b).

119 No original: "[...] this Court held the affidavit inadequate for two reasons. First, the application failed to set forth any of the 'underlying circumstances' necessary to enable the magistrate independently to judge of the validity of the informant's conclusion that the narcotics were where he said they were. Second, the affiant officers did not attempt to support their claim that their informant was '*credible* or his information *reliable*'".

120 No voto original do *Justice* Harlan: "Where, as here, the informer's tip is a necessary element in a finding of probable cause, its proper weight must be determined by a more precise analysis."

núncia anônima no âmbito de procedimentos investigatórios, já que o anonimato mesmo impediria essa averiguação. Todavia, o *Justice* Black - conhecido por sua defesa inveterada da liberdade de expressão e que já proferira voto vencido na decisão *Aguilar v. Texas* - assumiu posição diversa nesse mesmo julgamento, criticando a orientação da maioria dos demais julgadores, a quem acusou de expandir as exigências lançadas em *Aguilar v. Texas* em "proporções quase inacreditáveis"[121].

Anos depois, finalmente, julgando o caso *Illinois v. Gates* (EUA, 1983), em que um casal foi apreendido com drogas ilícitas e produtos contrabandeados, graças a investigação policial iniciada por carta anônima dirigida ao Distrito Policial de Bloomingdale e que redundou em mandado de busca expedido por Juiz estadual, a exigência rígida do *two-pronged test* foi praticamente abandonada, para servir apenas como auxílio do "senso comum"[122] do magistrado encarregado de examinar eventuais pedidos de busca, conforme o *Justice* Rehnquist, que liderou o *overruling* jurisprudencial. Para ele, mesmo havendo dúvida quanto aos motivos do informante anônimo, sua descrição detalhada do alegado ilícito, ao lado da declaração de que o evento foi presenciado por ele mesmo, dá mais peso a sua denunciação, que, por ser normalmente formulada sem técnica e com pressa, não atenderia às sutilezas exigidas pelo *two-pronged test*[123], e, por essa razão, diminuiria radicalmente o peso das informações anônimas nas investigações criminais. Continua, em apoio a seu posicionamento, afirmando que as denúncias anônimas, principalmente se complementadas por investigações policiais independentes, amiúde contribuem para a solução

---

121 No original: "[...] the Court today expands *Aguilar* to almost unbelievable proportions". Como o *Justice* Black, também discordaram da maioria, por razões similares, os *Justices* Fortas e Stewart.

122 A invocação do "senso comum" do juiz, porém, já havia sido feita no caso *United States v. Ventresca*, quando o *Justice* Goldberg defendeu que os depoimentos tendentes a pedidos de mandados de busca deveriam ser testados e interpretados por magistrados e tribunais em um sentido comum e de forma realista (EUA, 1965).

123 No original: "Conversely, even if we entertain some doubt as to an informant's motives, his explicit and detailed description of alleged wrongdoing, along with a statement that the event was observed first-hand, entitles his tip to greater weight than might otherwise be the case. [...] Likewise, given the informal, often hurried context in which it must be applied, the 'built-in subtleties' [...] of the 'two-pronged test' are particularly unlikely to assist magistrates in determining probable cause."

de "crimes perfeitos"[124], para concluir que a Corte deveria mudar sua postura em relação a tais denúncias, para adotar análise de todas as circunstâncias, segundo ele postura mais compatível com a Quarta Emenda à Constituição.

Na Espanha, por seu turno, o Tribunal Constitucional também já houve de acatar a denúncia anônima, em caso no qual negou recurso de amparo ao recorrente, condenado pelo cometimento de crime continuado de apropriação indébita, segundo ele com base em denúncia anônima que depois se verificou falsa. A Corte arrimou sua decisão, ao final, no argumento de que, no caso concreto, as decisões condenatórias não traziam qualquer menção aos informes anônimos como *fonte probatória* para fundamentar a convicção dos magistrados sobre os fatos[125], para concluir não ter havido produção de provas com vulneração de direitos fundamentais (ESPANHA, 2004). Desse modo, já sinalizava para a rejeição da ideia de que o procedimento de investigação que contivesse denúncia anônima já seria, por si só, tido como inválido e, portanto, inidôneo para redundar na produção de provas conducentes a condenação penal - tese que será aqui analisada posteriormente (v. 2.1 e 3.3).

Na Argentina, como já adiantado (v. 1.2.2), a *Ley 23.737*, que procedeu a alterações no sistema penal e processual penal daquele país visando a repressão ao tráfico de entorpecentes, garante o anonimato de quem denunciar qualquer delito previsto nesta lei ou no art. 866 do *Código Aduanero*, que tipifica o contrabando de substâncias estupefacientes (art. 34 Bis), uma vez que tal denunciante, nas palavras de Rudi (2008, p. 160), é um informante velado por definição, e não um órgão de prova.

Assumindo posição não apenas de tolerância, mas mesmo de incentivo à prática da denúncia anônima, de outro lado, a Convenção Interamericana contra a corrupção, adotada em 29 de março de 1996, ratificada pelo Brasil em 10 de julho de 2002 e promulgada pelo Decreto n.º 4.410/2002, determina o compromisso dos Estados pactuantes em criar, manter e fortalecer sistemas

---

124 No original: "Yet such tips, particularly when supplemented by independent police investigation, frequently contribute to the solution of otherwise 'perfect crimes.'"

125 No original: "Por último, y por lo que respecta a la queja referida a la existencia de un informe anónimo, en las resoluciones impugnadas no aparece ninguna mención a dicho informe como fuente probatoria para fundamentar su convicción sobre los hechos, por lo que, en última instancia, al no haber tenido ninguna influencia sobre el enjuiciamiento de los hechos, resultaría irrelevante la alegación sobre su carácter anónimo o sobre su falta de aptitud probatoria."

"[...] para proteger funcionários públicos e cidadãos particulares que denunciarem de boa-fé atos de corrupção, inclusive a proteção de sua identidade, sem prejuízo da Constituição do Estado e dos princípios fundamentais de seu ordenamento jurídico interno." Posteriormente, a Convenção da Organização das Nações Unidas contra a corrupção (denominada *Convenção de Mérida*), por exemplo, adotada em 31 de outubro de 2003, assinada pelo Brasil em 9 de dezembro do mesmo ano e ratificada em 15 de junho de 2005[126], acabou por determinar, em seu art. 13, que cada Estado adote medidas adequadas para fomentar a participação ativa de pessoas na prevenção e na luta contra a corrupção, dessa feita resguardando, expressamente, a possibilidade de denúncia anônima.

É preciso reconhecer, *a contrario sensu*, que a denúncia anônima não se identifica, necessariamente, com regimes de exceção, como se poderia supor a partir das circunstâncias políticas em que foi estimulada até a Idade Média (v. 1.1.1). Exemplo disso é que mesmo o art. 141[127] do Código de Processo Penal italiano de 1930, editado sob o regime fascista de Benito Mussolini, vedava, na maioria dos casos, a utilização como meio de prova de documentos que contivessem escritos anônimos, com o mesmo propósito com que tal regime preconizava a identificação dos sujeitos responsáveis pelos conteúdos divulgados pela imprensa (CUNEGATTI, 2008, p. 255): para garantir o controle, pelo Estado, de toda manifestação do pensamento. Em contrapartida, mesmo tendo o art. 240 do atual Código de Processo Penal italiano mantido a regra da não aceitação de documentos que contenham declarações anônimas[128], o anonimato neste país não mais é encarado apenas como prática fraudulenta, senão também como honrada e consolidada tradição de dissenso e de livre expressão da própria opinião[129] (NIGER, 2008, p. 18).

---

126 Tal Convenção foi promulgada, no Brasil, pelo Decreto n.° 5.687, de 31 de janeiro de 2006.

127 No original: "Art. 141. Eliminazione degli scritti anonimi - Gli scritti anonimi non possono essere uniti agli atti del procedimento, né può farsene alcun uso processuale, salvo che costituiscano corpo del reato, ovvero provengano comunque dall'imputato."

128 No original: "Art. 240 (Documenti anonimi) - 1. I documenti che contengono dichiarazioni anonime non possono essere acquisiti né in alcun modo utilizzati salvo che costituiscano corpo del reato o provengano comunque dall'imputato.

129 No original: "Chi opta per l'anonimato non pone in essere una pratica fraudolenta ma può, al contrario, collocarsi in una onorevole e consolidata tradizione di dissenso e di espressione libera delle proprie opinioni."

Os Estados onde viceja a democracia constitucional não admitem, portanto, condenações açodadas e esculpidas ao arrepio do *due process of law*, tal como Bentham (1825, p. 356) afirmava ter ocorrido em Veneza na era dos *bocche del leone*, em que todo o processo penal era secreto, mostrando-se impossível saber em que medida a informação anônima influía na decisão proferida pelo magistrado! Não se espera incorrer no erro denunciado por Tasse (2010, p. 160) de que o Direito Penal necessita, para ser eficiente perante a variedade de crimes e formas de atuação delituosa que a sociedade moderna produz, sacrificar os direitos e garantias fundamentais, já que a denúncia anônima, se exercida nos moldes propostos no terceiro capítulo, apenas reafirmará os princípios constitucionais da democracia participativa. Veja-se que o zelo para que sejam identificados os autores de uma manifestação do pensamento se justifica apenas para evitar que abusem de sua liberdade e acabem por malferir a dignidade e a honra alheias. É nesse sentido, aliás, que John Rawls (2008, p. 484) admite o *anonimato responsável*, ponderando que para "[...] agir de maneira anônima e responsável o cidadão deve seguir os princípios políticos que fundamentam e orientam a interpretação da constituição". Não por acaso, as Constituições democráticas geralmente preveem a responsabilização de quem quer que se exceda na manifestação *pública* de seu pensamento - o que pressupõe amplo acesso ao teor dessa manifestação, algo que não deve ocorrer à denúncia anônima.

2

A DENÚNCIA ANÔNIMA NO DIREITO BRASILEIRO

Firmadas as bases de sustentação teórica acerca da denúncia anônima, é mister avaliar como ela vem sendo acolhida especificamente pelo ordenamento jurídico brasileiro. Para cumprir essa missão, será feita abordagem *empírica* da dogmática jurídica[1], principiando pela análise dos argumentos jurisprudenciais, em busca do estabelecimento de regras semânticas que possam enfrentar a grande indeterminação de expressões como *pensamento*, *expressão*, *ideia* e *opinião*, como recomendado por Alexy (2014, p. 70), bem assim dos fundamentos normativos invocados pelos juízes seja para repelir, seja para acatar a denúncia anônima - e, neste último caso, quais os limites de seu aproveitamento no curso da investigação. Em seguida, tendo em vista que a principal ressalva imposta à denúncia anônima advém da previsão constitucional da vedação do anonimato, proceder-se-á à investigação acerca de sua gênese nas Constituições do Brasil, não restrita ao texto normativo, mas complementada pelos fundamentos de sua elaboração - colhidos nos debates parlamentares constituintes - e pelas percepções científicas dos juristas de cada época para, enfim, aferir de que modo a citada vedação tem impactado a disposição do Estado brasileiro em investigar condutas ilícitas delatadas anonimamente.

Com esse olhar integrado, aproxima-se do método próprio do Pragmatismo Jurídico, que rechaça tanto o puro decisionismo como também o legalismo exegeta (FREITAS, L., 2012, p. 48), no afã de, ao final, apurar os contornos que a experiência jurídica brasileira concedeu à denúncia anônima, pondo à prova a

1 Deveras, para Alexy (2014, p. 34), a dimensão empírica da dogmática jurídica "[...] não se esgota com a descrição do direito nas leis, pois inclui também a descrição e o prognóstico da práxis jurisprudencial".

consistência dos argumentos favoráveis e contrários a sua admissibilidade, a fim de colher subsídios para aprimorar sua compreensão, e compatibilizá-la com a defesa dos direitos fundamentais no país - busca-se realizar, assim, a ligação entre pensamento e ação, bem ao gosto dos pragmatistas, levando em consideração a advertência de Häberle (2002, p. 42) de que as normas constitucionais "[...] são dotadas não apenas de pré-história, mas também de pós-história".

2.1 ANÁLISE DA DENÚNCIA ANÔNIMA PELO SUPREMO TRIBUNAL FEDERAL

A partir da leitura do último tópico do capítulo antecedente a este, pôde-se constatar que a discussão acerca da admissibilidade da denúncia anônima possui cunho inegavelmente *constitucional*, haja vista pôr em pratos diversos, para sopesamento, de um lado um sistema de liberdade e, de outro, diversas garantias individuais, ambos já há algum tempo previstos nas Constituições ocidentais, tanto que o principal argumento empunhado pelos estudiosos do Direito brasileiro que se postam contrariamente à admissibilidade da denúncia anônima - como se verificará na primeira seção deste capítulo - é o de que os textos constitucionais, historicamente, têm imposto à liberdade de manifestação do pensamento (onde reconhecem se enquadrar a denúncia anônima) a baliza inescapável da vedação do anonimato.

Eis por que se optou, ao longo do presente trabalho, em face do matiz constitucional da discussão, por analisar, dentre os diversos Tribunais brasileiros, os julgados do Supremo Tribunal Federal, a que se teve acesso em sua base de dados virtual, pinçando os que discutissem diretamente a aceitação da denúncia anônima no bojo de investigações no país, considerando que é esta Corte, conquanto não a única que exerce o controle de constitucionalidade dentre os órgãos jurisdicionais brasileiros, aquela que o desempenha em última instância, e por isso é incumbida expressamente, pelo texto constitucional de 1988, de proceder à guarda da Constituição (art. 102, *caput*). Buscou-se, com isso, delimitar o foco da pesquisa - embora se tenha acesso a tão rica e multifacetada produção jurisprudencial quanto à matéria pelos juízes em todo o país - para lograr o aprofundamento necessário para um trabalho do jaez aqui buscado e, assim, extrair os argumentos mais comumente utilizados pelos integrantes da Corte Suprema para, ao final, evidenciar seu posicionamento em relação à admissibilidade da denúncia anônima. A ênfase da pesquisa, porém, não foi direcionada apenas aos resultados finais dos julgamentos do STF (parte *dispositiva* das decisões), mas também considerando seus *motivos* e *justificações*, em verdadeiro exame do raciocínio prático, cuja importância filosófica assoma diante da "[...] ausência de uma verdade ou de uma autoridade perfeita que forneça o critério indiscutível do valor de nossas decisões", como realçado por Perelman (2005, p. 283).

A pesquisa dos julgados do Supremo Tribunal Federal foi realizada, exclusivamente, em seu sítio oficial disponível na Internet (<www.stf.jus.br>), a partir da ferramenta de busca da seção "Pesquisa de Jurisprudência" - para os casos mais recentes[2] - bem assim da base de dados "Coletânea de acórdãos", que reúne parte dos julgados da Corte Suprema brasileira publicados antes de 1950 (<http://www.stf.jus.br/portal/colac/pesquisarColac.asp>)[3]. Com essa ferramenta, buscaram-se dois caminhos: 1) consulta das expressões "denúncia anônima" e seus correlatos (*delação anônima*, *escrito anônimo*, *carta anônima*, *denúncia anonyma*, *delação apócrifa*, *notícia anônima*, notitia *anônima* e *anonimato*), seja expressamente referidas nos acórdãos, seja na indexação do sistema de busca digital; 2) consulta dos julgados pelas normas de cada uma das Constituições brasileiras que dispusessem, especificamente, acerca da vedação ao anonimato. Assim é que foram contabilizadas as decisões cujos teores *já se encontram disponíveis* nesse banco de dados do STF - excluindo-se, pois, eventuais julgamentos ainda não publicados por meio oficial.

Malgrado pesquisa com a profundidade que se pretende realizar nesta obra imponha normalmente delimitação de marcos temporais, haja vista que a Suprema Corte do Brasil tem suas raízes fincadas nas Constituições brasileiras

---

2 Os acórdãos não encontrados a partir da ferramenta "Pesquisa de Jurisprudência" foram acessados mediante provocação ao Setor de Pesquisa de Jurisprudência do Supremo Tribunal Federal, também disponível em seu sítio (<http://www.stf.jus.br/portal/jurisprudenciaEmail/criarSolicitacaoEmail.asp>), expeditamente atendida.

3 De acordo com relatório dos trabalhos realizados pelo então Presidente do Supremo Tribunal Federal em 1951, Ministro José Linhares, este determinou que fossem "[...] remetidos ao departamento de Imprensa Nacional, devidamente ementados, para publicação na 'Jurisprudência', em apenso ao Diário da Justiça, 2.621 cópias de acórdãos e respectivas notas taquigráficas, que somadas às 5.968 existentes naquele departamento, formam um total de 8.589" (BRASIL, 1953, p. 24), que foram sendo publicados no Diário da Justiça ao longo dos anos, e serviu como base de dados da atual ferramenta de "Pesquisa de Jurisprudência" do sítio na Internet, de modo que a presente pesquisa acabou por abranger toda a história do STF.

há quase dois séculos, quando foi prevista a criação do *Supremo Tribunal de Justiça* pelo art. 163 da Constituição imperial outorgada por D. Pedro I em 1824, observou-se que só recentemente, após a Constituição de 1988, o Supremo Tribunal Federal começou a enfrentar, efetivamente, as questões jurídicas que envolvem a denúncia anônima. As razões para que a denúncia anônima não tenha encontrado espaço nas atividades de investigação estatal aferidas pela jurisprudência do STF anterior à vigência da atual Constituição não se comportam nos objetivos desta pesquisa, embora possuam inegável importância em estudo estritamente sociológico sobre o tema, que rumasse de hipóteses (H) como as que a seguir se levantam, exemplificativamente: (H_1) não havia a prática de denúncia anônima no país antes da Constituição de 1988; se for esse o caso, tal omissão comportamental era devida (H_{1a}) aos longos períodos de regime autoritário ou de instabilidade democrática experimentados no país, (H_{1b}) à apatia quanto à participação popular nas coisas públicas, ou (H_{1c}) à imagem do "homem cordial" do brasileiro, resistente à postura de delatar quem quer que seja; (H_2) havia a prática da denúncia anônima antes da Constituição de 1988, mas sua eventual repulsa (H_{2a}) não era identificada com a vedação do anonimato prevista nos textos constitucionais, ou (H_{2b}) ao menos essa repulsa não era judicializada junto ao Supremo Tribunal Federal.

Deveras, considerando a consulta a todos os julgados disponíveis na base de dados eletrônica do sítio do Supremo Tribunal Federal, restringiu-se a análise, ao final, às decisões colegiadas (do órgão Pleno e de suas duas Turmas), em que é mais palpável a dialética argumentativa entre os Ministros e, portanto, a avaliação dos discursos e tendências jurisprudenciais, com vistas ao equilíbrio que Cardozo (2004, p. 11) buscava nas decisões dos tribunais, ao considerar que do "[...] atrito entre diversas mentes cria-se algo que tem uma constância, uma uniformidade e um valor médio maiores do que seus elementos componentes". Excluíram-se de perscrutação mais pormenorizada, com isso, as decisões monocráticas - que somariam 312[4] (dentre as *publicadas* até o dia 31 de dezembro de 2015, marco temporal final que acabou por servir inclusive para o universo de decisões pesquisadas com vistas ao cumprimento dos objetivos desta tese) - embora, ocasionalmente, seja feita alusão a decisões monocráticas dos Minis-

4 Para esse número, são contabilizadas as "decisões monocráticas" e "decisões da Presidência" que possam ser encontradas, no sistema de busca do *site* do Supremo Tribunal Federal, a partir do argumento "denúncia anônima".

tros, quando destacadas, por exemplo, por sua profundidade ou pioneirismo em alguma postura relevante para o objeto da presente pesquisa.

Desse modo, foram analisados quarenta e seis julgados (inclusive os votos dos Ministros, não se atendo a pesquisa à investigação da ementa), entre *Habeas Corpus*[5], Mandados de Segurança[6], Inquéritos[7], Recursos Ordinários em *Habeas Corpus*[8], Recursos Extraordinários[9], Ações Penais[10] e Recursos Ordinários em Mandado de Segurança[11]. Excluíram-se de avaliação mais aprofundada - embora tenham sido consultados em sua íntegra e, por vezes, utilizados para reforçar argumentos aqui desenvolvidos - os julgamentos em que apenas se fez ligeira menção à denúncia anônima, sem qualquer análise acerca de seu cabimento[12]; os que tratavam apenas da Lei de Imprensa[13] ou da liberdade de expressão[14]; os que cuidavam da apuração de crimes de injúria e difamação baseada em escrito anônimo[15]; e um julgado que analisava o sigilo da verificação sobre a conduta de candidato a concurso público[16], todos com alguma importância, porém, para a compreensão de várias discussões acessórias ao debate em torno da denúncia anônima.

---

5 69.652, 74.195, 84.827, 85.964, 86.082, 90.178, 91.350, 95.244, 98.345, 99.490, 103.418, 105.484, 106.664, 107.362, 108.147, 108.483, 113.597, 115.773, 120.203, 120.234, 120.551, 121.271, 122.057 e 124.677.

6 22.888, 24.405 e 27.339.

7 1.957 e 3.847.

8 103.707, 109.979, 110.436, 116.000, 116.166, 116.624, 117.265, 117.972, 117.988, 120.787, 121.748 e 125.392.

9 413.559 e 676.280.

10 530 e 560.

11 29.198.

12 *Habeas Corpus* 74.152, 89.915 e 105.833, Inquéritos 2.130 e 2.704, Recurso Extraordinário 798.216, Recurso Ordinário em *Habeas Corpus* 113.544, Ação Originária 1.402, Agravos de Instrumento 775.488 e 820.480, Arguição de Descumprimento de Preceito Fundamental 130, Agravo Regimental no Recurso Extraordinário com Agravo 704.966, Agravo Regimental no Agravo de Instrumento 802.403 e Agravo Regimental em *Habeas Corpus* 103.039.

13 *Habeas Corpus* 56.260.

14 *Habeas Corpus* 83.125.

15 Conflito de Jurisdição 1.560 e Recurso em *Habeas Corpus* 40.010.

16 Recurso Extraordinário 125.556.

A apreciação da data de julgamento[17] dos quarenta e seis casos selecionados ao final permite identificar que as discussões desenvolvidas no STF acerca da denúncia anônima têm se tornado cada vez mais frequentes, especialmente nos últimos seis anos, como pode ser abaixo ilustrado no gráfico desenhado a partir das informações colhidas na presente pesquisa:

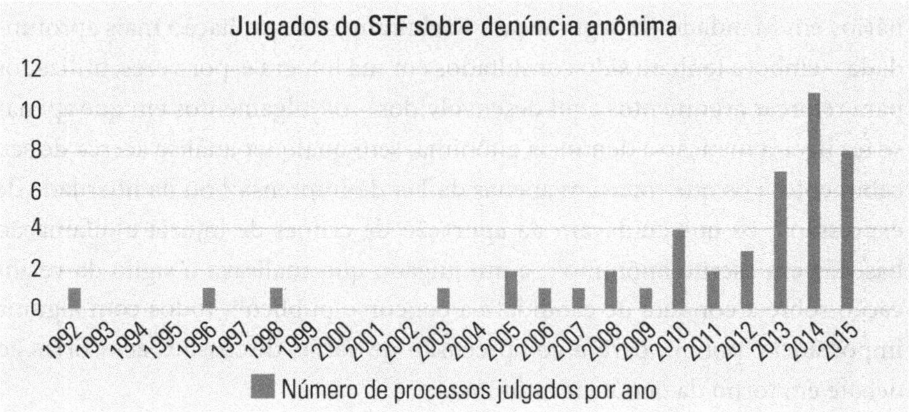

Verifica-se, também, que dos julgados tomados em conta há expressiva maioria dos que tratam de apuração de responsabilidade *criminal*, em relação à administrativa ou cível (improbidade investigada em inquérito civil, por exemplo), como se observa a seguir:

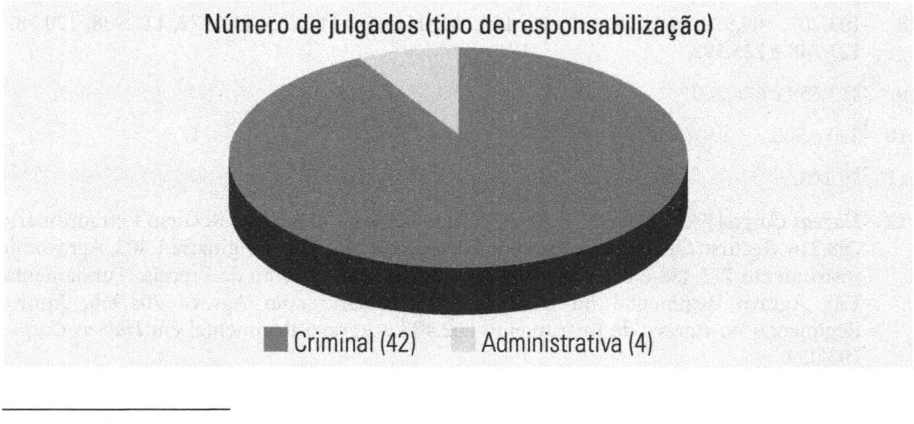

17 Diferentemente do critério utilizado para fazer referência às decisões judiciais nesta pesquisa – que é o da data da *publicação* do acórdão – aqui se utiliza o critério da data do *julgamento* por parte do órgão colegiado, mais adequado para ilustrar o crescimento da incidência das decisões que envolvem denúncias anônimas por ano.

Essa constatação não apenas serve para indicar onde se concentra a discussão em torno da denúncia anônima no STF - precisamente na esfera criminal, em tese responsável pela definição dos ilícitos mais graves - como serve de justificativa para que as mais significativas contribuições teóricas para o estudo da matéria ainda sejam concentradas no âmbito do *processo penal*, o que termina por transparecer da observação das referências usadas nesta pesquisa, fortemente fundada neste âmbito, diante das parcas construções especificamente administrativas ou do processo civil.

Por outro lado, deflui da análise encetada, inicialmente, a consagração do termo "denúncia anônima", presente em vinte e nove ementas dos quarenta e seis julgados analisados, a justificar a opção linguística adrede adotada neste livro, conforme explicitado no item 1.1.2 acima. De mais a mais, nas onze[18] ementas em que tal expressão era substituída por outra (tecnicamente mais apropriada segundo o Direito Positivo brasileiro), cinco foram relatadas pelo Ministro Celso de Mello (que preferiu escrever nas ementas dos acórdãos por ele relatados *delação anônima*), denotando o preciosismo vernacular próprio deste membro do Supremo Tribunal Federal.

Mesmo assim, a expressão que primeiro figura nas ementas das decisões da Suprema Corte brasileira é "*notitia criminis* anônima" (HC 69.652, 1993)[19], apenas em julgamento realizado no ano de 1992. Neste julgado, entretanto, não houve deliberação propriamente acerca do cabimento da denúncia anônima no ordenamento jurídico brasileiro, já que acabou-se por concluir que o fundamento da condenação, na verdade, se encontrava no "[...] conjunto de provas colhidas no curso do processo", e não na denúncia anônima - já indicando a resistência em admiti-la como razão isolada para a condenação criminal. Por outro lado, quatro anos mais tarde, novamente a denúncia anônima foi referida em acórdão do Supremo Tribunal Federal, só que desta feita com maior tolerância, quando se afastou a qualidade de flagrante forjado àquele

18 Deve-se esclarecer que em seis acórdãos, dentre os quarenta e seis aqui avaliados mais a fundo, as ementas respectivas não trazem referência a *denúncia anônima* ou a qualquer expressão similar.

19 Com vistas a conferir ao texto maior fluidez, adota-se a referência resumida aos julgados do Supremo Tribunal Federal, suprimindo-se a entrada "BRASIL", para registrar, tão-somente, a classe da decisão, em abreviação prevista na lista encontrada logo no início deste trabalho - como, aliás, já se procedeu, pontualmente, no capítulo anterior.

"[...] resultante de diligências policiais após denúncia anônima sobre tráfico de entorpecentes" (HC 74.195, 1996). No mesmo ano, conquanto não tenha havido debate especificamente sobre a aceitação da denúncia anônima, foi julgado caso em que o Ministro Sydney Sanches adotou como fundamentos os exarados no parecer do Ministério Público federal, em que se afastou a "Teoria dos frutos da árvore envenenada" por considerar que a denúncia anônima seria "a árvore" - que não constituiria prova ilícita - de que decorreram outras provas que levaram à condenação (HC 74.152, 1999).

Ainda em tom de aquiescência da denúncia anônima, em 1998, no julgamento de Mandado de Segurança (MS 22.888, 2004), o Ministro Nelson Jobim não opôs restrição a que a denúncia anônima iniciasse uma *sindicância preparatória*[20] para apuração de ilícito administrativo, por entender que "[...] ela é equiparável ao inquérito policial, onde não há contraditório, há um mero levantamento de fatos", de modo que se dispensava a defesa do sindicado e a publicidade do procedimento que, afinal, precedia a instauração formal de *procedimento administrativo disciplinar.* Na ocasião, o Ministro Marco Aurélio, já sinalizando o repúdio à denúncia anônima que deixaria mais evidente em julgados posteriores, defendeu "[...] a necessidade imperiosa de os envolvidos [...] serem ouvidos, exercendo o direito de defesa, ainda no processo de sindicância".

Mas o primeiro magistrado do STF a confrontar o cabimento de denúncia anônima à vedação constitucional do anonimato, de maneira mais profunda, foi o Ministro Celso de Mello, em decisão monocrática proferida apenas em 2002 (McMS 24.369, 2002). Em seu veredicto, ele logrou evidenciar: a) o fundamento da vedação constitucional ao anonimato, que seria buscar "[...] impedir a consumação de abusos no exercício da liberdade de manifestação do pensamento", possibilitando que eventuais excessos "[...] sejam tornados passíveis de responsabilização, 'a posteriori', tanto na esfera civil, quanto no âmbito penal"; b) a possível tensão entre os valores constitucionais da incolumidade dos direitos da personalidade (como a honra, a vida privada, a imagem e a inti-

20 Deve-se ter em conta, por oportuno, a distinção traçada por esta Corte entre a chamada *sindicância preparatória*, "[...] se dela resultar a instauração de procedimento administrativo disciplinar", e a *sindicância instrutória*, da qual decorre "[...] a possibilidade de aplicação de penalidade", razão por que apenas neste último caso se enxergou a necessidade de garantia de ampla defesa ao agente público (ROMS 22.789, 1999). V. 3.3.

midade) e da "[...] exigência de que os comportamentos funcionais dos agentes estatais se ajustem à lei (CF, art. 5º, II) e se mostrem compatíveis com os padrões ético-jurídicos que decorrem do princípio da moralidade administrativa (CF, art. 37, *caput*)"; e c) o método a ser utilizado pelo Supremo Tribunal Federal em casos que tais, qual seja o da ponderação de bens e interesses, a partir "[...] de critérios que lhe permitam ponderar e avaliar, 'hic et nunc', em função de determinado contexto e sob uma perspectiva axiológica concreta, qual deva ser o direito a preponderar no caso, considerada a situação de conflito ocorrente". Ao final, concluiu pela possibilidade de instauração de procedimento administrativo destinado a apurar indícios de irregularidades graves apontados por denúncia anônima - ou seja, a partir dela, poder-se-iam "[...] adotar medidas destinadas a esclarecer a idoneidade das alegações de irregularidades que lhe foram transmitidas", diante do "[...] interesse primário da coletividade em ver apuradas alegações de graves irregularidades que teriam sido cometidas na intimidade do aparelho administrativo do Estado".

No ano seguinte, a questão foi finalmente debatida pelo Pleno do Tribunal (MS 24.405, 2004), em discussão que redundou na declaração de inconstitucionalidade de norma da Lei n.º 8.443/1992 (art. 55, § 1.º) que possibilitava manter o sigilo quanto ao objeto e à autoria da denúncia feita perante o Tribunal de Contas da União sobre irregularidades ou ilegalidades passíveis de seu exame[21]. O relator, Ministro Carlos Velloso, conquanto não reconhecesse no caso verdadeira denúncia anônima (haja vista a identidade do denunciante haver sido declarada perante o TCU), abriu o ataque contra o *anonimato*[22], advertindo que proteger o denunciante pelo sigilo poderia redundar em denuncismo irresponsável, e por isso defendeu que aquele que formula denúncia contra alguém de-

---

21 A discricionariedade, conferida pelo texto normativo analisado ao TCU, de manter ou não o sigilo quanto ao objeto e autoria da denúncia foi, posteriormente, suspensa pela Resolução n.º 16 do Senado Federal, de 14 de março de 2006, precisamente em razão da inconstitucionalidade declarada pelo STF no julgamento do MS 24.405.

22 Em ocasião anterior, ao analisar a exclusão de candidato a concurso público com base em informações sigilosas que diziam respeito a sua conduta, o Ministro Carlos Velloso já manifestara seu repúdio ao anonimato, ao indicar que assim proceder "[...] é conferir ao informante anônimo respeitabilidade que ele não tem - pois o homem sério não precisa esconder-se sob a capa do anonimato para dizer do caráter ou da conduta de alguém - é fazer tábula rasa do direito de defesa, já que é fácil, muito fácil, dizer que alguém não presta, que alguém tem mau procedimento, se se afasta a possibilidade de esse alguém esclarecer as informações, realizar aquilo que é básico num Estado de Direito, que é o direito de defesa" (RE 125.556, 1992).

veria "[...] responsabilizar-se pelo seu ato, respondendo, na Justiça, pelos danos causados à honra subjetiva e objetiva do denunciado" – argumento igualmente esposado, naquela ocasião, pelos Ministros Cezar Peluso, Gilmar Mendes, Ellen Gracie e Maurício Corrêa. Com isso, enxergou atentado da referida norma da Lei n.° 8.443/92 ao texto constitucional do art. 5.º, precisamente os incisos V (direito de resposta e de indenização por dano material, moral ou à imagem), X (direito a indenização por violação da intimidade, vida privada, honra e imagem das pessoas), XXXIII (direito de receber informações dos órgãos públicos) e XXXV (inafastabilidade da jurisdição). Em seguida, o Ministro Marco Aurélio expôs sua rejeição absoluta ao anonimato, por ele caracterizado como "[...] um verdadeiro ato que revela irresponsabilidade" e atentatório à publicidade exigida da Administração Pública pelo constituinte, levando-o a defender o direito constitucional do denunciado de saber a fonte da denúncia, semelhantemente ao que Souza (2013, p. 179) identificou como o "[...] direito fundamental à correta identificação dos autores de manifestações do pensamento".

Em pronunciamento antípodo, ainda no mesmo julgamento, o Ministro Ayres Britto começou a externar sua posição favorável à denúncia anônima – depois reforçada em julgamentos posteriores – argumentando que a vedação ao anonimato prevista na Constituição, na verdade, referia-se à manifestação do pensamento "[...] num plano intelectual [...] quando alguém vem a público para tecer uma consideração que corresponde a uma cosmovisão ou mundividência, ao modo peculiar de ver a vida, os fatos, as pessoas, as ideias", e não à denúncia anônima. Por outro lado, para ele, o inciso X acima referido diz respeito à vida *privada*, e não à vida *pública*, de modo que a proteção legal ao denunciante em análise sinalizaria verdadeira convocação da "[...] cidadania para contribuir com a pureza da vida pública, a correção da vida administrativa", razão por que a revelação da identidade do denunciante poderia representar a este inibição da "[...] cidadania a participar da vida pública": assume, pois, o sentido de cidadania, previsto no art. 1.º, II, da Constituição, como o "[...] direito de participar ativamente da vida pública"[23]. O Ministro Gilmar Men-

---

23 Tanto o Ministro Gilmar Mendes como o Ministro Maurício Corrêa, porém, defenderam que o exercício da cidadania deveria ser cumprido com responsabilidade, com isso atacando a aceitação da preservação do anonimato do denunciante no caso concreto. A mesma defesa foi empunhada pelo Ministro Marco Aurélio em julgamento posterior (HC 84.827, 2007).

des, contrarrazoando, enxergou no anonimato violação da dignidade humana, porque transformaria o denunciado em objeto do Estado, por isso defendendo, ao contrário do Ministro Ayres Britto, que o inciso X também abarcaria os servidores públicos, alvos frequentes de denunciações irresponsáveis.

Percebe-se, porém, mesmo dos votos que repudiavam o anonimato, o receio em firmar, neste julgamento, proscrição inexorável da denúncia anônima, preocupação expressada pelos Ministros Gilmar Mendes e Nelson Jobim, este último reconhecendo, inclusive, a tendência de que se possam provocar os entes investigadores públicos anonimamente, pelo fato de poderem iniciar a investigação por iniciativa própria. Em apoio a essa postura, o Ministro Sepúlveda Pertence, afinal, expôs sua posição de que a denúncia anônima era, "[...] em princípio, insuscetível de levar a invalidade do procedimento", acostando-se à decisão monocrática proferida pelo Ministro Celso de Mello, já analisada acima. Tal julgamento permitiu, pela primeira vez, ampla discussão acerca do anonimato entre os Ministros do Supremo Tribunal Federal, evidenciando os argumentos contrários e favoráveis que receberiam outros burilamentos nas decisões seguintes, todavia até então basicamente na seara *administrativa.*

A primeira avaliação ampla da denúncia anônima no âmbito *criminal* só ocorreu, porém, no julgamento do Inquérito 1.957 (Inq 1.957, 2005). Em suas discussões, o Ministro Marco Aurélio, levantando questão de ordem, persistiu em seu libelo contra o anonimato, fundamentando-se em duas razões principais, além da alegada impossibilidade de responsabilização do denunciante anônimo em caso de denunciação caluniosa que gere dano ao denunciado, lembrada no julgamento anterior: a) "[...] a Carta da República só prevê o sigilo quando ele é inerente à própria atividade profissional desenvolvida", que já havia referido em seu voto na decisão comentada há pouco; e b) vários diplomas infraconstitucionais glosam a denúncia anônima, como as leis 8.112/1990 e 8.429/1992 e a Resolução que instituía a Ouvidoria daquele tribunal. Com isso, entendeu que a ilicitude do acatamento da denúncia anônima contaminaria todo o processo relativo ao inquérito, levantando crucial discussão entre os membros da corte: uma investigação pode ser iniciada a partir de denúncia anônima, de forma a que as provas subsequentes sejam aproveitadas no provimento jurisdicional final?

Aduzindo o entendimento que ao final saiu vitorioso, o Ministro Ayres Britto apresentou duas diretrizes – a de que pode haver investigação a partir de denúncia anônima e, por outro lado, a de que a ação penal manejada pelo Ministério Público não pode ser exclusivamente baseada numa *notitia criminis* sem autoria. Em relação à primeira, o Ministro Sepúlveda Pertence entendeu que um telefonema anônimo comunicando a existência de um cadáver em determinado lugar ou um sequestro reclamaria a ação imediata da polícia para ratificar a comunicação, no que até o Ministro Marco Aurélio concordou, distinguindo essa hipótese (em que se reporta apenas a *materialidade* do crime), porém, da *imputação* a alguém do cometimento de ilícito. A ideia de que a denúncia anônima poderia desencadear atividades de investigação foi encampada, por sua vez, pelos Ministros Cezar Peluso e Celso de Mello[24].

O ponto controverso surgido em relação à primeira diretriz, porém, repercute diretamente na segunda: o Ministro Cezar Peluso defendeu que não poderia ser autuada a denúncia anônima "[...] como documento lícito capaz de, ao gerar consequências jurídicas, dar origem a um procedimento formal de investigação", no que foi seguido pelo Ministro Celso de Mello, que, embora reconhecesse nada impedir que "[...] o Poder Público, provocado por denúncia anônima, adotasse medidas informais destinadas a apurar, previamente, em averiguação sumária, 'com prudência e discrição' [...], a possível ocorrência de eventual situação de ilicitude penal", só posteriormente, após juízo de viabilidade por parte da autoridade investigante, é que poderia ser instaurado procedimento penal[25] em torno da autoria e da materialidade dos fatos reputados criminosos. Com isso, sustentou, baseado na vedação ao anonimato prevista no inciso IV do art. 5.º da Constituição, que "[...] os documentos e escritos anônimos não podem ser formalmente incorporados ao processo, não se qualificam como atos processuais e deles não se pode fazer qualquer uso processual"[26], contrariando, portanto, a tese do Ministro Ayres Britto, que admitia a ins-

24 Nas palavras do Ministro Celso de Mello: "Vê-se, pois, não obstante o caráter apócrifo da delação ora questionada, que, tratando-se de revelação de fatos revestidos de aparente ilicitude penal, existia, efetivamente, a possibilidade de o Estado adotar medidas destinadas a esclarecer, em sumária e prévia apuração, a idoneidade das alegações que lhe foram transmitidas, desde que verossímeis".

25 Ou disciplinar, como sinalizado pelo mesmo Ministro Celso de Mello em decisão monocrática posterior (HC 100.042, 2009).

26 As exceções para que a denúncia anônima fosse incorporada, formalmente, ao processo, o Ministro Celso de Mello retirou do Direito italiano: "[...] quando tais documentos forem produzidos pelo acusado, ou, ainda, quando constituírem, eles próprios, o corpo de delito

tauração formal de procedimento de investigação[27] a partir de mera denúncia anônima, corroborada pelo Ministro Sepúlveda Pertence: a denúncia anônima só não poderia "[...] servir de base para a condenação e nem mesmo para a denúncia", quando não acompanhada de outras provas. De todo modo, restou rejeitada, por maioria, a questão de ordem suscitada pelo Ministro Marco Aurélio, o que reabilitou a admissibilidade da denúncia anônima para ensejar atos iniciais de investigação, pelo menos.

O curioso é perceber que o próprio Ministro Marco Aurélio, em voto proferido em outro julgamento naquele mesmo ano (HC 85.964, 2005), admitiu que "[...] alusão, na peça, a depoimentos e denúncias anônimas sobre a atividade do grupo de extermínio não a torna viciada", do que se conclui que sua posição inicial quanto à contaminação de todas as provas subsequentes à denúncia anônima, em princípio imaginada como implacável e inflexível, só ocorre quando esta *principia* o procedimento de investigação.

Essa maior tolerância foi expressa, igualmente, dois anos depois, em julgamento de caso por ele relatado e que analisava denúncia anônima dirigida contra um juiz e dois desembargadores (HC 84.827, 2007), ocasião em que admitiu acatar ação penal tendo em conta uma carta anônima, desde que não constituísse a base única da denúncia do Ministério Público, entendimento partilhado, inclusive, pelo Ministro Eros Grau[28]. Mesmo assim, ambos externaram sua repulsa à denúncia anônima, associada, segundo o Ministro Marco Aurélio, ao "denuncismo irresponsável, inescrupuloso e doidivanas", "pusilânime ato", "abjeta acusação" e "prática das mais odiosas", por abrir "[...] porta à vindita, à atuação voltada tão-somente a prejudicar desafetos, alguém que tenha contrariado interesses", por "[...] puro ressentimento

---

(como sucede com bilhetes de resgate no delito de extorsão mediante sequestro, ou como ocorre com cartas que evidenciem a prática de crimes contra a honra, ou que corporifiquem o delito de ameaça ou que materializem o 'crimen falsi', p. ex.)" (Inq 1.957, 2005).

27 Posteriormente, a Ministra Cármen Lúcia, em consonância com o já pugnado pelo Ministro Nelson Jobim, como visto anteriormente (MS 22.888, 2004), admitiu a instauração de *sindicância* a partir de denúncia anônima – mas não de *procedimento administrativo disciplinar*, se só baseado em delação anônima (ROMS 29.198, 2012).

28 É de se notar, a bem da verdade, que em todas as ocasiões em que o Ministro Eros Grau teve a oportunidade de debater o cabimento da denúncia anônima, absteve-se de apresentar qualquer argumento palpável, limitando-se a execrá-la (Inq 1.957, 2005), ou reputá-la *amoral* e uma *indignidade* (HC 84.827, 2007).

diante da proeminência do ofendido, inconformismo com o próprio fracasso, ou ainda por outros sentimentos menos nobres e igualmente inconfessáveis", e que, com sua aceitação, passa-se "[...] a viver época de terror, em que a honra das pessoas ficará ao sabor de paixões condenáveis". Em seu sentir, agravava-se a repressão de dita prática "[...] se dirigida a um administrador da coisa pública, cujo prejuízo será maior, ante as peculiaridades do cargo que ocupa, que o expõe a elevada evidência social". Esclarecendo a posição que ensaiara no julgamento anteriormente analisado, o Ministro Sepúlveda Pertence procedeu à distinção entre a admissibilidade da denúncia anônima como único fundamento da *ação penal* e como motivo de início de *investigação*; no primeiro caso, considerou leviana tal admissibilidade, já no segundo, com ela assentiu, refutando, pois, "[...] a tese da imprestabilidade abstrata de toda e qualquer notícia-crime anônima".

Assumindo postura mais crítica da denúncia anônima, o Ministro Cezar Peluso concordou quanto à possibilidade de esta permitir que "[...] a autoridade policial, antes de formalizar qualquer procedimento específico, realize investigação preliminar, para verificar se há base para instauração de procedimento específico", consoante já expusera em julgamento anterior (Inq 1.957, 2005). Anos depois, a impossibilidade de instauração de procedimento formal de investigação com base apenas em denúncia anônima foi defendida pelo Ministro Menezes Direito, ao exigir a "[...] realização de investigações preliminares[29] para apuração dos fatos antes de qualquer tipo de providência judicial" (MS 27.339, 2009), e pelo Ministro Dias Toffoli, cujo voto foi no sentido de que o arquivamento de inquérito policial instaurado a partir de denúncia anônima pode ser determinado até por decisão monocrática (no que foi vencido), "[...] quando inexistentes base empírica para tanto idônea e indicação plausível do fato delituoso a ser apurado" – como se o próprio inquérito não pudesse fornecer tais elementos (AgInq 3.847, 2015).

Pode-se também perceber no julgamento desse *Habeas Corpus* aprofundamento – ainda não desenvolvido até então – acerca do fundamento constitucional da vedação do anonimato e seu desdobramento sobre a admissibilidade

29 Nesse caso em que atuou o Ministro Menezes Direito, ele assentiu que a denúncia anônima tivesse instaurado procedimento de controle administrativo no âmbito do Conselho Nacional do Ministério Público.

da denúncia anônima. O Ministro Celso de Mello foi o primeiro a fazer essa vinculação em sua decisão monocrática (McMS 24.369, 2002), como visto acima, lembrando que tal vedação apareceu já na primeira Constituição republicana (1891), no afã de viabilizar "[...] a adoção de medidas de responsabilização daqueles que, no contexto da publicação de livros, jornais ou panfletos, viessem a ofender o patrimônio moral das pessoas agravadas pelos excessos praticados". Eis a razão de o Ministro Ayres Britto haver aberto divergência em decisão posterior (MS 24.405, 2004), cujas razões começou a explicitar no Inquérito 1.957, ao defender que a "[...] delação anônima contém apenas um elemento informativo, não é o produto de uma elaboração mental, como, sim, a manifestação do pensamento de que trata o art. 5.º, inciso IV" (Inq 1.957, 2005), desse modo principiando discussão acerca do que constitui *manifestação de pensamento*, para os efeitos de proteção dessa norma constitucional. Neste último julgado analisado (HC 84.827, 2007), ele teve oportunidade de discutir mais a fundo essa questão:

> [...] há uma distinção entre manifestação de pensamento e delação anônima para fins penais. Explico: a manifestação do pensamento é a veiculação de algo elaborado pela mente. [...] é o produto de uma reflexão; logo, traduz-se numa doutrina, tese, crítica, ponto de vista ou opinião racionalmente fundamentada. Noutras palavras: o que a Constituição tutela é a liberdade de pensamento, entendido este como signo distintivo da "humanitas", no âmbito mais espaçoso do reino animal; portanto, o pensamento como expressão de inteligência ou intelecto, a se revelar sob a forma de ideias a fim de analisá-las, compará-las, criticá-las, expungi-las, aglutiná-las, sistematizá-las, enfim, notadamente nos setores da filosofia, da ciência, da teologia e nos variados campos da literatura. A seu turno, as delações anônimas na esfera penal não passam de simples notícias de fatos empíricos, legalmente descritos como infrações penais. Logo, não são mais que mero repasse de informações obtidas ora por ciência própria, ora "por ouvir dizer", mas sempre caracterizadas pela ausência de elaboração mental. Nada têm a ver com o produto de uma reflexão. Movido por essa distinção, o legislador constituinte optou por reservar, topograficamente, o direito da liberdade de manifestação de pensamento e a vedação ao anonimato a um campo civil de liberdades públicas; diferentemente das garantias penais e processuais penais, que foram disciplinadas a partir do inciso XXXVII do artigo 5.º. Assim, penso que o inciso IV do artigo 5.º está no bojo de um discurso reportante exclusivamente à exteriorização de um pensar. Um refletir sobre a vida, o cosmos, o homem e suas obras. E por meio desse dispositivo a *Lei das*

> *Leis* garante a cada ser humano um apriorístico espaço de autonomia de vontade em seara marcadamente intelectual (vedado tão-somente o anonimato).

Defendeu o Ministro Ayres Britto, assim, que o ato do denunciante de reportar a ocorrência de ato ilícito (ou sua iminência) a autoridade pública investigante não se caracterizaria como verdadeira *manifestação de pensamento*, porquanto este demandaria elaboração mental mais acurada. O Ministro Sepúlveda Pertence, por outro lado, já em julgamento pretérito (Inq 1.957, 2005), apesar de entender a delação efetivamente como a manifestação de pensamento, assentia que não era esse o propósito histórico da vedação do anonimato ao longo dos textos constitucionais brasileiros. Contra eles, porém, e consoante a posição do Ministro Celso de Mello - como visto acima - de encontrar na vedação constitucional do anonimato o fundamento jurídico da restrição à denúncia anônima, já haviam se pronunciado os Ministros Carlos Velloso e Marco Aurélio (MS 24.405, 2004), havendo de idêntica forma se postado o Ministro Cezar Peluso, ao considerar que a proibição constitucional do anonimato "[...] abrange não apenas as manifestações de opinião, mas também as declarações de sentimentos, de ciência e de vontade" (HC 84.827, 2007), e, portanto, a denúncia anônima[30]. Em recente julgado, em que se discutiu a constitucionalidade de publicação de biografias não autorizadas pelos biografados, o Ministro Roberto Barroso, apartando-se do sentido mais restrito de *manifestação de pensamento*, entendeu que há legítimo exercício desse direito "[...] sempre que o autor atuar de maneira diligente, mesmo quando a informação transmitida não seja correta ou venha a se provar falsa" (ADI 4.815, 2016) - útil, ademais, para afastar a necessária vinculação da veracidade à elaboração do pensamento, como aqui defendido (v. 1.1.2).

A esta altura, já ia se desenhando a tendência da posição majoritária dos integrantes do Supremo Tribunal Federal quanto à denúncia anônima: ela poderia dar ensejo à adoção de medidas informais de investigação, porém não incorporadas a qualquer auto formalizado, como o de processo administrativo

---

30 Em julgado posterior, a Ministra Cármen Lúcia igualmente perfilhou essa compreensão, ao declarar que há "[...] muito se debate a necessidade de compatibilizar e harmonizar o aparente conflito existente entre a vedação ao anonimato [e] o poder-dever do Estado em apurar condutas desviantes" (ROMS 29.198, 2012).

disciplinar, inquérito policial ou inquérito civil público, por exemplo[31], que só deveriam ser instaurados se se verificasse, a partir de conjunto probatório independente[32], a verossimilhança da denunciação[33]. Tal cautela em não autuar a denúncia anônima muito se deve à leniente jurisprudência da Corte em admitir que declarações extrajudiciais sejam usadas para justificar decisão condenatória[34], o que levaria à possibilidade, em tese, de condenação criminal baseada em delação que fosse incorporada aos autos do processo de investigação, como se *prova* fosse. Mais recentemente, entretanto, o Ministro Roberto Barroso esposou entendimento de que a mera instauração formal do inquérito policial pode não acarretar "[...] restrição a direito constitucionalmente protegido do paciente, limitando-se a polícia judiciária à adoção de providências preliminares para averiguar a idoneidade da delação anônima", no que foi seguido pelos demais integrantes da Turma, à exceção do Ministro Marco Aurélio (AgHC 124.677, 2015). Ratificando esse seu entendimento, o Ministro Roberto Barroso, em julgado posterior, admitiu a instauração de *procedimento investigatório criminal* pelo Ministério Público (AgROHC 121.748, 2015).

---

31 O Ministro Marco Aurélio enxergou nessa distinção entre *medida informal de investigação* e *inquérito* um sutil jogo de palavras sem qualquer sentido prático, já que lembrou ser elemento do tipo de denunciação caluniosa, crime previsto no art. 339 do Código Penal, dar causa à instauração de *investigação policial*, não se restringindo, assim, ao *inquérito* (HC 98.345, 2010). Com o advento da Lei n.º 10.028/2000, a ampla abrangência ficou ainda mais clara, haja vista ter inserido essa lei menção expressa no tipo penal, além de investigação policial, a instauração de *processo judicial*, de *investigação administrativa*, *inquérito civil* ou *ação de improbidade administrativa*.

32 Nesse sentido é que se atacou decisão que indeferiu liberdade provisória com base em alegação de reiteração criminosa fundada apenas em denúncia anônima (HC 108.483, 2011).

33 Esse entendimento foi sumariado pelo Ministro Celso de Mello na ementa adotada, *ipsis litteris*, em três julgados recentes: "PERSECUÇÃO PENAL E DELAÇÃO ANÔNIMA – VIABILIDADE, DESDE QUE A INSTAURAÇÃO FORMAL DO PROCEDIMENTO INVESTIGATÓRIO TENHA SIDO PRECEDIDA DE AVERIGUAÇÃO SUMÁRIA, 'COM PRUDÊNCIA E DISCRIÇÃO', DESTINADA A APURAR A VEROSSIMILHANÇA DOS FATOS DELATADOS E DA RESPECTIVA AUTORIA" (AgROHC 116.000, 2014; AgHC 115.773, 2014; e AgHC 121.271, 2014).

34 Para exemplificar essa postura, pode ser citado julgado no qual se afastou a alegação de violação ao contraditório pelo fato de a condenação de réu ter-se fundado em depoimentos colhidos na fase do inquérito policial e não ratificados em juízo (HC 89.877, 2006). Dois anos depois desse julgamento, aliás, no bojo da microrreforma sofrida pelo Código de Processo Penal brasileiro, legitimou-se a utilização de informações colhidas durante o inquérito policial na sentença, vedando-se apenas que o Juiz fundamente sua decisão *exclusivamente* "[...] nos elementos informativos colhidos na investigação" (art. 155, *caput*).

Desse modo, levando em conta a atual composição do STF, os julgados analisados e os mais recentes posicionamentos dos Ministros (todos expressos no ano de 2015), verifica-se fartamente consolidada a jurisprudência nesta Corte quanto à admissibilidade da denúncia anônima no ordenamento jurídico brasileiro, uma vez que *dez* dos onze[35] integrantes do Supremo Tribunal Federal foram receptivos, em seus votos proferidos em decisões colegiadas, a tal admissibilidade. Os Ministros Celso de Mello e Ricardo Lewandowski reconheceram que nada impede a deflagração de persecução penal pela denúncia anônima, desde que seguida de diligências para averiguar os fatos nela noticiados (ROHC 117.988, 2015), no que foram seguidos pelos Ministros Cármen Lúcia, Gilmar Mendes (ROHC 125.392, 2015), Dias Toffoli e Teori Zavascki (AP 560, 2015) e mesmo o Ministro Marco Aurélio terminou se inclinando perante essa posição consolidada, tendo admitido, "[...] de início, que se possa investigar notícia de crime veiculada considerado anonimato" (AgRE 676.280, 2015) - porém, entendendo tais julgadores que a *deflagração de persecução penal* não implique a formalização de autos, atitude que exigiria que se coligissem verdadeiros elementos de prova. Finalmente, destaca-se a construção jurisprudencial do Ministro Roberto Barroso logo acima mencionada, e seguida pelos Ministros Luiz Fux e Rosa Weber, pela qual se admite até a *instauração* de inquérito policial a partir de denúncia anônima, desde que a autoridade policial não adote medida investigativa que possa configurar violação aos direitos constitucionalmente protegidos (AgHC 124.677, 2015).

Além disso, a tese inicialmente proposta pelo Ministro Marco Aurélio - de contaminação de todas as provas produzidas após o oferecimento da denúncia anônima, a partir da aplicação da "Teoria dos Frutos da Árvore Envenenada"[36] - não se sagrou vitoriosa, de forma que se reconheceram imaculadas as investigações que, embora contendo denúncia anônima ou mesmo sendo por ela iniciadas, produziram, preliminarmente, provas bastantes para dar azo a

---

35 Só não se computou a posição do mais recente integrante do STF, Ministro Edson Fachin, já que não participou de decisão colegiada sobre o objeto desta pesquisa no período aqui delimitado. Não obstante, em decisão monocrática, ele já deixou antever sua adesão à "[...] jurisprudência pacífica desta Corte, segundo a qual a denúncia anônima é apta a deflagrar uma investigação policial, desde que seja seguida de diligências para averiguar os fatos nela noticiados" (ARE 933.614, 2016).

36 A incidência dessa teoria foi expressamente refutada pela Ministra Cármen Lúcia em voto prolatado em julgamento posterior (HC 108.147, 2013).

medidas de *busca e apreensão*[37], *quebra de sigilo telefônico*[38] ou *interceptação telefônica*[39], *prisão em flagrante*[40], inclusive se resultante na instauração de *inquérito policial ou judicial*[41], *sindicância*[42] e mesmo a *condenação*, conforme lembrado pelo Ministro Gilmar Mendes, em caso onde ela foi "[...] amparada em outras provas validamente obtidas"[43] e em outro onde é fundamentada "[...] em conjunto probatório constante dos autos, sob o crivo do contraditório e da ampla defesa"[44].

Tal entendimento guarda coerência, *mutatis mutandis*, com aresto anterior do STF, em que foi consignada a tese do Ministro Moreira Alves de que provas lícitas da prática de um crime não poderiam ser, automaticamente, "[...] invalidadas pela ilicitude de uma escuta telefônica que não é sequer prova do crime, mas pista para a apuração das suas existência e autoria" (HC 69.912, 1993), que seguiu sendo adotada, majoritariamente, na ação penal que apurou a responsabilidade do ex-Presidente brasileiro Fernando Collor de Mello, ocasião em que se rejeitou a preliminar de que as provas julgadas ilícitas (no caso, laudos de degravação de conversa mantida através do telefone e de registro de memória de computador) repercutissem sobre as demais (AP 307, 1995). Conquanto este Tribunal tenha revisto sua posição logo em seguida, para consignar que a ilicitude de interceptação telefônica "[...] contamina outros elementos probatórios eventualmente coligidos, oriundos, direta ou indiretamente, das informações obtidas na escuta" (HC 73.351, 1999), o STF concluiu, afinal (em julgado que apreciava pedido em favor de advogado paraibano), que tal contaminação só se dá em relação às provas

---

37 Como se verifica nas decisões: HC 91.350, 2008; Inq 2.704, 2013; e ROHC 117.988, 2015.

38 Como registrado na decisão: AgRE 676.280, 2015.

39 Como se verifica nas decisões: HC 95.244, 2010; HC 99.490, 2011; HC 103.418, 2011; HC 113.597, 2013; HC 106.664, 2014; ROHC 116.624, 2013; ROHC 117.265, 2014; ROHC 120.551, 2014; AgHC 121.271, 2014; ROHC 116.166, 2014; ROHC 125.392, 2015 e AgROHC 121.748, 2015.

40 Como se vê na decisão: ROHC 86.082, 2008. Neste julgamento, aliás, afastou-se a alegação de que teria havido "flagrante forjado", pelo fato de ter resultado de diligências policiais baseadas, no primeiro momento, em denúncia anônima.

41 Como se vê na decisão: HC 90.178, 2010.

42 Como se vê nas decisões: MS 22.888, 2004, e ROMS 29.198, 2012.

43 Como se vê na decisão: RE 413.559, 2007.

44 Como se vê na decisão: ROHC 103.707, 2013.

exclusivamente decorrentes da ilícita (HC 72.588, 2000). Em outras palavras, a prova obtida ilicitamente só macula as demais quando aquela houver, de maneira exclusiva, desencadeado o procedimento penal, não sendo corroborada por qualquer outra licitamente obtida (HC 74.530, 1996), o que autoriza concluir, com Silva Júnior (2008, p. 497), que o STF, após essas decisões, passou a acolher a tese de "[...] exclusão de ilicitude da prova derivada consubstanciada nas teorias da fonte independente (*independent source*) e, em certa medida, do descobrimento inevitável (*inevitable discovery*), hauridas da jurisprudência da Suprema Corte" dos EUA, posição até hoje mantida no Supremo Tribunal Federal brasileiro. Nessa linha de raciocínio, sendo a denúncia anônima simples *pista para apuração da existência e autoria do ilícito*, e não verdadeira *prova* (v. 1.2.2), os elementos probatórios que a sucedessem no processo de investigação, porque não *exclusivamente decorrentes* de verdadeira prova ilícita, não poderiam ser reputados inválidos.

Verifica-se, também, que nem mesmo a posterior alteração da composição da Corte implicou modificação substancial da rejeição da Teoria dos Frutos da Árvore Envenenada para as provas que se seguissem a denúncia anônima – entendimento contrariado originalmente, como já visto, pelo Ministro Marco Aurélio. À posição hoje prevalecente se acostaram o Ministro Dias Toffoli[45] – referindo-se à necessidade de realização de "diligências preliminares"[46] – a Ministra Cármen Lúcia[47] e o Ministro Ricardo Lewandowski[48], postura também compartilhada pelos Ministros Joaquim Barbosa[49], Luiz Fux[50], Rosa Weber[51] e Roberto Barroso[52], bem assim pelo Ministro Teori Zavascki[53] e mesmo o Mi-

45 Como se verifica nas decisões: HC 95.244, 2010, e HC 122.057, 2014.

46 Como se vê nas decisões: HC 98.345, 2010, e AP 560, 2015.

47 Como por ela consignado, a "[...] remissão feita à denúncia no processo administrativo não é suficiente para caracterizar sua nulidade" (ROMS 29.198, 2012).

48 Como se verifica nas decisões: HC 98.345, 2010, e ROHC 120.787, 2014.

49 Como se vê na decisão: HC 99.490, 2011.

50 Como se verifica nas decisões: ROHC 117.972, 2014, e AgHC 120.234, 2014.

51 Como se vê na decisão: AP 530, 2014.

52 Como se vê na decisão: AgROHC 110.436, 2014.

53 Como se vê na decisão: HC 107.362, 2015.

nistro Edson Fachin[54], que aderiu à jurisprudência consolidada na Corte. Até o Ministro Marco Aurélio, recentemente, acabou por admitir, como já referido acima, a investigação de notícia de crime feita anonimamente (AgRE 676.280, 2015) e, de maneira até mais indulgente em outro voto, que "[...] cabe investigação ante qualquer notícia de prática criminosa", admitindo, nesse caso, a continuação de inquérito instaurado em razão de investigação iniciada por denúncia anônima (AgInq 3.847, 2015). Findou por rever, portanto, a intransigência quase absoluta até há pouco por ele propugnada quanto à denúncia anônima.

A Ministra Cármen Lúcia, deveras, se pôs em defesa da realização de "[...] exame prévio de admissibilidade da denúncia anônima, da idoneidade dos documentos que a acompanham, da coerência da narrativa e da presença de elementos que evidenciem não se tratar de mera tentativa de macular a idoneidade do servidor" (ROMS 29.198, 2012). Na ocasião, acabou por desenvolver as diretrizes, anteriormente apontadas pelo Ministro Celso de Mello em decisão monocrática já referida, para resolução da tensão entre os valores constitucionais da incolumidade dos direitos da personalidade e da exigência de que os comportamentos funcionais dos agentes estatais se ajustem à lei:

> De um lado, há as disposições constitucionais atinentes aos princípios que regem a Administração Pública, dos quais decorrem o poder-dever de zelar pelo interesse público e apurar condutas irregulares praticadas por quem administra bens públicos [...]. De outro, tem-se a vedação constitucional ao anonimato, dirigida à proteção dos direitos da personalidade, permitindo a posterior responsabilização daqueles que transbordarem os limites do exercício regular da liberdade de expressão.

Para ela, o interesse público na apuração do fato delituoso[55] não pode sucumbir ao interesse *particular* em promover eventual responsabilização do denunciante, se infundada e abusiva a denúncia, como já se posicionara o Ministro Ayres Britto ao defender que, [...] numa isenta ponderação de valores, o Ordenamento Jurídico perderia mais com a vedação às delações apócrifas do

---

54 Como se vê na decisão: ARE 933.614, 2016.

55 Muito antes da comentada decisão o Ministro Celso de Mello já fazia menção ao "[...] dever estatal de fazer prevalecer - consideradas razões de interesse público - a observância do postulado jurídico da legalidade, que impõe, à autoridade pública, a obrigação de apurar a verdade real em torno da materialidade e autoria de eventos supostamente delituosos" (Inq 1.957, 2005).

que com a sua tolerabilidade" (HC 84.827, 2007). Deve, porém, segundo a Ministra, a Administração Pública "[...] agir de forma cautelosa e discreta e realizar investigações preliminares em busca de outros elementos que corroborem a denúncia e confirmem a autoria e a materialidade das infrações".

Na mesma medida, o Supremo Tribunal Federal já rejeitou denúncia que imputava a Deputado Federal a prática de crime contra a honra, pelo fato de haver divulgado, em informativo eletrônico gerado em seu gabinete, fatos que, em tese, configuravam crimes contra a Administração Pública, aos quais teve acesso a partir de carta anônima (Inq 2.130, 2005). Em seu voto, a Ministra Ellen Gracie não apenas reconheceu a não incidência da então vigente Lei de Imprensa no caso - onde se previa, expressamente, a vedação do anonimato (art. 7.º) - em razão de não se tratar de divulgação através de jornal ou publicação periódica, e nem serviço de radiodifusão ou serviço noticioso (art. 12, parágrafo único), como também a relevância pública da divulgação como desdobramento do múnus parlamentar. Para ela, como se tratava de delação de crimes cometidos contra a Administração Pública, e além disso supostamente praticados no Estado que o parlamentar representava no Congresso Nacional, sua conduta estaria acobertada pela imunidade parlamentar material, pois se, "[...] ao invés de divulgar o conteúdo da carta anônima, tivesse lido, da tribuna da Câmara dos Deputados, os fatos supostamente ofensivos, estaria imune a qualquer persecução penal".

A respeito do interesse público na apuração do ilícito, ainda, há interessante discussão relacionada a um dos aspectos da denúncia anônima: a *motivação* do anonimato. De um lado, postaram-se os Ministros que julgavam o anonimato um "desvalor jurídico" por si só, consoante defendido pelo Ministro Cezar Peluso (Inq 1.957, 2005, e, mais recentemente, no RE 413.559, 2007), na esteira do Ministro Marco Aurélio, que considerou a denúncia anônima ato "[...] de covardia cívica, não assumindo aquele que o pratica a postura que se aguarda do homem médio" (HC 98.345, 2010)[56]. Para eles, o anonimato, por si só, sempre encerrava um comportamento abjeto, incompatível com o texto

56 Na literatura brasileira, essa identificação da denúncia anônima com um desvalor aparece no conto de Machado de Assis (1994, p. 5), em que a personagem Rita, que acabaria por ser prejudicada com a delação anônima de sua conduta desviante, punha em dúvida as boas intenções do desconhecido denunciante, afirmando que "[...] a virtude é preguiçosa e avara, não gasta tempo nem papel; só o interesse é ativo e pródigo", como forma de desqualificá-lo.

constitucional, independentemente da motivação que levou o denunciante a procurar a autoridade pública para proceder à investigação de algum ilícito.

Os argumentos levantados no capítulo 1.2 já se mostram suficientes para derribar a ideia de que o anonimato representa, necessariamente, ruptura peremptória ao sistema de valores erigido nos Estados constitucionais democráticos. Deveras, muitas vezes o anonimato da denúncia é justificado por ela ser manejada contra criminosos perigosos, contra narcotraficantes, consoante lembrado pelo Ministro Carlos Velloso (Inq 1.957, 2005). Em outro julgamento, analisou-se mais a fundo a motivação do denunciante, tendo o Ministro Ayres Britto reconhecido que há casos em que o anonimato opera "[...] como compreensível temor de vir o denunciante a sofrer represálias do lado do denunciado; não necessariamente como um traço de covardia; ou, pior ainda, com um traço denotativo de mau-caráter por parte do denunciante" (HC 84.827, 2007). Para ele, sem o anonimato, pode o denunciante colocar em risco a própria vida e a de seus familiares, inibindo a manifestação da cidadania. O Ministro Sepúlveda Pertence, igualmente, chamou atenção para as situações "[...] em que o anonimato longe está de configurar um ato de covardia, mas, pelo contrário, [é] um ato de boa-fé daqueles que, sabendo a respeito de determinado fato criminoso, o comunicam à autoridade competente com o único propósito de se evitar a impunidade". Em outra ocasião, o Ministro Lewandowski corroborou tal preocupação, pelo fato de que, "[...] muitas vezes, quando se trata de organizações criminosas, ou de criminosos perigosos, é uma forma que se tem de levar a *notitia criminis* às autoridades policiais sem correr até risco de vida" (HC 95.244, 2010), de modo a garantir ao cidadão participar no combate ao crime, mediante a garantia do "[...] direito à proteção contra eventual represália ou retaliação" (HC 98.345, 2010). Para a Ministra Cármen Lúcia, da mesma forma, há a necessidade de harmonizar a vedação do anonimato com a garantia da "[...] integridade física e moral do denunciante, que poderia ser alvo de represálias e ameaças por parte do denunciado" (ROMS 29.198, 2012). Adotando posição idêntica, assim pronunciou-se a Ministra Rosa Weber:

> Em um mundo no qual o crime torna-se cada vez mais complexo e organizado, é natural que a pessoa comum tenha receio de se expor comunicando a ocorrência de um delito. Daí o recurso, muitas vezes usual e sem intenções espúrias, a notícias crimes anônimas (AP 530, 2014).

Toda essa preocupação manifestada pelos Ministros do Supremo Tribunal Federal pode ser justificada pela observação dos ilícitos relacionados aos casos de denúncia anônima submetidos a este tribunal, conforme a seguir representado:

TIPO DE ILÍCITO	OCORRÊNCIAS*	JULGADOS
Contra a Administração Pública	21	MS 22.888, 24.405 e 27.339; HC 84.827, 95.244, 99.490, 103.418, 105.484, 108.147 e 113.597; ROHC 103.707, 116.166, 117.265, 117.972, 120.551 e 125.392; ROMS 29.198; AgHC 115.773 e 121.271; AgInq 3.847; AgROHC 121.748;
Associação criminosa	17	ROHC 103.707, 116.624, 117.265, 117.988, 120.551 e 125.392; AP 560; AgInq 3.847; HC 105.484, 106.664, 113.597 e 122.057; AgROHC 116.000 e 121.748; AgHC 115.773, 120.203 e 121.271
Tráfico de entorpecentes	9	HC 74.195, 95.244, 103.418, 108.483 e 122.057; AgHC 120.234; ROHC 86.082, 116.624 e 117.988
Contra as ordens financeira e tributária	5	HC 106.664, 107.362 e 108.147; AgRE 676.280; AgHC 124.677
Contra o patrimônio	3	HC 69.652 e 98.345; AgHC 120.203
Fraude em licitação	3	Inq 1.957, AP 560 e AgROHC 110.436
Arma de fogo	2	HC 91.350 e 90.178
Contra a fé pública	2	HC 98.345 e AP 530
Grupo de extermínio	2	HC 85.964 e AgROHC 116.000
Contra a vida	2	ROHC 120.787 e RE 413.559
Sonegação fiscal	1	ROHC 117.972
Pedofilia**	1	ROHC 109.979
Contra as relações de consumo	1	HC 107.362
Contra a economia popular	1	AgHC 120.203
Contra a paz pública	1	ROHC 125.392
Contravenção Penal	1	AgHC 124.677

* Verifica-se que a soma do número das ocorrências suplanta o número de julgados analisados (quarenta e seis), em decorrência do concurso de crimes muitas vezes ocorrente nos casos em questão.

** Neste caso, a autoridade policial recebeu denúncia anônima contra pessoa em cuja casa, na investigação, foram encontradas aproximadamente 16.000 imagens pornográficas envolvendo menores de dezoito anos (ROHC 109.979, 2014).

Da análise deste quadro, percebe-se a predominância destacada de ilícitos contra a Administração Pública ou relacionados a suas atividades (fraude em licitação, crimes contra a fé pública, a ordem tributária e o Sistema Financeiro Nacional), casos em que o anonimato poderia proteger, por exemplo, um servidor público subordinado a autoridade pública ímproba que tema represália administrativa[57], ou mesmo popular que receie perseguição politiqueira por parte de servidor público suspeito. Por outro lado, vários julgados apuraram delitos de associação criminosa, apontando a probabilidade de crime organizado[58] (em alguns casos efetivamente comprovada), em que a vindita criminosa é mais implacável e severa contra eventual denunciante – o mesmo quando se trata de tráfico ilícito de entorpecentes, o terceiro mais ocorrente entre os casos estudados. Finalmente, merecem realce as ocorrências de grupo de extermínio, arma de fogo e crime contra a vida, por sua natureza provocadores de grande temor em quem presencie seu acontecimento.

Nos casos do Supremo Tribunal Federal analisados nesta obra, da leitura dos acórdãos e votos não se pôde identificar a contento a motivação do denunciante anônimo, somente se registrando expressamente o *temor a represálias* em dois casos (HC 113.597, 2013, e HC 105.484, 2013), enquanto nos demais não havia qualquer menção ao motivo do anonimato. No primeiro

---

57 A essa hipótese se subsome o caso submetido ao Supremo Tribunal Federal em que servidor comissionado no Poder Judiciário de determinada localidade reportou, a membro do Ministério Público, ter visto a notícia da nomeação da esposa do Juiz Eleitoral para ocupar cargo em comissão na Assembleia Legislativa local, divulgada em jornal, e julgou que esse fato poria em risco a parcialidade do magistrado – já que supôs não permanecer este livre para decidir contra eventuais interesses dos Deputados Estaduais, se sua esposa poderia ser demitida *ad nutum*. O delator, então, pediu a preservação de sua verdadeira identidade pela sua condição de servidor público e consequente temor de "perder seu emprego" (AO 1.402, 2006).

58 Não se pode deixar de consignar a distinção que a legislação brasileira estabelece entre *associação criminosa* – delito previsto no art. 288 do Código Penal e consistente na união de *três* ou mais pessoas para o fim específico de cometer crimes – e *organização criminosa*, que exige a associação de *quatro* ou mais pessoas, "[...] estruturalmente ordenada e caracterizada pela divisão de tarefas, ainda que informalmente, com objetivo de obter, direta ou indiretamente, vantagem de qualquer natureza, mediante a prática de infrações penais cujas penas máximas sejam superiores a 4 (quatro) anos, ou que sejam de caráter transnacional" (art. 1.º, § 1.º, da Lei n.º 12.850, de 2 de agosto de 2013), punida com pena significativamente mais grave, porque sinalizadora de mais sérios riscos à paz pública. Para a simplificação na elaboração do quadro, todavia, foram englobadas as duas formas de união de esforços criminosos sob a denominação "Associação criminosa".

caso, inclusive, verificou-se que no histórico da cidade existia o assassinato de um prefeito que não teria assentido em favorecer pessoas locais influentes com dinheiro público ou outras vantagens ilícitas. Em caso julgado mais recentemente, igualmente se registram intimidações a pessoas, como ameaças de invasão de domicílio, dano material, lesão corporal e até morte e estupro (AgHC 120.203, 2015).

Outra constatação importante do exame dos julgados aqui realizado diz respeito à *publicidade* da investigação: deveras, é quando se torna pública a investigação ou acusação contra alguém que os direitos de personalidade deste ficam mais vulnerados. Prova disso é que a primeira discussão ampla acerca da aceitação de denúncia anônima foi-lhe amplamente desfavorável (MS 24.405, 2004), justo porque, no caso, houve *publicação*, no Diário Oficial, de decisão do Tribunal de Contas da União que investigava irregularidades administrativas, imputadas a servidor público, incluindo trechos da denúncia anônima, além da decorrente exposição do nome do investigado no *site* do Tribunal. O Ministro Cezar Peluso esclareceu, em julgado posterior também paradigmático, que só se gera opinião pública se houver *publicização* da informação (HC 84.827, 2007), razão por que, em terceiro caso, o Ministro Dias Toffoli acatou a possibilidade de a denúncia anônima implicar a realização de investigação preliminar pela polícia, desde que de maneira sigilosa (HC 95.244, 2010). No mesmo sentido se posicionou a Ministra Cármen Lúcia, realçando, em caso por ela analisado, que a Administração, em sindicância iniciada por denúncia anônima, apurou "[...] os fatos de forma reservada e em procedimento preparatório [...] e cercou-se das cautelas necessárias para impedir o indevido constrangimento do servidor" (ROMS 29.198, 2012). Apesar da preocupação demonstrada pelos integrantes da Corte, a análise dos julgados demonstra que em apenas cinco casos a investigação preliminar se desenvolveu sigilosamente, enquanto em dois outros não foi decretado o sigilo, não havendo referência expressa a essa circunstância nos demais julgamentos.

Por fim, merece reflexão o fato de que dos quarenta e seis casos analisados, em vinte deles houve condenação na instância inicial (43,47%), contra apenas três absolvições (6,52%) e dois outros em que a investigação nem sequer teve continuidade, ao passo que os demais tiveram seu trâmite regular salvaguardado rumo a julgamento definitivo - a demonstrar que se constatou forte tendência de que as informações veiculadas nas denúncias anônimas sejam confirmadas por provas reputadas suficientes para a condenação, mesmo que, por si sós, tais denúncias não sejam suficientes sequer para instauração de inquérito policial, segundo o rigoroso entendimento do Supremo Tribunal Federal ainda prevalente mas que, como visto, começa a ser modificado (AgHC 124.677, 2015).

Ademais, percebe-se que, malgrado a discussão gire em torno de liberdades públicas e garantias individuais já tratadas em diplomas estrangeiros e internacionais há pelo menos dois séculos (v. 1.1), nenhum julgado fez referência a normas de Direito Internacional Público atinentes à liberdade de manifestação do pensamento ou liberdade de expressão - e apenas o Ministro Celso de Mello aludiu, em seus votos, a Direito estrangeiro (mais precisamente o italiano). Negligencia-se, assim, o diálogo transconstitucional preconizado por Neves (2009, p. 257), em que se "[...] invocam precedentes jurisprudenciais não apenas de outras cortes estrangeiras, mas também de tribunais internacionais, particularmente do Tribunal Europeu de Direitos Humanos". Essa preocupação, aliás, já foi bem demonstrada no emblemático "Caso Ellwanger" (HC 82.424, 2004), que envolvia controvérsia julgada pelo Supremo Tribunal Federal em torno da liberdade de expressão e de suposta incitação ao crime de racismo, e em que os Ministros fizeram alusão a diversos julgados da Suprema Corte dos Estados Unidos da América, da Câmara de Lordes britânica, do Tribunal Europeu dos Direitos do Homem, da Corte Constitucional Alemã e até da Corte de Apelação da Califórnia.

Por fim, dentre os julgados analisados, apenas em voto do mesmo Ministro Celso de Mello pôde se perceber alusão à gênese da vedação do anonimato em Constituições brasileiras pretéritas - o que não deixa de frustrar a expectativa de maior densidade esperada de uma Corte Suprema, em torno de tema de tão graves repercussões. Com vistas a suprir a omissão jurisprudencial na análise de restrição tão frequentemente invocada, reputada importante para a compreensão de em que medida ela foi pensada para repercutir na admissibilidade da denúncia anônima no ordenamento jurídico brasileiro, é que se desenvolve a seção seguinte.

2.2 INVESTIGAÇÃO NOMOGENÉTICA DA VEDAÇÃO AO ANONIMATO NAS CONSTITUIÇÕES BRASILEIRAS

No ordenamento jurídico brasileiro, a norma prevista no art. 5.°, IV da atual Constituição atrela o direito à livre manifestação do pensamento à vedação do anonimato, fazendo brotar nas imaginações de seus intérpretes várias implicações. Dentre elas, como deduzido na seção anterior da análise da jurisprudência do Supremo Tribunal Federal, destaca-se a proibição de delações de ilícito anônimas - já acima caracterizadas como verdadeiro exercício de manifestação de pensamento, segundo os conceitos em princípio adotados neste livro. A fim de iniciar o enfrentamento de tais implicações, e levando em conta a importância da investigação da produção linguística, por parte do legislador, na delimitação semântica da expressão "manifestação de pensamento" - de acordo com exigência dogmática externada no item 1.1.2 - a que se atrelou a denúncia anônima por vários integrantes do STF, faz-se necessário analisar a genética constitucional da referida vedação, não mais tendo como foco a produção jurisprudencial brasileira - já que, consoante concluído no tópico anterior, as decisões que tratam especificamente da denúncia anônima pelo Supremo Tribunal Federal só surgiram na vigência da atual Constituição - e sim os debates travados por jurisconsultos incumbidos da elaboração de anteprojetos de Constituição e parlamentares constituintes, além das reflexões formuladas pelos constitucionalistas de cada época ao redor das discussões que envolvem o anonimato e a liberdade de manifestação de pensamento. Não se pretende, com isso, revelar a "vontade da lei ou do legislador", mas identificar a realidade e os momentos históricos que serviram de palco para o surgimento do enunciado normativo constitucional referente ao anonimato.

A história do Direito brasileiro permite constatar que apenas a Constituição imperial e, dentre as republicanas, somente a Constituição de 1967 (o que foi mantido pela Emenda Constitucional n.º 1 de 1969) não fizeram expressa menção à vedação ao anonimato como baliza à *liberdade de manifestação do pensamento*, em posição destoante das demais: as Constituições de 1891 (art. 72, § 12), 1934 (art. 113, 9), 1937 (art. 122, 15, *d*), de 1946 (art. 141, § 5.°) e de 1988 (art. 5.º, IV).

Abrindo um pouco mais o horizonte, pode-se verificar que tal vedação tampouco é frequente nas Constituições mais próximas às brasileiras[59], à exce-

59 Com efeito, analisando-se os textos constitucionais em vigor nos países da América do Sul, vê-se que não há vedação expressa do anonimato quando tratam da liberdade

ção da atual Constituição venezuelana (art. 57)[60]. Nessa vedação, aliás, Martins (2012, p. 252) enxerga reduzida relevância prática, apontando o "idiotismo" dessa imposição, "[...] porque no momento de se assegurar um comportamento como livre da intervenção estatal (*status libertatis* ou *status negativus*) proíbe uma determinada conduta."

A vedação ao anonimato foi incluída pioneiramente na Constituição brasileira de 1891, atrelada à livre manifestação de pensamento que, segundo Barbalho (2002, p. 319), "[...] favorece o exame e crítica dos actos das autoridades públicas e leva seos abusos e desvios ao conhecimento dos poderes competentes para corrigil-os" (*sic*). Tal vedação objetivava, ainda na ótica de Barbalho (2002, p. 321):

> [...] assegurar a responsabilidade do escriptor e que offerece aos offendidos a segurança e facilidade de fazel-a effectiva [...]. Sobre tudo nas publicações que contêm ataque e allusões ao caracter, á probidade pessoal ou funccional, a assignatura se impõe como indeclinavel, para que a honra offendida não tenha difficuldade de se desaggravar pelos meios legaes. E esta exigencia é de si moralisadora; ella dá comedimento, evita a intemperança, as demasias da imprensa (*sic*).

Cumpre sublinhar que a vedação do anonimato, prevista ao final deste parágrafo 12, só foi incluída posteriormente ao projeto inicial, por emenda aprovada em 16 de janeiro de 1891 pela Comissão encarregada de elaborar o projeto da primeira Constituição republicana. Barbalho (2002, p. 320) justifica o cuidado em reprimir os abusos no exercício da liberdade de manifestação do pensamento porque a "[...] Republica nos seos primeiros dias sentio também, como o império, a necessidade de legislação rigorosa contra os abusos da manifestação de pensamento com relação à nova ordem de cousa" (*sic*), parecen-

---

de *comunicação ou difusão de pensamento* (art. 29 da Constituição uruguaia; art. 26 da Constituição paraguaia; art. 2.º, 4, da Constituição peruana; art. 20 da Constituição colombiana; art. 66, 6, da Constituição equatoriana; e art. 21, 3, da Constituição boliviana), de *publicação de ideias* (art. 14 da Constituição argentina), de *emissão de opinião* (art. 19, 12.º, da Constituição chilena; e art. 19 da Constituição do Suriname) e de *expressão* (art. 146, 1, da Constituição da República da Guiana).

60 No original: "Toda persona tiene derecho a expresar libremente sus pensamientos, sus ideas u opiniones de viva voz, por escrito o mediante cualquier otra forma de expresión, y de hacer uso para ello de cualquier medio de comunicación y difusión, sin que pueda establecerse censura. Quien haga uso de este derecho asume plena responsabilidad por todo lo expresado. *No se permite el anonimato*, ni la propaganda de guerra, ni los mensajes discriminatorios, ni los que promuevan la intolerancia religiosa" (grifo acrescido).

do buscar justificação em tal limitação nos tempos naturalmente conturbados como são os períodos posteriores a bruscas rupturas institucionais.

Vê-se, porém, como notado por Maximiliano (2005, p. 713), que a previsão da vedação do anonimato a fim de atrelar toda *publicação* a um responsável deixa claro que tal vedação está ligada, mais especificamente, à liberdade de imprensa – tanto que o próprio texto constitucional abre o parágrafo 12 do art. 72 declarando a liberdade de manifestação do pensamento *pela imprensa*[61] *ou pela tribuna*, não se amoldando a seus âmbitos de proteção a ação do delator dirigida a autoridade pública, portanto.

Nas discussões parlamentares, ainda assim, ocorreram tentativas de supressão da vedação do anonimato (e consequentemente do pseudônimo), principiando pelo deputado Francisco Veiga:

> A extincção do anonymato não extinguirá o *testa de ferro* e peiará inutilmente a liberdade do cidadão. O anonymato não protege só o fraco e oprimido contra os fortes e oppressores; muita gente honesta, independente e digna, por isso mesmo que o é, serve-se delle para defender, sem poder ser suspeitada, a boa causa quando identificada com os grandes e poderosos. Em França, no tempo do segundo império, como é sabido, foi abolido o anonymato na imprensa, mas a lei cahio em completo desuso, com applauso dos melhores amigos da liberdade. (BARBALHO, 2002, p. 320, *sic*)

Na elaboração do anteprojeto que redundaria na Constituição de 1934, por seu turno, o texto normativo que garantia a liberdade de manifestação de pensamento e proibia o anonimato foi aprovado sem qualquer debate, se bem que, na discussão sobre o parágrafo que tratava da publicação de livros e periódicos, Mello Franco asseverou que o corpo do artigo em que figurava tal liberdade tratava de *imprensa* e publicações. Por outro lado, ao discutirem o direito de petição, os membros da comissão incumbida de elaborar o anteprojeto dessa Constituição acabaram por rejeitar o adendo do integrante Agenor de Roure, que pretendia exigir que a denúncia dirigida ao poder público fosse documentada ou contivesse indícios de provas, a partir do argumento de João Mangabeira: "Exigir, documentadamente, a denuncia é quasi impedil-a" (AZEVEDO, 2004, p. 496).

---

61 A reforçar esta ideia, veja-se a decisão que declarou não recepcionada a Lei de Imprensa pela Constituição de 1988 (ADPF 130, 2009), em que as duas referências ao art. 72, § 12, da Constituição de 1891, extraídas do voto do Ministro Gilmar Mendes, sempre são feitas para aludir à *liberdade de imprensa*.

De modo até mais explícito, na Constituição de 1937 a vedação ao anonimato (alínea *d*) figurava como princípio da *imprensa* a ser estabelecido em lei especial, dentro do espírito autoritário e controlador já sinalizado pelo fato de ter sido outorgada - em face da dissolução do Congresso - pelo Presidente Vargas, que exerceu estreita vigilância sobre os meios de comunicação, "[...] por meio da implementação da polícia política, com seus órgãos institucionais, como o Departamento de Imprensa e Propaganda (DIP)" (SARLET, 2012, p. 233). A liberdade de imprensa, no entanto, constitui apenas uma das espécies das liberdades civis - a última surgida, segundo Castro (2003, p. 296), e restrita à manifestação do pensamento por esse canal tão-somente, representando a "[...] liberdade de escrever e publicar o que se quer pelo jornal ou pelo livro" (CASTRO, 2003, p. 297).

Retornando ao modelo adotado pela Constituição de 1934, a promulgada em 1946 deixou de fazer explícita vinculação da vedação do anonimato à *imprensa*. Não obstante, em seus comentários ao específico parágrafo do texto constitucional que vedava o anonimato, Maximiliano (1954, p. 62) faz expresso atrelamento dele à liberdade de *imprensa*, e, embora ao final reconheça amparar tal parágrafo a liberdade de opinião em geral (MAXIMILIANO, 1954, p. 67), volta a vincular à imprensa a proibição do anonimato, ao explicar que "[...] tôda publicação tem um responsável; em primeiro lugar o autor; desconhecido êste, o editor; em último caso, o impressor" (MAXIMILIANO, 1954, p. 67, *sic*) - portanto em nenhum momento fazendo referência expressa à delação dirigida a autoridade com o fito de provocar investigação de ilícito. No âmbito das discussões travadas perante o Supremo Tribunal Federal, assim também entendeu o Ministro Luiz Gallotti, que, ao se referir ao artigo da Constituição de 1946 que cuidava da liberdade de manifestação do pensamento, entendeu relacionar-se à *imprensa* (MS 1.959, 1953), da mesma forma como o Ministro Ribeiro da Costa, ao esclarecer que a "[...] preservação da liberdade de imprensa se contem no invocado inciso 5.° do art. 141 da Constituição Federal" (RE 25.348, 1955, *sic*).

De maneira mais abrangente, Miranda (1963, p. 429) definiu a liberdade de manifestação do pensamento como o direito de emiti-lo *de público*. Assim, além da divulgação por jornal, revista ou livro - portanto, ampliando essa liberdade além da estrita liberdade de *imprensa* - Miranda (1963, p. 435) se refere a afixação de cartazes, emissão de informes ou críticas pelo rádio, produção de discos - a que Cavalcanti (1949) acrescenta o teatro e o cinema[62] - sempre, porém, pressupondo a *publicação* da informação, tal como Falcão (1957, p. 75), que via na *divulgação* elemento intocável do direito de livre manifestação do pensamento. De todo modo, também como ocorrera na Constituição de 1934, o texto normativo foi aprovado sem qualquer discussão sobre a vedação do anonimato, conforme parece insinuar Duarte (1947, p. 22).

Com o advento do golpe militar no Brasil, ocorrido em abril de 1964, o governo que se apropriou do poder tratou logo de fundamentar sua sustentação em documentos normativos, que principiaram com o Ato Institucional de 9 de abril de 1964, ao investir a "revolução vitoriosa" no exercício do Poder Constituinte. Desse modo, mantinha a então vigente Constituição de 1946, mas abria caminho para a facilitação de sua mutilação, como com a previsão da suspensão de direitos políticos e cassação de mandatos legislativos sem possibilidade de controle jurisdicional (art. 10, *caput*), mutilação que restou comprovada com os vários outros Atos Institucionais que se seguiram. Por essa razão, segundo Castro (2008, p. 544), mostrou-se necessária a elaboração de um novo texto constitucional, que incorporasse "[...] os Atos Institucionais e a Lei de Imprensa - responsável por instituir a censura prévia e o controle total dos meios de comunicação pelo governo - e a Lei de Segurança Nacional de fevereiro de 1967." Coube à comissão formada por quatro constitucionalistas nomeados pelo Presidente da República (Levy Carneiro, Themistocles Brandão Cavalcanti, Orozimbo Nonato e o potiguar Miguel Seabra Fagundes[63]), ao longo do ano de 1966, a preparação de anteprojeto de Constituição que, porém, "[...] foi revisto, de um ponto de vista mais autoritário, pelo então Ministro da Justiça, Carlos Medeiros da Silva" (CASTRO, 2008, p. 544), e finalmente

62 O Ministro do STF Aliomar Baleeiro, igualmente, defendeu que "[...] o cinema está debaixo da proteção [...] da liberdade de manifestação do pensamento" (MS 14.686, 1967), a que se acostou em outro julgamento o Ministro Hermes Lima (RMS 14.685, 1967).

63 A bem da verdade, como apontado por Viana Filho (1975, p. 452), Seabra Fagundes exonerou-se da comissão antes de concluído seu trabalho, só entregue ao Presidente Castelo Branco em 19 de agosto de 1966. Essa versão original, conforme Silva Júnior (2008, p. 274), diferentemente das Constituições brasileiras anteriores, não trazia uma declaração de direitos, o que só foi corrigido posteriormente, antes da submissão ao Congresso Nacional, contrariando, aliás, a posição do Ministro Carlos Medeiros, que pretendia que se deixasse à lei ordinária a regulamentação dos direitos e garantias individuais (VIANA FILHO, 1975, p. 473).

aprovado em 1967 sem qualquer alteração[64] pelo Congresso Nacional.

A Constituição brasileira de 1967, como já se adiantou, foi a única, dentre as do período republicano, que suprimiu a alusão ao anonimato, ao tratar da liberdade de manifestação de pensamento. Há de se reconhecer, porém, que o assunto não deixou de ser debatido pelos constituintes: o Senador Aloysio de Carvalho, por exemplo, louvava a "proibição do anonimato na imprensa" prevista na Constituição de 1946 - tornando evidente o mesmo espírito do atrelamento do anonimato à *imprensa* já percebido dentre os comentaristas desta Constituição, como se viu acima - ao que se opôs em princípio o Senador Afonso Arinos de Melo Franco, alegando que o artigo assinado publicado na imprensa tinha menor importância, por transmitir posição individual, mas voltando atrás após a explicação daquele primeiro Senador de que tal vedação visava, "[...] sobretudo, aos ineditoriais, em que através de uma acusação gratuita, de uma calúnia, se esconde o autor da ofensa" (BRASIL, 1969, p. 75-76). Analisando a lei de imprensa (Lei n.º 5.250/1967), por seu turno, Zuliani (2007, p. 249) reconhecia: "O anonimato poderá ser valioso para permitir a investigação de crimes, mas nunca será interessante para o direito de comunicação", expressando o mesmo sentimento de vinculação da vedação do anonimato à expressão do pensamento *através da imprensa*.

A despeito da ausência da vedação do anonimato no texto da Constituição de 1967, percebe-se que seu art. 151, *caput*, previa a suspensão dos direitos individuais (incluindo, portanto, a liberdade de manifestação do pensamento) em caso de abuso do titular tendente a "[...] atentar contra a ordem democrática ou praticar a corrupção", previsão reproduzida na Emenda n.º 1, de 1969, que possibilitava tal suspensão se o abuso de direito se desse "[...] com o propósito de subversão do regime democrático ou de corrupção" (art. 154, *caput*). Desse modo, constata-se que tal ressalva, por sua enorme abrangência, bem poderia abarcar o anonimato, se enxergado como abuso - e, portanto, estaria sua vedação reabilitada. Talvez por isso Miranda (1967, p. 154) haja defendido a permanência da proscrição dos mesmos meios de divulgação do pensamento

64 Consoante ponderação de Sarlet (2012, p. 237), a "[...] despeito de ter sido votada pelo Congresso Nacional, o que ocorreu, de fato, em virtude da convocação autoritária e pela fixação de um prazo fatal exíguo para votação do projeto encaminhado pelo governo militar, foi uma mera homologação Congressual, de tal sorte que, em termos técnicos, a Carta de 1967 deve ser compreendida como outorgada, ainda que com o 'beneplácito' do legislativo."

aludidos em seus comentários à Constituição anterior – porém com a idêntica pressuposição de que a informação oriunda de fonte anônima fosse *publicada*.

A leitura dos textos constitucionais até então permite identificar que as Constituições de 1891 (art. 72, § 12), 1934 (art. 113, 9), 1937 (art. 122, 15) e 1946 (art. 141, § 5.°) – aliás reproduzindo tradição já herdada da Constituição imperial de 1824 (art. 179, IV) – aludiam, no mesmo *topos*, apenas à *liberdade de manifestação do pensamento*. Por seu turno, a Constituição de 1967 (art. 150, § 8.°) – inclusive com a redação conferida pela Emenda n.° 1, de 1969 (art. 153, § 8.°) – conquanto se referisse à *liberdade de manifestação do pensamento*, à *liberdade de convicção política ou filosófica* e à *liberdade de prestação de informação*, as garantiu em um mesmo parágrafo. A Constituição da República brasileira de 1988, rompendo com suas antecessoras, portanto, dividiu em incisos apartados a *liberdade de manifestação do pensamento* (inciso IV) e a *liberdade de expressão* (inciso IX), cingindo esta à defesa da "atividade intelectual, artística, científica e de comunicação" e, ainda, no art. 220, repartiu: a) manifestação do pensamento; b) criação; c) expressão; e d) informação.

No que tange à vedação ao anonimato, cumpre destacar que o anteprojeto elaborado pela Comissão Provisória de Estudos Constitucionais, instituída pelo Decreto n.° 91.450, de 18 de julho de 1985, e presidida por Afonso Arinos – que já tivera atuação destacada nos debates parlamentares da Constituição anterior – não a previa originalmente, quando disciplinava a liberdade de manifestação do pensamento (art. 19). Em razão disso, por ocasião das audiências públicas que discutiam o anteprojeto de Constituição, o representante da Confederação Nacional dos Trabalhadores da Indústria, José Calixto Ramos, demonstrou irresignação diante dessa omissão, nos termos seguintes:

> Causa-nos espécie o fato de a Constituição atual não ter proibido o anonimato. A de 1946 era muito clara ao dispor, no § 5° do art. 141, entre outros assuntos, que: "Não é permitido o anonimato". Parece-nos que esse dispositivo foi, intencionalmente, excluído do texto constitucional para favorecer a situação por que passava o País, uma fase conhecida como de consolidação da Revolução de 1964. E produziu frutos, embora alguns deles muito amargos, eis que, cobertos pelo anonimato, muitos cidadãos não tiveram o pejo de denunciar outros, muitas vezes até amigos de infância ou parentes próximos. Tal sistemática não pode prosseguir. Não se pretende retirar de ninguém o direito de denunciar outrem. Mas pretendemos que essa denúncia seja assumida pelo denunciante, o que sem dúvida, constitui garantia de que não será feita por mera suspeita ou desejo de vingança,

> mas por serem verdadeiros os fatos argumentados. O procedimento, além de mais correto, é democrático, eis que possibilita ao denunciado conhecer o autor da denúncia e preparar melhor a defesa. Evita, inclusive, suspeitas levantadas contra outros cidadãos que, ainda que inimigos do denunciando, jamais tomariam a iniciativa de uma denúncia anônima. O anonimato, aceitável em regime de exceção, não pode ter cabimento em um Estado de Direito. (BRASIL, 1987a, p. 45-46).

O receio da vinculação do anonimato aos "regimes de exceção" - dos quais o regime a ser implantado pela Assembleia Constituinte queria distância - fez com que o constituinte Darcy Pozza, encarregado da relatoria de anteprojeto no bojo da Subcomissão dos direitos e garantias individuais, incluísse a previsão de vedação do anonimato, quando da manifestação do pensamento, "na forma da lei" (BRASIL, 1987a, p. 207).

O então Deputado Federal Artur da Távola, embora não situando a vedação do anonimato apenas no âmbito da atividade jornalística (em que o parlamentar já ostentava longeva atuação), enfatizou sua pertinência à proteção dos direitos de personalidade frente aos meios de comunicação:

> O texto proposto não está proclamando que a proteção da fonte está proibida. Isto seria um despautério; ele está exatamente no parágrafo do Capítulo que tem a ver com os direitos fundamentais, nos quais se baseia a construção da nova ordem jurídico-social deste País, dizendo que o anonimato é vedado porque é a fonte principal da calúnia (palmas), é a fonte principal da mais solerte maneira de alguém utilizar o poder contra o outro, de esconder-se. O anonimato está para o jornalismo como a tocaia está para o Direito Penal (palmas). E mais, não apenas o anonimato se expressa em órgãos de comunicação - jornais, revistas - mas também nos panfletos mentirosos que, às vésperas de eleição, são assacados contra políticos. (Muito bem, Palmas.) E as formas asquerosas da calúnia e da solércia que, por meio de cartas anônimas, são enviadas tantas vezes publicadas que se está neste instante tentando acautelar é o direito da claridade que é consentâneo com a liberdade, no Capítulo da Liberdade, no parágrafo que se refere à liberdade, o instituto da responsabilidade. Quem usa um meio de comunicação deve fazê-lo com a responsabilidade de estar atendendo a algo que toca muito profundamente à honra alheia, à consciência alheia, valores, enfim, que estamos tentando prezar nesta Casa. Só há um caso, para mostrar a dificuldade do tema, em que o anonimato às vezes protege: nas ditaduras. Realmente, nas ditaduras, o anonimato tantas vezes protege, sobretudo nas ditaduras cruéis e tirânicas; porém, neste instante da vida brasileira, felizmente não estamos fazendo um estatuto da ditadura, mas estatuto da democracia. (BRASIL, 1987b, p. 162).

Observa-se, do excerto destacado, que o referido constituinte lançou mão da recorrente ideia de vinculação da proteção do anonimato a regimes ditatoriais, em grande medida decorrente da ausência de previsão explícita de sua vedação no texto da Constituição de 1967, que deu guarida jurídica ao regime político autoritário e de reserva aos direitos fundamentais instaurado em 1964. Entretanto, como já defendido no item 1.3.2 acima, não se pode afirmar haver necessária correspondência ontológica do anonimato com regimes de exceção – prova disso é que a própria Constituição de 1937, que deu sustentação à chamada "Ditadura de Vargas", proibia expressamente a manifestação anônima de pensamento (art. 112, 15, *d*).

De todo modo, pode-se verificar que os debates levados a cabo na Assembleia Nacional Constituinte que redundaram na promulgação da atual Constituição, contudo, apontam para uma maior preocupação de se evitar o anonimato na difusão pública de informações *pela imprensa*, como abaixo se observa (BRASIL, 1987b, p. 155):

> Constituinte Antonio Britto: [a vedação ao anonimato visa] assegurar que nenhuma publicação se faça de forma irresponsável, quer dizer, toda a publicação tem um responsável que é, ou o jornalista que assina a reportagem, comentário ou a notícia, ou, na ausência dessa assinatura, o diretor.
>
> Constituinte Mendes Ribeiro: Quando se diz "vedado o anonimato", a intenção é saber a quem se dirigir. Alguém tem que ser responsável! Muita gente entendeu assim: está desprotegida a fonte da notícia. Não! Que se proteja a fonte da notícia, mas assuma aquele que deu a notícia, assuma o responsável pelo órgão!

Outrossim, há de se reconhecer que, embora a Constituição de 1988 haja reproduzido a reserva legal qualificada que autoriza o estabelecimento de restrição à liberdade de informação jornalística (MENDES, 1994, p. 298), como previsto no art. 220, § 1.º, e já estabelecido pela Constituição de 1937, diferentemente desta, a vedação do anonimato aparece, também, como restrição a *qualquer* manifestação do pensamento no art. 5.º, IV. Apesar disso, percebe-se que o propósito de tal vedação não se destinou a obviar o oferecimento de denúncia anônima, e sim a impor limites à *publicação* da informação[65], prin-

---

65 Percebe-se tal preocupação, por exemplo, na Lei n.º 9.504, de 30 de setembro de 1997, que estabelece normas para as eleições no Brasil: em seu art. 57-D, *caput*, reproduz o texto constitucional, direcionado ao pleito eleitoral, ao assegurar ser "[...] livre a manifestação

cipalmente através da imprensa, tanto que Moraes (2007, p. 141) defende que a proibição ao anonimato abrange todos os *meios de comunicação*: "[...] cartas, matérias jornalísticas, informes publicitários, mensagens na Internet, notícias radiofônicas ou televisivas, por exemplo". A denúncia anônima, porém, não é divulgada diretamente em público, e sim dirigida, reservadamente, a autoridade incumbida de investigar o ilícito ou a profissional da comunicação, os quais, só depois de avaliarem a conveniência e viabilidade das informações nela contidas, cuidam de dar-lhes publicidade, seja por meio de ação, seja por meio de matéria jornalística. Enfim, como esclarece Costa Júnior (1990, p. 208), se se vier a negar à mera narração de fatos (a principal modalidade de denúncia anônima, como visto no tópico 1.1.2 deste estudo) a característica de manifestação do pensamento, ou ao menos a incidência da norma constitucional em comento, não se tem por ameaçado o principal desiderato desta, a saber: prevenir "[...] o possível conflito entre o direito à intimidade e o direito à livre manifestação do pensamento".

Por outro lado, do cuidado com a identificação do responsável pela manifestação do pensamento com vistas a sua eventual responsabilização advieram outras angústias, principalmente ligadas à preservação do sigilo dos informantes de jornalistas, como abaixo se vê do pronunciamento do Constituinte João Menezes (BRASIL, 1987b, p. 156):

> Vedado o anonimato e a responsabilidade do jornal, é daquele que assevera determinado fato. Mas, pergunto, por exemplo, vamos tirar aqui o direito que tem, hoje, o jornalista, que tem o noticiarista, aquele que apanha uma norma qualquer e denuncia ou diz no jornal, e conseqüentemente sai no jornal, na imprensa, no rádio e na televisão? E, depois, pode ele ter o direito de manter consigo a reserva da fonte de informação ou não? Esta é a grande dúvida que fica com este parágrafo. [...] Há pouco tempo, presidi uma Comissão Parlamentar de Inquérito, em que o jornalista veio prestar depoimento e ele se negou a dar informação sobre o fato denunciado, escudado num direito que julgava que tinha e que tem de manter a reserva, de guardar o segredo. Então, pergunto: com esse dispositivo que está aqui no projeto, isto vai cair? Vai acabar esse direito que o cidadão tem de não citar a fonte de onde ele obteve a informação?

---

do pensamento, vedado o anonimato durante a campanha eleitoral". Esse texto normativo, porém, é situado no título que cuida da *propaganda eleitoral*, o que demonstra sua vinculação à *ampla publicidade* da manifestação do pensamento.

O constituinte José Serra, do mesmo modo, a fim de proteger a preservação das fontes dos jornalistas, defendeu a supressão da vedação do anonimato do texto constitucional, reputando-a despicienda:

> O meu argumento no caso é de que essa expressão "vedado o anonimato" é, na melhor das hipóteses, supérfluo dentro do termo. Por quê? Porque o texto do Substitutivo preserva a hipótese de que a veiculação de qualquer notícia tem um responsável, que é o jornalista que assina a matéria ou a direção do Jornal. Creio que a expressão "vedado o anonimato" pode levar a interpretações que conduzam a situações absurdas, por exemplo, de revelação de fontes de informação de jornalistas. Uma expressão desse tipo, no caso, por exemplo, do fenômeno de Watergate, nos Estados Unidos, teria impossibilitado que a imprensa exercesse o papel que exerceu naquela oportunidade - e levada ao extremo, ela pode realmente levar a situações em que se cometam abusos com relação ao exercício da liberdade de imprensa. Os jornalistas vivem com a informação e não devem ser obrigados a revelar a fonte da informação. Agora, na medida em que não revelem a fonte da informação, eles são responsáveis por essa informação. Portanto, a supressão dessa expressão não cria uma situação de irresponsabilidade, apenas torna responsável o jornal ou o jornalista que veiculou a informação, mas não obriga a divulgação da fonte. Há vários casos - eu citei o caso de Watergate, há o caso com relação a investimentos estatais, por exemplo, da Ferrovia Norte-Sul, que independentemente da opinião que se tenha a respeito do mérito desse investimento, se jornalista for obrigado a revelar a fonte da sua informação ele estará sendo coagido no direito de informar, no direito de levar questões à opinião pública. Sei, por outro lado, que a questão de não divulgar fontes de informação também pode levar a abusos, no sentido de se inventarem fontes de informação para com isso atacarem a honra ou ofenderem a respeitabilidade de pessoas. Mas há outros dispositivos, dentro desse texto constitucional, que permitem enfrentar essa questão, uma vez que o próprio jornalista ou o jornal serão responsáveis pela questão que estão afirmando, caso não veiculem a fonte de informação que estão invocando. (BRASIL, 1987b, p. 161).

Aqui aparece, com destaque, a intenção de proteger o sigilo das fontes jornalísticas, como garantia de uma imprensa livre e democrática: não por acaso, portanto, há expressa previsão constitucional do "[...] sigilo da fonte, quando necessário ao sigilo profissional" (art. 5.º, XIV). Analisando essa previsão normativa, Farias (2004, p. 182), embora defenda que "[...] o texto constitucional coíbe o anonimato tanto para a expressão do pensamento como para a comunicação de notícias", esclarece não haver antinomia quanto à regra do sigilo da fonte, pois este "[...] é dirigido à fonte da notícia (a quem presta informação) e não à identidade do comunicador (autor ou responsável pela divulgação da informação)" (FARIAS, 2004, p. 183). Ora, tal argumento também serve para distanciar o âmbito de proteção da restrição prevista no inciso IV do art. 5.º da atual Constituição da denúncia anônima, porquanto o anonimato protege tão-somente a fonte da informação, e não o comunicador (autoridade pública ou jornalista). Este sempre poderá ser responsabilizado por eventual divulgação precipitada ou indevida de informações de que teve conhecimento a partir de denúncia anônima, de modo que a crítica de que atentaria contra o direito de acesso à justiça para a reparação de danos (art. 5.º, V, X e XXXV, da Constituição brasileira) não se mostra subsistente. Tanto é assim que o próprio Farias (2004, p. 239) reconhece que a garantia do sigilo da fonte impede que fatos de grande relevância social deixem de chegar ao conhecimento público, atendendo sua comunicação, assim, ao interesse da coletividade.

De qualquer modo, pode-se deduzir da leitura não apenas dos anais das discussões parlamentares acerca do texto constitucional que se refere à vedação do anonimato, mas também das reflexões doutrinárias em torno de cada Constituição, que a *denúncia anônima*, propriamente, jamais mereceu estudo cuidadoso e detido, como ocorreu, por exemplo, no Direito italiano (ainda quando a legislação silenciava quanto à sua admissibilidade), tal qual fartamente ilustrado por Corso (1977, p. 1-116) na primeira parte de sua obra que aqui serviu de referência para o estudo da denúncia anônima (v. 1.1.1). Desse modo, malgrado não se possa afirmar que a denúncia anônima - entendida como produto do ato de dirigir a autoridade pública a comunicação de ilícito, com vistas a sua investigação - tenha sido considerada durante as discussões que resultaram, nos textos constitucionais brasileiros, na salvaguarda do direito à *livre manifestação do pensamento*, tampouco se pode considerar que tenha sido levada em conta quando se previu, como baliza ao exercício de tal direito, a *vedação ao anonimato*. Apesar disso, a análise dos julgados do STF (v. 2.1), a demonstrar a frequência com que tal vedação serviu de argumento para a reprovação da denúncia anônima no país, permite inferir que tal restrição constitucional espraiou seus efeitos pela legislação infraconstitucional e práticas estatais brasileiras - cuja extensão e desdobramentos serão retratados no tópico seguinte.

2.3 REPERCUSSÃO DA VEDAÇÃO CONSTITUCIONAL AO ANONIMATO NA ADMISSIBILIDADE DA DENÚNCIA ANÔNIMA NO BRASIL

Em virtude da renitente associação entre a vedação ao anonimato historicamente consolidada na Constituição brasileira e a repulsa à denúncia anônima - que não se mostrou de todo consistente nos tópicos anteriores - o ordenamento jurídico brasileiro ostenta diversas normas infraconstitucionais que exigem a identificação do delator para a tomada de providências investigatórias - portanto, excomungando o anonimato. O art. 114 da Lei n.º 8.112/1990, por exemplo, exige que as denúncias sobre irregularidades no serviço público contenham identificação e endereço do denunciante e sejam formuladas por escrito, em que buscou inspiração a Resolução Administrativa n.º 155/02, que aprovou o Regimento Interno do Tribunal de Contas da União (art. 235). Do mesmo modo, a Lei n.º 8.429/1992 condiciona o recebimento de representação dirigida a autoridade investigante relatando prática de ato de improbidade a que seja tal representação escrita e contenha a qualificação de seu subscritor (art. 14, § 1.º), enquanto a Lei n.º 9.784/1999, que regula o processo administrativo na Administração Pública federal, impõe que o início do procedimento administrativo só se dê mediante a apresentação da assinatura do requerente ou de seu representante (art. 6.º, V), de forma que este não poderia solicitar providências quanto à investigação de ilícitos cometidos por agente público senão identificando-se. Igualmente, no âmbito do próprio Supremo Tribunal Federal, a Resolução n.º 290, de 5 de maio de 2004, que criou a Ouvidoria junto a este tribunal, e a Resolução n.º 361, de 21 de maio de 2008, que instituiu a Central do Cidadão (sucedâneo da Ouvidoria), veda o simples recebimento de quaisquer "reclamações, críticas ou denúncias anônimas" (art. 4.º, II, e art. 5.º, II, respectivamente). Situação ainda mais grave é a relatada por Iennaco (2011, p. 56-57), de que a Corregedoria-Geral de Polícia do Estado de Minas Gerais determina o imediato arquivamento de qualquer denúncia que não permita a identidade do delator contra policial civil, o mesmo ocorrendo quanto aos juízes mineiros.

Tais restrições infraconstitucionais padecem, porém, de coerência lógica, pois se o processo administrativo de investigação de condutas ilícitas pode ser iniciado de ofício (art. 5.º da Lei n.º 9.784/1999 e art. 143 da Lei n.º 8.112/1990, determinando este último à autoridade que tiver ciência de irregularidade no serviço público a obrigação de promover sua apuração *imediata*), e o Ministério Público, *ex officio*, pode requisitar a instauração de inquérito policial ou procedimento administrativo (artigos 14, § 2.º, e 22, da Lei n.º 8.429/1992), nada obstaria a que alguém, anonimamente, procurasse o órgão encarregado da investigação para fornecer a informação sobre o ilícito, e esse órgão, em seguida, principiasse o procedimento de sua apuração, já que a autoridade administrativa, mesmo repelindo a representação porque formalmente inepta, não está inibida de promover a apuração do que lhe foi delatado (PAZZAGLINI FILHO *et al.*, 1999, p. 145-146) – o que tornaria a restrição absolutamente inócua[66]. Diante disso, e considerando o embate entre a vedação constitucional do anonimato e a obrigação jurídica do Estado de investigar condutas funcionais desviantes, Madeira (2010, p. 24-25) defende que "[...] ainda que a comunicação da irregularidade do fato seja anônima, pode o órgão recebedor instaurar um procedimento de ofício para apuração dos fatos". Os limites para a instauração desses procedimentos investigatórios serão analisados no tópico 3.3.

Assim, em via absolutamente oposta, acabaram se tornando frequentes e diversificadas as iniciativas de buscar na participação popular concretizada anonimamente auxílio na luta pela implementação do direito à segurança pública. A Resolução n.º 23 do CNMP, de 17 de setembro de 2007, que disciplina, no âmbito do Ministério Público, a instauração e tramitação do inquérito civil, determina que o "[...] conhecimento por manifestação anônima, justificada, não implicará ausência de providências" (art. 2.º, § 3.º).

Na mesma toada, o Ministério Público Federal, inspirado por práticas já adotadas em outros países (v. 1.1.1), propôs, dentre outras medidas anticorrupção, a preservação da identidade do informante cuja delação possa dar causa a investigação relacionada à prática de ato de corrupção (BRASIL, 2015b), o que certamente contribuiu para que a citada Resolução n.º 23 do CNMP passasse a prever, expressamente, a possibilidade de o presidente do ICP "[...] delimitar, de modo fundamentado, o acesso do defensor à identificação do(s) representante(s)", em recente modificação (§ 8.º do art. 7.º, acrescido pela Resolução n.º 161, de 21 de fevereiro de 2017).

---

66 A semelhante conclusão também chegou, como mencionado no tópico 2.1 acima, o Ministro Nelson Jobim (MS 24.405, 2004), bem assim Alves (2006, p. 563), que concluiu, em favor da admissibilidade da denúncia anônima: "[...] podendo atuar espontaneamente poderá a autoridade também atuar por provocação não-identificada".

No âmbito da proteção dos usuários da Internet, foi fundada em 20 de dezembro de 2005 a SaferNet Brasil, associação civil de direito privado cujo propósito é materializar ações concretas contra o uso indevido da Internet na prática de crimes e violações de direitos fundamentais. Ao longo dos anos, a citada associação logrou constituir rede integrada com outros atores da sociedade civil, a Indústria da Internet, o Governo Federal - por meio da Secretaria de Direitos Humanos - o Ministério Público Federal, o Congresso Nacional e autoridades policiais. De 2006 a 2014, a página da associação (safernet.org.br) recebeu e processou 3.606.419 denúncias anônimas, envolvendo 585.778 páginas distintas (das quais 163.269 foram removidas) escritas em nove idiomas e hospedadas em 72.739 *hosts* diferentes, conectados à internet através de 41.354 números IPs distintos, atribuídos para noventa e seis países em cinco continentes (SAFERNET, 2016). Tais números, que impressionam pelo alcance e magnitude dos problemas engendrados no ambiente virtual, são assim divididos por matéria, em relação às 14.834 páginas hospedadas no Brasil, na estatística desse intervalo de nove anos:

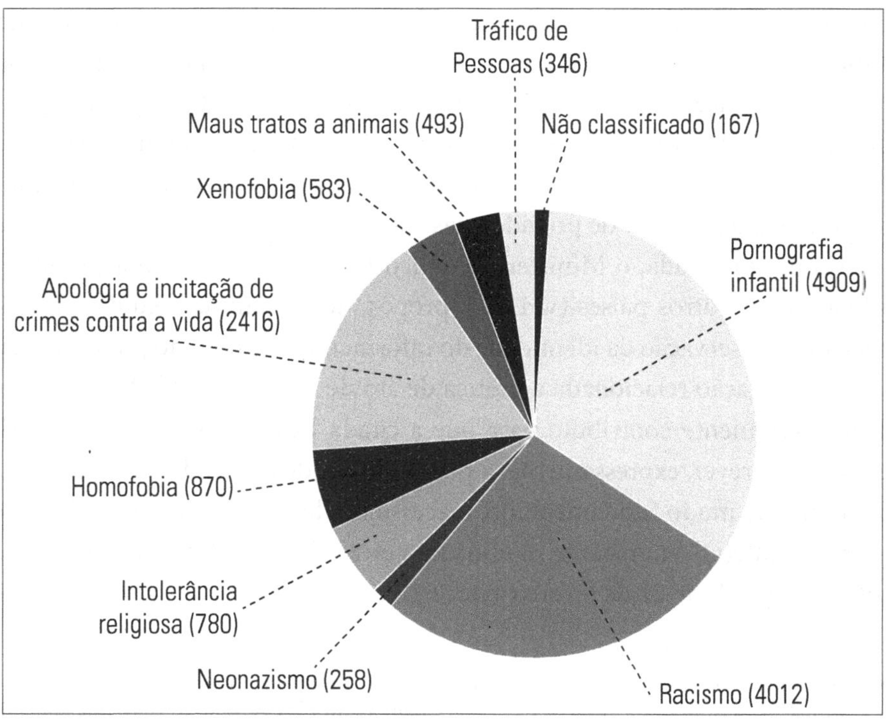

Fonte: SAFERNET, 2016.

No Estado do Rio de Janeiro, foi criado em 1995 projeto denominado "Disque-Denúncia", fruto da parceria entre o Movimento Rio de Combate ao Crime e a Secretaria Estadual de Segurança e baseado na experiência dos *Crime Stoppers* (v. 1.1.1), dispondo-se a recolher denúncias anônimas e repassá-las aos órgãos de investigação competentes. Segundo relatado por Machado (2008, p. 79), entre maio de 2002 e junho de 2007 já haviam sido registradas 573.876 denúncias anônimas por meio desse serviço no Rio de Janeiro, demonstrando sua abrangência e receptividade pela população, e Britto (2005, p. 37) cita diversos casos em que "[...] eventos criminosos foram inicialmente conhecidos e, posteriormente, esclarecidos, com base, unicamente, em denúncias anônimas recebidas pela Central de Atendimento".

Outro relevante serviço de recepção de comunicações de atentados aos direitos fundamentais no Brasil tem provado ser o chamado "Disque 100", que se originou do Disque Denúncia Nacional de Abuso e Exploração Sexual contra Crianças e Adolescentes, criado em 1997 pela Associação Brasileira Multiprofissional de Proteção à Infância e à Adolescência e, em 2003, encampado pela Secretaria de Direitos Humanos do governo federal brasileiro (BRASIL, 2010, p. 4). Por meio desse serviço, recebem-se, por meio telefônico (100 ou, no exterior, 55-61-3212-8400) ou pela internet (www.disque100.gov.br ou disquedenuncia@sedh.gov.br), denúncias de transgressões a direitos fundamentais de todo o país, para encaminhamento aos órgãos de proteção, defesa e responsabilização.

A visualização do número de atendimentos, nos últimos cinco anos, é ilustrativa da abrangência do programa, com alcance em todos os Estados da Federação, com 712.204 atendimentos ao todo:

Disque 100 - Anual - Número de denúncias por UF, 2011, 2012, 2013, 2014 e 2015

UF	2011	2012	2013	2014	2015	Total Geral	%
AC	394	923	862	501	454	3134	0,44%
AL	2185	3568	3124	1974	1662	12513	1,76%
AM	3624	5952	4995	3569	3519	21659	3,04%
AP	198	467	473	264	197	1599	0,22%
BA	10752	17774	15092	9494	8228	61340	8,61%
CE	4682	8674	8601	5765	4852	32574	4,57%
DF	2358	5134	5045	3777	3494	19808	2,78%
ES	1665	3015	3380	2691	2626	13377	1,88%

continua

UF	2011	2012	2013	2014	2015	Total Geral	%
GO	2512	4772	5649	4240	4269	21442	3,01%
MA	5320	8155	7196	4419	3634	28724	4,03%
MG	6931	12746	14745	10563	10641	55626	7,81%
MS	1564	3315	3709	2587	2631	13806	1,94%
MT	1229	2104	2285	1758	1734	9110	1,28%
NA	37	111	338	304	1392	2182	0,31%
PA	3619	5404	5646	3953	3811	22433	3,15%
PB	2492	3984	4839	3330	3491	18136	2,55%
PE	4976	8589	7556	4935	4956	31012	4,35%
PI	2184	3187	3014	2282	2262	12929	1,82%
PR	3849	6993	8342	6078	5843	31105	4,37%
RJ	10813	20443	23997	16050	15293	86596	12,16%
RN	3213	5936	5524	4067	3279	22019	3,09%
RO	1214	1877	1790	1069	1088	7038	0,99%
RR	103	211	181	122	119	736	0,10%
RS	4064	7766	9856	8399	7758	37843	5,31%
SC	2466	4233	5871	4881	4378	21829	3,06%
SE	942	1653	1892	1262	1216	6965	0,98%
SP	12565	20906	28067	25709	26415	113662	15,96%
TO	523	805	811	452	416	3007	0,42%
Não Informado	—	—	—	—	—	0	0,00%
Total Geral	96474	168697	182880	134495	129658	712204	100,00%
%	13,55%	23,69%	25,68%	18,88%	18,21%	100,00%	

Fonte: BRASIL, 2016.

Há de se frisar, por oportuno, que a utilização do Disque Denúncia Nacional prescinde de identificação, de forma que a comunicação pode se dar anonimamente. O que chama a atenção é que, no período pesquisado, dos 712.204 atendimentos, expressivos 546.427 foram prestados a partir de denúncia anônima, a representar cerca de 76,72% do total, destacando-se os Estados da Paraíba, com o maior índice de denúncia anônima em termos proporcionais (78,34%), e o de São Paulo, com o maior número absoluto (85.791 denúncias anônimas), como se percebe no quadro a seguir:

UF	2011	2012	2013	2014	2015	Total Geral	%
AC	124	761	725	417	376	2403	0,44%
AL	654	2985	2616	1622	1370	9247	1,69%
AM	1140	4974	4200	2943	2924	16181	2,96%
AP	66	389	398	210	167	1230	0,23%
BA	3406	14666	12611	7863	6784	45330	8,30%
CE	1507	7123	7091	4718	3996	24435	4,47%
DF	837	4256	4209	3017	2804	15123	2,77%
ES	561	2417	2818	2192	2131	10119	1,85%
GO	760	3746	4553	3464	3455	15978	2,92%
MA	1776	6812	6150	3759	3041	21538	3,94%
MG	2327	10288	12229	8707	8760	42311	7,74%
MS	552	2740	3101	2214	2182	10789	1,97%
MT	436	1694	1857	1428	1415	6830	1,25%
NA	-	84	321	157	517	1079	0,20%
PA	1166	4456	4653	3232	3058	16565	3,03%
PB	991	3321	4131	2814	2951	14208	2,60%
PE	1596	7061	6322	4046	4129	23154	4,24%
PI	671	2612	2534	1951	1899	9667	1,77%
PR	1279	5582	6877	5071	4783	23592	4,32%
RJ	3634	16134	19124	12568	11898	63358	11,59%
RN	1052	4896	4674	3467	2741	16830	3,08%
RO	396	1569	1471	895	904	5235	0,96%
RR	39	175	142	104	92	552	0,10%
RS	1353	6288	8156	6984	6457	29238	5,35%
SC	817	3438	4936	4095	3679	16965	3,10%
SE	332	1353	1589	1039	1017	5330	0,98%
SP	3932	16514	22585	21084	21676	85791	15,70%
TO	162	668	662	381	324	2197	0,40%
Não Informado	2014	5789	3349	—	—	11152	2,04%
Total Geral	33580	142791	154084	110442	105530	546427	100,00%
%	6,15%	26,13%	28,20%	20,21%	19,31%	100,00%	

Fonte: BRASIL, 2016.

No que tange aos assuntos versados nas denúncias anônimas, o Disque 100 os divide, antecipadamente, em sete categorias, considerando o grupo de violação: a) crianças e adolescentes; b) igualdade racial; c) LGBT; d) pessoa idosa; e) pessoas com deficiência; f) pessoas em restrição de liberdade; e g) população em situação de rua. Ao longo dos cinco anos levados em conta por esta pesquisa, assim foram dividas as ocorrências, aduzidas graficamente:

GRUPO DE VIOLAÇÃO	2011	2012	2013	2014	2015	Total Geral	%
Crianças e adolescentes	25946	112156	106477	76284	66819	387682	70,95%
Igualdade Racial				6	70	76	0,01%
LGBT	236	1746	926	569	562	4039	0,74%
Outros	536	2222	1800	956	1172	6686	1,22%
Pessoa idosa	5567	19748	32859	22300	26285	106759	19,54%
Pessoas com deficiência	1205	6552	9120	6858	7348	31083	5,69%
Pessoas em restrição de liberdade		5	2381	3128	2829	8343	1,53%
População em situação de rua	90	362	521	341	445	1759	0,32%
Total Geral	33580	142791	154084	110442	105530	546427	100,00%
%	6,15%	26,13%	28,20%	20,21%	19,31%	100,00%	

Fonte: BRASIL, 2016

Dados - Denúncias Anônimas

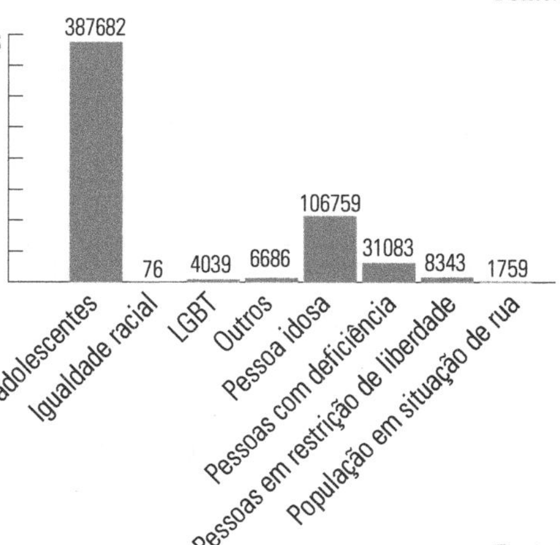

Fonte: BRASIL, 2016

O quadro percentual, por módulo de grupo de violação, como se pode constatar, demonstra expressiva concentração das denúncias anônimas relativas à violação dos direitos de crianças e adolescentes (decerto em razão de o serviço ter principiado tendo como foco esse grupo), pessoas idosas e as com deficiência, que têm capacidade de reação – ante atentados a seus direitos e interesses – reduzida. Confirma-se, com isso, a importância da *responsabilidade social* do denunciante em substituição à responsabilidade do titular dos direitos ameaçados ou transgredidos, que têm sua liberdade – no sentido pugnado por Sen (v. 1.3.1) – diminuída ou integralmente tolhida.

Mesmo diante de todos esses indicativos pujantes de quão frequente a denúncia anônima tem sido manejada, no Brasil, com vistas à proteção dos direitos fundamentais, ainda persiste a carência teórica apontada no início desta obra. O estudo cuidadoso da denúncia anônima no Brasil, como visto nos tópicos anteriores, porém, nem foi desenvolvido durante a reflexão sobre a construção dos textos constitucionais brasileiros, nem tampouco foi aprofundado nos debates travados no âmbito dos julgamentos do Supremo Tribunal Federal, razão por que muitas questões ligadas à admissibilidade da denúncia anônima no ordenamento jurídico brasileiro seguem sendo resolvidas sem embasamento teórico mais robusto e consistente, tais como: a intensidade da repercussão da vedação do anonimato sobre a admissibilidade da denúncia anônima; os conflitos entre as normas jurídicas de garantia da segurança pública e defesa da ordem, de um lado, e de salvaguarda da privacidade do investigado, de outro; em que consistem as investigações preliminares referidas pelos Ministros do Supremo Tribunal Federal, para cujas instaurações foram admitidas as denúncias anônimas; quais as cautelas de que se deve cercar o encarregado da investigação iniciada por denúncia anônima, dentre outras.

Ruma este livro, por essa razão, para seu capítulo derradeiro, em que se buscará avaliar, no âmbito dos constructos das teorias dos direitos fundamentais, como pode ser aproveitada a denúncia anônima, de maneira a manter íntegra sua inserção no sistema jurídico brasileiro, sem que represente violação aos direitos por ele tutelados ou a outros cânones da democracia. O estudo aqui desenvolvido, por isso, não se restringe a apresentar simples retrato jurisprudencial e jurígeno de seu objeto de estudo – o que não deixa de ter valor científico, a bem da verdade, considerando a omissão da bibliografia pesquisada quanto à análise dos argumentos manejados pelos Ministros do Supremo

Tribunal Federal, pelos constituintes e pelos comentaristas dos textos constitucionais a favor e contra a aceitação da denúncia anônima - mantendo-se fiel ao ideal de autonomia científica declarado na introdução. A abordagem desenvolvida ao longo deste segundo capítulo dá espaço, assim, ao aprofundamento de análise não adstrita ao que se encontra posto nas decisões e debates parlamentares já examinados: abandona-se, com o desenrolar do terceiro capítulo, o simples enfoque *dogmático* centrado nos pronunciamentos dos juízes e parlamentares acima destacados e na autoridade - porque estabelecidos por atos de poder - que eles exalam, e, em vez disso, à maneira da abordagem *zetética*, buscar-se-á desintegrar, dissolver "[...] as opiniões, pondo-as em dúvida" (FERRAZ JÚNIOR, 2015, p. 19), para, ao final, reencontrar a função diretiva da dogmática incidente na resolução dos problemas de decidibilidade levantados nas discussões científicas ao redor da denúncia anônima.

3

A DENÚNCIA ANÔNIMA NA PROTEÇÃO DOS DIREITOS FUNDAMENTAIS NO BRASIL

Uma vez que a utilização da denúncia anônima, como visto nos capítulos anteriores, tem sido ora repelida por atentar contra certos direitos fundamentais, ora louvada por possibilitar a proteção de outros, impõe-se, inicialmente, proceder a sua caracterização como direito, a partir de uma abordagem analítica preliminar acerca da distinção entre *direitos humanos* e *direitos fundamentais* (termos habitualmente confundidos), a fim de justificar a opção linguística adotada neste trabalho, para então avaliar os contornos da denúncia anônima no âmbito da teoria dos direitos fundamentais e, em seguida, estabelecer os cuidados a serem levados em conta quanto a sua utilização no procedimento investigatório de práticas ilícitas. Com esse desiderato, este capítulo é erigido no âmbito da dimensão *normativa* da dogmática jurídica, por dizer respeito, na exata compreensão de Alexy (2014, p. 35), "[...] à elucidação e à crítica da práxis jurídica, sobretudo da práxis jurisprudencial", mais especificamente a do Supremo Tribunal Federal, pelas razões já declinadas (v. 2.1 acima).

3.1 ALICERCES TEÓRICOS DOS DIREITOS FUNDAMENTAIS

O surgimento de verdadeira teoria dos direitos humanos não é identificado historicamente de forma uníssona pelos pesquisadores. É certo, porém, que nas sociedades primitivas não há sentido em falar em doutrina de direitos humanos, já que, até então, os membros da comunidade que de fato interagiam entre si gozavam de ancestralidade, religião e crenças comuns, tornando despicienda a construção jurídica para corroborar o que não era objeto de discussão – a *humanidade* partilhada.

Contudo, à medida que o mundo foi parecendo cada vez menor, diante do estreitamento das barreiras físicas e virtuais entre os homens, nasceu a necessidade de maior proteção e tolerância das diferenças entre estes, sob a alegação de que essas distinções não seriam essenciais - o importante era gozar do atributo de *ser humano*. Nesse sentido é que Aristóteles (1985, p. 18)[1] engendra uma antropologia universalista, segundo a qual afirmava a existência da natureza comum entre todos os homens, mesmo entre senhores e escravos, haja vista considerar estes últimos seres *humanos*, só que pertencentes por natureza não a si mesmos, mas àqueles (também humanos) - argumento manejado por ele, por exemplo, para combater a escravidão decorrente de guerra, conquista ou dinheiro, ainda que servisse, por outro lado, para justificar aquela que satisfizesse os interesses "comuns" de senhor e escravo.

Note-se, porém, que não se trata, ainda, de teoria *jurídica*, e sim de *antropologia*, mesmo porque o Direito não constituía grande preocupação dos pensadores da Grécia Antiga. Com efeito, mesmo o universalismo das "normas divinas, não escritas, inevitáveis", invocadas por Antígona para se justificar perante Creonte (SÓFOCLES, 1990a, p. 219)[2], qualificava, a rigor, uma imposição *moral* - e não *jurídica* - apontando, assim, para a *moral* universal, antes que para o *Direito* universal (VILLEY, 2007, p. 87). Isso porque nem a própria ideia de direito subjetivo, crucial para a compreensão de uma teoria *jurídica*, é construção da Antiguidade, já que mesmo o *dominium* romano, apontado pela Escolástica como a fonte dos direitos humanos, não constituía direito individual, conforme defendido por Villey (2007, p. 146).

Este autor, aliás, pelas razões acima mencionadas, não apenas se contrapõe à ideia de que o Catolicismo tenha sido "[...] o berço dos direitos humanos" (VILLEY, 2007, p. 136), como também denuncia que tais direitos, na verdade, são historicamente obra de não-juristas (VILLEY, 2007, p. 144)! Daí uma verdadeira doutrina dos direitos humanos só haver nascido, no Ocidente, com o individualismo burguês engendrado a partir do Renascimento (PERELMAN, 2005, p. 406), e, de forma geral, deriva da filosofia moderna edificada a partir do século XVII (VILLEY, 2007, p. 137)[3]. É apresentada, precisamente, como

---

1 Na tradicional citação dos textos gregos antigos: *Política*, I, 1254a.

2 Na tradicional citação dos textos gregos antigos: *Antígona*, 417 e 418.

3 Não por acaso, a noção de direitos humanos nasceu apartada da de *cidadania*, exercida

remédio para as divisões, separações entre os seres humanos, intensificadas com a eclosão das revoluções liberais a partir de então - embora a noção de direito subjetivo só apareça, segundo Villey (2007, p. 69), por obra dos pandectistas alemães do século XIX, o que permite inferir que sequer se tratavam os proclamados "direitos humanos", antes disso, de verdadeiros direitos subjetivos oponíveis ao Estado. Sintomática dessa precariedade é a constatação de que uma das principais críticas dirigidas ao texto original da Constituição dos Estados Unidos foi a de que não possuía uma declaração de direitos[4] (SORTO, 1996, p. 138-139) - o que começou a ser remediado já a partir da Primeira Emenda à Constituição, que compõe, junto com as nove seguintes, aquilo que se convencionou chamar *Bill of rights.*

Ao lado da expressão *direitos humanos*, porém, começou a se disseminar o uso da locução *direitos fundamentais*[5], a partir da Constituição alemã de Weimar (1919), "[...] para referir-se a direitos positivados e garantidos nas constituições estatais" (NEVES, 2009, p. 250) - o que justifica, em certa medida, a razão de sua predileção entre os publicistas alemães, ao passo que *direitos humanos* é mais frequente entre autores anglo-americanos e latinos (BONAVIDES, 2006, p. 560). A diferença entre tais expressões, portanto, como apontado por Neves (2009, p. 253), reside no âmbito de suas pretensões de validade: os direitos humanos pretendem valer para qualquer ordem jurídica existente na

---

apenas pelos membros de determinada coletividade política e, mais precisamente, de um Estado (NEVES, 2009, p. 249) - assim é que a comentada Declaração de 1789 pretendia tutelar homens *e* cidadãos, apresentados como categorias distintas, não confundíveis, bem ao gosto da burguesia vicejante da época.

4 Segundo Silva Júnior (2008, p. 177), a tese de que a Constituição norte-americana não deveria abrigar, em princípio, declaração de direitos fundamentais acabou por prevalecer sob o argumento de que "[...] a missão confiada à Convenção de Filadélfia se circunscrevia à reorganização política dos Estados Unidos e, ainda, o argumento de que a matéria pertinente aos direitos dos cidadãos já era objeto de regulamentação nas constituições estaduais, pelo que não havia motivo para a sua reiteração."

5 No Brasil, somente a partir da Constituição de 1988 passou-se a adotar, no texto constitucional, a expressão *direitos fundamentais*. Deveras, a Constituição imperial de 1824 previa as "garantias dos direitos civis e políticos" (Título 8.º), e a primeira Constituição republicana, promulgada em 1891, dedicava a Seção II do Título IV à "declaração de direitos", nomenclatura seguida, posteriormente, pela Constituição de 1934 (Título VIII, com a particularidade de fazer menção expressa aos *deveres*), Constituição de 1946 (Título IV) e Constituição de 1967 (Título II, nesse ponto não modificada pela Emenda Constitucional n.º 1, de 17 de outubro de 1969). A Carta de 1937, por seu turno, demonstrou a opção por "direitos e garantias individuais" (artigos 122 e 123).

sociedade mundial - seriam, no dizer de Canotilho (2002, p. 233), o "[...] núcleo básico do direito internacional vinculativo das ordens jurídicas internas" - enquanto os direitos fundamentais representam "[...] a positivação em nível constitucional de direitos humanos proclamados em documentos internacionais" (FARIAS, 2004, p. 26).

A mesma distinção é perfilhada pela atual Constituição brasileira, que, como visto anteriormente, esmiúça os direitos e garantias *fundamentais* em título próprio, mas, ao enunciar os princípios que regem suas relações *internacionais*, prefere a locução *direitos humanos* (art. 4.º, II). Ao longo de seu texto, aliás, em todos os enunciados normativos relativos aos *direitos humanos* é pressuposta sua vinculação ao plano internacional, a saber: a) o art. 5.º, § 3.º se refere aos tratados e convenções *internacionais* sobre *direitos humanos*; b) o art. 109, § 5.º franqueia ao Procurador-Geral da República, na hipótese de grave violação dos *direitos humanos*, suscitar incidente de deslocamento de competência para a Justiça Federal, "[...] com a finalidade de assegurar o cumprimento de obrigações decorrentes de tratados *internacionais*" (grifado adrede); c) o art. 7.º do Ato das Disposições Constitucionais Transitórias determina que o Brasil propugnará pela formação de tribunal *internacional* de *direitos humanos*; d) embora não se refira expressamente ao plano internacional, o art. 134, *caput*, ao delimitar as atribuições da Defensoria Pública, aparta a promoção dos *direitos humanos* da defesa dos *direitos individuais e coletivos* (ou seja, dos direitos fundamentais), fazendo crer que tal distinção é coerente com as demais disposições constitucionais.

Adotando-se tais diferenciações, opta-se pela análise da denúncia anônima como *direito fundamental*, porquanto, malgrado sejam feitas ao longo deste trabalho diversas referências a decisões estrangeiras, tratados internacionais e relações transnacionais (palcos de revelação dos *direitos humanos*), o escopo principal é apresentar a denúncia anônima tal como compreendida e aplicada no ordenamento jurídico *brasileiro*. Não se pode olvidar, igualmente, a crítica de Arendt (2012, p. 408) à concepção de direitos humanos baseada na suposta existência de "um ser humano em si", haja vista sua constatação de que

> Não apenas a perda de direitos nacionais levou à perda dos direitos humanos, mas a restauração desses direitos humanos, como demonstra o exemplo do Estado de Israel, só pôde ser realizada até agora pela restauração ou pelo estabelecimento de direitos nacionais.

Diante dessa deliberada opção, justifica-se, igualmente, a ideia de *direito fundamental* doravante manejada: assim como Alexy (2014, p. 68) preferiu fazer em sua obra, adota-se a compreensão *formal* de direito fundamental, em que se enquadra qualquer norma jurídica da Constituição brasileira que esteja encartada em seu Título II ("Dos direitos e garantias fundamentais") - como é o caso da liberdade de manifestação do pensamento, em que se inclui a denúncia anônima, pelos referenciais defendidos ao longo deste trabalho - além de disposições outras que recebam esse mesmo *status*. Nessa última categoria se perfilam, por exemplo, os "[...] direitos e garantias [...] decorrentes do regime e dos princípios por ela [a Constituição] adotados, ou dos tratados internacionais em que a República Federativa do Brasil seja parte", por força da cláusula de abertura prevista no § 2.º do art. 5.º; os demais princípios protegidos pela cláusula pétrea (art. 60, § 4.º); os *princípios sensíveis* cuja violação pode dar ensejo à decretação de intervenção federal nos Estados da federação (art. 34, VII); e os preceitos cuja inobservância pode ser objeto da ação de arguição de descumprimento de preceito *fundamental* (art. 102, § 1.º)[6].

A análise de todas as discussões que envolvem o acatamento da denúncia anônima, portanto, demanda que sejam assentados os alicerces teóricos dos direitos fundamentais, destacando-se, nas linhas que seguem, as ideias defendidas por Robert Alexy em sua *Teoria dos direitos fundamentais*, em que sustenta que tais direitos podem ser regulados por regras *e* princípios (ALEXY, 2014, p. 135) - rejeitando, pois, ambos os modelos em sua forma inexoravelmente pura. Na distinção que propõe entre tais modelos normativos[7], entende os princípios como "[...] normas que ordenam que algo seja realizado na maior medida possível dentro das possibilidades jurídicas e fáticas existentes", ou seja, são *mandamentos de otimização*, por "[...] poderem ser satisfeitos em graus variados" (ALEXY, 2014, p. 90). Já as regras são "[...]

6 A esse respeito, esclarece o Ministro Gilmar Mendes que a lesão a preceito fundamental não se configura apenas "[...] quando se verificar possível afronta a um princípio fundamental, tal como assente na ordem constitucional, mas também a disposições que confiram densidade normativa ou significado específico a esse princípio" (ADPF 33, 2006).

7 Em sentido contrário a essa distinção, destacam-se as críticas de Martins (2012, p. 88) - para quem ela é "[...] destituída de fundamento jurídico dogmático e também justeórico", por se adequar apenas à tradição jurídica anglo-saxã - e de Abboud, Carnio e Oliveira (2013, p. 301), que enxergam nela "[...] uma operação de classificação normativa que se movimenta num nível puramente semântico (em abstrato), que não problematiza, radicalmente, o problema (*sic*) da interpretação num nível pragmático-existencial (*interpretative*)".

normas que são sempre ou satisfeitas ou não satisfeitas" (ALEXY, 2014, p. 91), o que permite concluir que estas contêm mandamento *definitivo* - de maneira que o *conflito* entre regras só pode ser solucionado "[...] se se introduz, em uma das regras, uma cláusula de exceção que elimine o conflito, ou se pelo menos uma das regras for declarada inválida" (ALEXY, 2014, p. 92), ao passo que os princípios possuem caráter apenas *prima facie*, haja vista seu alcance normativo não estar de pronto revelado pelo seu texto e sim construído a cada concretização, de forma que, mesmo diante da ocorrência de *colisão* entre princípios, eles mantêm íntegra sua validade. Tal distinção mereceu destaque, especialmente, nos modelos jurídicos pós-positivistas, pois na visão de Franca Filho (2014, p. 5), a generalidade, abstração e polimorfismo dos *princípios* são mais respeitáveis - para a solução dos complexos problemas da contemporaneidade - do que a densidade, casuísmo e temporalidade da detalhista e rígida *regra* jurídica[8].

A manutenção da validade dos princípios mesmo nos casos em que se mostram conflitantes entre si foi desenvolvida por Alexy (2014, p. 99) a partir do que chamou de *lei de colisão*, baseada na inexistência de relação absoluta de precedência entre os princípios colidentes é assim aduzida: "As condições sob as quais um princípio tem precedência em face de outro constituem o suporte fático de uma regra que expressa a consequência jurídica do princípio que tem precedência". Isso significa afirmar que a contraposição entre princípios serve para que a autoridade responsável por sua solução seja desafiada a extrair deles um mandamento objetivo e definitivo (*regra*), válido para determinado caso concreto e sob determinadas circunstâncias. Para que essa atividade se viabilize, tal autoridade lança mão da *máxima*[9] *da proporcionalidade* e de suas três "[...] máximas parciais da adequação, da necessidade (mandamento do meio menos gravoso) e da proporcionalidade em sentido estrito (mandamento do

---

8 No original: "[...] generality, abstraction and polymorphism of the legal principles and soft-law are more worthy that the density, casuistry and temporality of the detailed, rigid and fixed legal rule [...]."

9 Alexy (2014, p. 117) faz deliberada opção pelo termo *máxima* (*Grundsatz*) da proporcionalidade, em vez do usualmente utilizado - de maneira equivocada, segundo ele - *princípio* (*Prinzip*) da proporcionalidade, uma vez que a "[...] adequação, a necessidade e a proporcionalidade em sentido estrito não são sopesadas contra algo. Não se pode dizer que elas às vezes tenham precedência, e às vezes não", o que lhe permite concluir serem tais máximas parciais verdadeiras *regras*, e não *princípios*.

sopesamento propriamente dito)" (ALEXY, 2014, p. 116-117). A primeira "[...] elimina meios não adequados", dentre as possibilidades *fáticas*, e a segunda "[...] exige que, dentre dois meios aproximadamente adequados, seja escolhido aquele que intervenha de modo menos intenso" (ALEXY, 2014, p. 590), e para ambas o exame a ser realizado deve ocorrer a partir de dados da experiência – vale dizer, possui natureza empírica – e não baseado em meros juízos de valor perpetrados pelo operador do Direito (MARTINS, 2012, p. 75).

Por sua vez, para a determinação da escolha entre as possibilidades *jurídicas*, ou seja, a *proporcionalidade em sentido estrito*, tem incidência o que Alexy (2014, p. 167) chamou de primeira *lei do sopesamento*, por ele formulada da seguinte forma: "Quanto maior for o grau de não-satisfação ou de afetação de um princípio, tanto maior terá que ser a importância da satisfação do outro"[10]. Essa lei permite, em última instância, impor racionalmente limites à atividade estatal, porque, em vez de ser procedimento abstrato ou generalizante, apenas oferece um critério de solução dos casos concretos, "[...] ao associar a lei de colisão à teoria da argumentação jurídica racional" (ALEXY, 2014, p. 173-174), já que os sopesamentos devem ser demonstrados e resistir às críticas de natureza axiológica. Desse modo, como reconhece o próprio Martins (2012, p. 148), Alexy não aderiu ao sistema axiológico segundo o qual a Constituição já apresentaria, de antemão, uma escala de valores hierarquicamente organizada, mas propôs que a ponderação levasse em conta elementos fáticos ligados ao caso *concreto*.

Tais critérios da proporcionalidade em sentido amplo, segundo Martins (2012, p. 124), não são aplicados ao mesmo tempo, e sim de maneira gradual, descartando-se em primeiro lugar "[...] as medidas que ofendam ao princípio da adequação [...], depois as que ofendam a necessidade [...] para, finalmente, com a (única) medida restante, avaliar a sua conformidade com o princípio da proporcionalidade em sentido estrito", como já observável na jurisprudência do Tribunal Constitucional Federal alemão.

A máxima da proporcionalidade *lato sensu*, afinal, no parecer de Martins (2012, p. 54), serve para "[...] justificar uma intervenção estatal na área de pro-

---

10 Já no século XIX Bentham (1825, p. 351), ao analisar a possibilidade de informação anônima dar ensejo a busca domiciliar, por exemplo, defendia a comparação entre os valores dos benefícios e dos inconvenientes de qualquer medida constritiva de direitos – a demonstrar que a lei do sopesamento não foi intuída apenas no século XX.

teção de um direito fundamental com base em um limite constitucional." Não obstante, deve ser frisado que embora a máxima da proporcionalidade seja comumente associada à proibição do excesso da ação do Estado, ela atribui a este também o dever de cuidado com a proteção dos direitos fundamentais, a ponto de Fischer (2009, p. 54) propor reparo ao sentido que habitualmente tem sido emprestado ao *garantismo penal*, considerando que os direitos fundamentais contêm "[...] não apenas uma proibição do excesso (Übermassverbot), mas também uma proibição de omissão (*Untermassverbot*)", vale dizer, "[...] há a necessidade de garantir também ao cidadão a eficiência e segurança, evitando-se a impunidade".

Essas assertivas já permitem demonstrar que os *princípios* de direitos fundamentais possuem caráter duplo, porquanto se apresentam *prima facie* como normas que podem ser satisfeitas em graus variados, mas, diante da colisão, são analisados conjuntamente, a fim de permitir a extração de uma *regra*, válida para situações que reúnem condições determinadas, a partir de resultados de sopesamentos. No entanto, também é verdadeiro que as *regras* de direitos fundamentais ostentam caráter duplo, e, portanto, como os *princípios*, são sujeitas à lei do sopesamento, se bem que excepcionalmente: isso ocorre desde que nelas se inclua, segundo Alexy (2014, p. 141), *cláusula restritiva com a estrutura de princípios* – portanto, sujeita a tal lei. Tal constatação derriba, assim, o posicionamento de inadmissão das "[...] teorizações de natureza *alexyana* que almejam a ponderação das próprias regras" (ABBOUD; CARNIO; OLIVEIRA, 2013, p. 302) e, em certa medida, favorece o argumento dos que não enxergam fundamento justeórico para a distinção entre regras e princípios (v. nota 7 deste capítulo).

O enfoque da denúncia anônima a partir de teoria dos direitos fundamentais, de todo modo, se justifica para se evitar o paroxismo de construções teóricas como o *Direito Penal do Inimigo*, donde Jakobs (2015, p. 35) extrai fundamento para negar ao acusado "[...] que não admite ser obrigado a entrar em um estado de cidadania" os "[...] benefícios do conceito de pessoa".

De posse de tais premissas, buscar-se-á aplicá-las no tratamento constitucional dirigido à denúncia anônima no Brasil, com vistas ao seu aproveitamento ótimo, e levando em consideração, especialmente, os argumentos e temperamentos trazidos a lume nas discussões jurisprudenciais do Supremo Tribunal Federal, resgatados do tópico 2.1 acima.

3.2 A denúncia anônima como instrumento de proteção de direitos fundamentais

Nos capítulos iniciais, já se concluiu sobre a caracterização conceitual da delação da ocorrência de ato ilícito, por parte de qualquer pessoa, a autoridade estatal incumbida do mister de investigação, como sendo *liberdade de provocação de autoridade pública*, corolário do amplo sentido de *liberdade de manifestação do pensamento* aqui adotado, e previsto no art. 5.º, IV, da Constituição brasileira. Concluiu-se, igualmente, que essa atitude pode guardar estreita relação com os cânones da democracia participativa, proclamada no preâmbulo dessa Constituição, haja vista constituir meio de acesso ao espaço público de discussão (onde tem lugar o propósito de manutenção da ordem, buscado pela investigação e repressão do ato ilícito) e acentuar o sentimento de comprometimento social nos indivíduos.

Cumpre agora, preambularmente, proceder à análise, no Direito brasileiro, do âmbito de proteção[11] de tal liberdade, que diz respeito "[...] àquilo que a norma de direito fundamental garante *prima facie*, ou seja, sem levar em consideração as possíveis restrições" (ALEXY, 2014, p. 302) e, portanto, não oferece de pronto uma garantia jurídica definitiva (FARIAS, 2004, p. 34). Ao contrário das outras espécies de manifestação do pensamento, como a *liberdade de expressão*, e mesmo da *liberdade de comunicação*, cujo âmbito de proteção compreende a divulgação pública das informações expressas ou comunicadas (FARIAS, 2004, p. 80 e 83), a delação de ilícito, como liberdade de provocação de autoridade pública, não se destina a conferir ampla publicidade ao conteúdo da comunicação, e tem direcionamento restrito e específico. Além disso, pode encartar desiderato peculiar, como é o de colaborar com a prevenção e repressão da ocorrência de condutas desviantes e, portanto, ostenta nítido caráter *instrumental*, próprio das *garantias*, na clássica distinção traçada com os *direitos* (CANOTILHO, 2002, p. 396). Esse desiderato, inclusive, se encontra afinado com o que prescreve o art. 144 da Constituição da República, que atribui ao Estado o dever de assegurar a segurança pública, mas estende essa responsabilidade a *todos*, uma vez que, segundo Giacobbo (2009, p. 124), a investigação e punição de crimes configuram interesse público. Justifica-se, então,

---

11 Segundo Martins (2012, p. 47), o âmbito ou área de proteção do direito fundamental "[...] designa os comportamentos e/ou situações jurídicas tuteladas em face do poder público."

a defesa de Souza (2013, p. 210) da apresentação de informes sobre infrações penais ao poder público como forma de cumprimento do dever fundamental de segurança.

Não se quer dizer, com isso, que o exercício de tal liberdade se *imponha* a todos[12] e *deva ocorrer* em toda circunstância de violação dos direitos fundamentais de que alguém tenha conhecimento. Deveras, se para Farias (2004, p. 154) a liberdade de manifestação do pensamento abrange também "[...] o direito de não exprimir o próprio pensamento", conclui-se que a delação, via de regra, não pode ser forçada, entendimento a que se acostou Tourinho Filho (1998, p. 228), para quem a comunicação de qualquer do povo referida no art. 5.º, § 3.º, do Código de Processo Penal brasileiro constitui mera faculdade, já que "[...] se alguém deixar de fazer tal comunicação, não sofrerá nenhuma sanção". No entanto, há casos em que o interesse público reclama a *imposição do dever* de agir, como na previsão genérica do art. 13, § 2.º, do Código Penal brasileiro que reputa penalmente relevante a omissão de quem devia e podia agir para evitar o resultado e, mais especificamente, no tipo previsto no art. 269 do mesmo Código, que impõe ao médico que denuncie à autoridade pública doença cuja notificação é compulsória. A Lei de Contravenções Penais, ainda, prevê o tipo de deixar de comunicar à autoridade competente crime de ação pública, de que alguém teve conhecimento no exercício de função pública, da medicina ou de outra profissão sanitária (art. 66, I e II), ao passo que o Estatuto

---

12 Conforme preconizado por Kramer e Sprenger (2015, p. 410) no auge da "Santa Inquisição" promovida pela Igreja Católica, o processo de apuração do crime de bruxaria deveria ser iniciado com publicação afixada às paredes da igreja ou da entrada da cidade, conclamando a todos para que colaborassem com a perseguição dos hereges, sob pena de excomunhão, nos seguintes termos: "[...] se alguém souber, tiver visto ou ouvido a respeito de pessoas consideradas hereges ou bruxas, ou de pessoas de que se suspeite terem causado males a homens, ao gado ou aos frutos da terra, em prejuízo do Estado, que nos venha revelar o caso." Igual imposição do dever de delatar é identificado por Lopes Júnior e Gloeckner (2014, p. 279) em países onde "[...] a regra geral é a notícia-crime obrigatória, numa tentativa de alcançar o total *enforcement* através da obrigação legal de todos os indivíduos noticiarem os fatos delituosos que tenham presenciado ou que tenham conhecimento por outras fontes de cognição", tal como ocorre na Espanha, cuja *Ley de Enjuiciamiento Criminal* (equivalente a um Código de Processo Penal desse país) determina a quem presenciar a perpetração de qualquer delito público a obrigação de comunicá-lo imediatamente a autoridade pública, sob pena de pagamento de multa (art. 259). No mesmo sentido, o *Terrorism Act* 2000 do Reino Unido, com vistas à prevenção e repressão de atos terroristas cometidos em sua circunscrição, prevê o dever de revelar informações às autoridades públicas que possam ser úteis para prevenir ato de terrorismo ou assegurar a apreensão ou punição de quem seja por ele responsável, "[...] tão logo razoavelmente possa" (seção 38-B).

da Criança e do Adolescente (Lei n.º 8.069, de 13 de julho de 1990), em seu art. 245, previu a infração administrativa de deixar

> [...] o médico, professor ou responsável por estabelecimento de atenção à saúde e de ensino fundamental, pré-escola ou creche, de comunicar à autoridade competente os casos de que tenha conhecimento, envolvendo suspeita ou confirmação de maus-tratos contra criança ou adolescente.

Nesta lei o Estatuto do Idoso (Lei n.º 10.741, de 1.º de outubro de 2003) colheu inspiração para determinar o *dever* de o servidor público "[...] provocar a iniciativa do Ministério Público, prestando-lhe informações sobre os fatos que constituam objeto de ação civil e indicando-lhe os elementos de convicção" (art. 89)[13].

Quando não constitui dever decorrente de lei, porém, nasce o questionamento: o que move o cidadão a delatar? A fim de responder a essa pergunta, conquanto não se possa olvidar a possibilidade de satisfação de interesse mesquinho[14] - como a *antipatia* referida por Bentham (1825, p. 352) - o desejo de ostentar uma postura colaboracionista com o sistema vigente[15] ou

---

13 A bem da verdade, o Estatuto atribui a *todo cidadão* o dever "[...] de comunicar à autoridade competente qualquer forma de violação a esta Lei que tenha testemunhado ou de que tenha conhecimento" (art. 6.º), o que já era previsto, antes dele, na Lei n.º 8.842, de 4 de janeiro de 1994, que dispõe sobre a política nacional do idoso (art. 10, § 3.º), e no Decreto presidencial n.º 1.948, de 3 de julho de 1996 (art. 13, parágrafo único). No entanto, como pondera Azevedo (2016, p. 91), uma vez que nem o próprio Estatuto prevê sanção para o caso de descumprimento desse dever, "[...] melhor interpretá-lo como uma faculdade", quando exigido de quem não seja servidor público.

14 Ilustrando a angústia de quem encarna o dever de delatar às autoridades, Ramos de Oliveira (1979), no conto em que satirizava sua própria condição de vítima de delação - que lhe rendeu perseguição e, afinal, a prisão - escancarou o embate psicológico vivido pela personagem D. Aurora Gomes. De um lado, via-se ela premida pela inclinação ao integralismo e sua luta contra o comunismo, de cuja afeição era suspeito seu próprio irmão; de outro, considerava o laço familiar que a impedia de denunciar o irmão às autoridades. No fim, cinicamente se arvora no argumento de que "[...] o único meio de proteger o irmão seria guardá-lo a ferrolho e chave", motivo "[...] a que se pegava com força" (RAMOS DE OLIVEIRA, 1979, p. 99), para afastar a mera justificativa egoísta e venal de preservação do patrimônio que herdara de seu pai (supostamente colocado em risco em eventual assunção do poder pelos comunistas), e acaba delatando o irmão à polícia.

15 Arendt (2012, p. 572) observa que, nos regimes totalitários, a "[...] colaboração da população na denúncia de oponentes políticos e no serviço voluntário da delação [...] é tão bem organizada que torna quase supérfluo o trabalho de especialistas." Nesse contexto, o anonimato do *agent provocateur* não tem razão de ser, justamente porque a posição de colaborador do sistema é valorizada e, muitas vezes, recompensada (nem que seja com a efêmera tranquilidade de não ser investigado por algum tempo) - a comprovar que abdicar do anonimato não implica, necessariamente, atitude "corajosa" ou "destemida", conforme já demonstrado (v. 1.2.1).

o simples ímpeto de ver a condenação alheia[16], parece oportuno considerar, de outro lado, a *teoria da auto-realização* referida por Farias (2004, p. 67), "[...] que ressalta a importância para a realização pessoal da faculdade reconhecida à pessoa humana de manifestar as próprias ideias", o que bem pode ser aplicado à denúncia anônima, já que o delator pode denunciar: a) por querer defender seus próprios direitos fundamentais ou interesses, não pelo desforço pessoal, e sim provocando a atuação de autoridade pública, valendo-se do anonimato quando não tem forças para se expor abertamente; b) impelido pela vontade de arrostar violação a direitos fundamentais de outra pessoa, com a qual não consegue conviver, capaz de provocar o que Lévinas (2010, p. 121) chama de *sofrimento de outrem*, que "[...] é, para *mim*, imperdoável e me solicita e me chama" - fundamento da ética da responsabilidade por ele pugnada, segundo a qual a "[...] responsabilidade pelo Outro é [...] 'anônima' no sentido de que não recai sobre um 'rosto' específico" (BORGES FILHO, 1995, p. 1.861). Nessa última categoria se enquadram as motivações, apontadas por Bentham (1825, p. 352), do *espírito público* ou *patriotismo* e da *benevolência*, assemelhadas ao que Kant (1980, p. 130) denominou de *dever imperfeito*, entendido como aquele que permite exceção em favor da inclinação do sujeito, ou, em palavras mais simples, aquele que indica responsabilidade menos específica, por se permitir espaço de decisão sobre *o que* será feito e *quanto* é preciso fazer. No exemplo citado por Sen (2011, p. 409), em que uma mulher foi violentada até a morte, e várias pessoas assistiam à cena bárbara sem que se insurgissem contra a agressão injusta, não se pode apontar, categoricamente, *o modo* como deveriam agir seus concidadãos (chamar a polícia, usar da própria força física para afastar a ação do agressor, ou tentar convencer este a não prosseguir na conduta iníqua, dentre outras possibilidades), mas se pode, com alguma certeza, demonstrar que *algo* deveria ser feito[17], invocando a noção de *comprometimento social* de que se falou acima (v. 1.3.1).

---

16 A essa motivação Bentham (1825, p. 352) chamou de *amor de poder*, já que o delator experimenta o prazer em testemunhar os relevantes efeitos produzidos pelo seu ato.

17 O Código de Trânsito brasileiro (instituído pela Lei n.° 9.503/97), nesse sentido e a título de exemplo, prevê como tipo penal punível com detenção "Deixar o condutor do veículo, na ocasião do acidente, de prestar imediato socorro à vítima, ou, não podendo fazê-lo diretamente, por justa causa, deixar de solicitar auxílio da autoridade pública", sinalizando, portanto, para dois caminhos alternativos, ambos abstratamente justificáveis.

Locke (2001, p. 385) já defendia no século XVII a responsabilidade pela execução do que chamou "lei da natureza" por todos os homens, com vistas à paz e à conservação de toda a humanidade. O surgimento do Estado do Bem-Estar, posteriormente, conforme apontamento feito por Kymlicka e Norman (1997, p. 9), inspirou a Esquerda a lutar pela maior descentralização e democratização desse Estado, assumindo o discurso de outorgar poder aos beneficiários, substituindo os direitos de bem-estar pelos direitos à democratização da participação na administração dos programas sociais. Ganhou relevo, igualmente, a necessidade de fomentação de virtudes cívicas nos cidadãos, ante a constatação de que as políticas públicas dependem de decisões responsáveis no nível dos estilos de vida pessoais. Os direitos de participação, nessa compreensão, passaram a gozar do mesmo prestígio das responsabilidades dos cidadãos, na ideia otimista de que a tomada coletiva de decisões fosse pôr fim a todos os problemas da cidadania (KYMLICKA; NORMAN, 1997, p. 10). Nesse tom Souza (2013, p. 263) enxerga a eclosão de movimentos como o dos *Crime Stoppers* nos Estados Unidos - mencionado no vestíbulo desta pesquisa, em que Greg MacAleese percebeu "[...] que as pessoas não colaboravam com as autoridades investigantes na elucidação de crimes, na maioria das vezes, por medo de represálias" - realçando a outra face dos direitos fundamentais, já que "[...] exigem também a solidariedade e a responsabilidade dos cidadãos" (FARIAS, 2004, p. 31). Em contrapartida, a fim de demonstrar quão intrincada é a relação entre a colaboração com o Estado e o respeito à privacidade, Bacugalupo (2005, p. 292) reporta que a *Commission* francesa propôs a proibição da chamada televisiva de testemunhas, em que se convocam os telespectadores a colaborarem com a polícia (como ocorre amiúde nos modelos do *Crime Stoppers*), diante da norma francesa (art. 9-1 do Código Civil) segundo a qual a presunção de inocência constitui direito não apenas frente ao Estado, mas também frente "[...] a outros cidadãos que dispõem de meios capazes de estigmatizar qualquer pessoa de maneira análoga à que o Estado poderia lograr com a pena, mas - para pior - sem sujeição aos pressupostos que legitimam a pena estatal" (BACUGALUPO, 2005, p. 291).

Do exposto, conclui-se que a norma que possibilita a delação pode ser considerada, via de regra[18], *permissiva*, na terminologia adotada por Alexy (2014,

18 Devem ser ressalvadas, por óbvio, as posições das pessoas que se acham juridicamente obrigadas a comunicar ou mesmo investigar condutas ilícitas de que tenham conhecimento, como as mencionadas linhas acima.

p. 230), pois tanto a ação (denunciação ou, seguindo a ideia do comprometimento social referida há pouco, adoção de outra atitude de irresignação frente a tal ato distinta da denunciação) quanto a abstenção (omissão diante da ocorrência do ato ilícito) do particular (mas não do Estado, frise-se de antemão, o que será justificado em seguida) são qualificadas como permitidas, de forma que se torna despicienda a distinção entre *suporte fático* e âmbito de proteção dessa norma (ALEXY, 2014, p. 303).

A grande questão que se observa em relação à delação, porém, pelo que inclusive já se viu dos debates travados no âmbito do Supremo Tribunal Federal, é quanto à sua modalidade *anônima*. Se, pois, não há dificuldade em reconhecer a norma garantidora da delação, que mantém no mínimo "relação de refinamento" com os preceitos acima citados do texto constitucional (ALEXY, 2014, p. 72), ainda soa problemática a aceitação da denúncia *anônima*, diante da vedação do anonimato, constitucionalmente atrelada à liberdade de manifestação do pensamento.

É verdade que a análise anteriormente realizada (v. 2.2) da gestação da previsão da vedação ao anonimato, como limite à liberdade de manifestação do pensamento, nos textos constitucionais brasileiros, apontou para um quase absoluto desdém quanto à inclusão da comunicação de ilícito a autoridade pública no âmbito de proteção daquela liberdade, e mesmo quanto a considerar a repulsa à denúncia anônima como decorrente da proibição do anonimato. Isso poderia indicar, em leitura imediata, que tal restrição não se dirige à denunciação e, por isso, qualquer indagação acerca da constitucionalidade da prática da denúncia anônima no Brasil represente um "falso problema". No entanto, como constatado na análise dos julgados do Supremo Tribunal Federal a esse respeito (v. 2.1) – e em alguns arrazoados científicos (v. nota 34) – a frequência com que se compreende a denúncia anônima como exercício da liberdade de manifestação do pensamento justifica o aprofundamento de sua análise nesse *locus* constitucional, tal como já defendido anteriormente no princípio desta pesquisa (v. 1.1.2).

Seguindo essa linha de argumentação, ainda assim, há de se ter em mente que a vedação ao anonimato constitui *cláusula restritiva*, pois é parte da norma de direito fundamental completa (direito de livre manifestação do pensamento) "[...] que diz como aquilo que, *prima facie*, é garantido pelo suporte fático do direito fundamental foi ou pode ser restringido" (ALEXY, 2014, p. 286). Como cláusula restritiva, portanto, segue o mesmo destino do direito fundamental que ressalva: não pode ser adotado de forma inexorável, absoluta, submetendo-se, em vez disso, ao sopesamento próprio das colisões entre princípios – ainda que seja ela considerada *regra*, segundo a perspectiva alexyana.

Muito oportuna, por isso, é a análise do exemplo utilizado por Alexy (2014, p. 141-142), que se refere a outra liberdade (liberdade *artística*): diante da disposição de direito fundamental (1) "A arte é livre", é possível extrair a norma (2) "São proibidas intervenções estatais em atividades que façam parte do campo artístico". Como tal norma não pode ser tida como irrestringível (portanto, não ostenta o atributo de *regra* completa), ela está sujeita a sopesamentos, diante de princípios colidentes que eventualmente tenham preferência diante da liberdade artística, do que Alexy lapidou outra norma:

> (3) São proibidas intervenções estatais em atividades que façam parte do campo artístico se tais intervenções não forem necessárias para a satisfação de princípios colidentes que tenham hierarquia constitucional (que podem se referir a direitos fundamentais de terceiros ou a interesses coletivos), os quais, devido às circunstâncias do caso, têm primazia em face do princípio da liberdade artística.

O mesmo raciocínio pode ser aplicado à liberdade de *manifestação do pensamento*, prevista no inciso IV do art. 5.º da atual Constituição brasileira: parte-se da disposição $(1)_1$ "O pensamento é livre", donde se constrói a norma de direito fundamental $(2)_1$ "São proibidas intervenções estatais em atividades que façam parte da manifestação do pensamento". Ocorre que este inciso apresenta, ainda, a cláusula restritiva "sendo vedado o anonimato", que, por ter estrutura de princípio, sujeita a norma em questão a sopesamentos, de modo a permitir a criação do seguinte princípio:

> $(3)_1$ São proibidas intervenções estatais em atividades que façam parte da manifestação do pensamento se tais intervenções não forem necessárias para a satisfação de princípios colidentes que tenham hierarquia constitucional (que podem se referir a direitos fundamentais de terceiros – por exemplo, os ligados a sua privacidade – ou a interesses coletivos, como a própria vedação do anonimato), os quais, devido às circunstâncias do caso, têm primazia em face do princípio da liberdade de manifestação do pensamento.

A partir dessa demonstração, evidencia-se o erro dos que, consoante apontado anteriormente – inclusive dentre os Ministros do Supremo Tribunal Federal – creditam à *vedação do anonimato* caráter absoluto e imune à incidência da máxima da proporcionalidade; ao contrário, não constitui tal vedação verdadeira *regra*, e deve ser submetida, como *princípio*, a sopesamentos sempre que a importância de outras normas jurídicas se impuser no caso concreto. Eis o motivo que leva Souza (2013, p. 290) a refutar a tese da inadmissibilidade absoluta da denúncia anônima baseada na ideia de que, "[...] quando se trata de direitos fundamentais, existiria uma prevalência da esfera de liberdade da pessoa em face da atuação do Estado", uma vez que não "[...] se pode estabelecer uma relação de precedência abstrata e absoluta entre elas".

Para justificar essa postura, impõe-se sublinhar que o Ministro Celso de Mello defendeu abertamente a utilização, na análise da admissibilidade da denúncia anônima, do método da ponderação de bens e interesses na superação dos antagonismos existentes entre princípios constitucionais, a fim de permitir ao julgador a elaboração de critérios "[...] que lhe permitam ponderar e avaliar, 'hic et nunc', em função de determinado contexto e sob uma perspectiva axiológica concreta, qual deva ser o direito a preponderar no caso, considerada a situação de conflito ocorrente" (McMS 24.369, 2002), no que foi seguido pelo Ministro Carlos Velloso, quando admitiu a aplicação da máxima da proporcionalidade, em favor da aceitação da denúncia anônima, quando dirigida "contra criminosos perigosos", como narcotraficantes (Inq 1.957, 2005), e pelo Ministro Ayres Britto, ao se referir à necessária "ponderação de valores" no afã de salvaguardar as delações apócrifas (HC 84.827, 2007).

Apesar de as referências a essa máxima, dentre os julgados do STF referentes à denúncia anônima avaliados no tópico 2.1, se limitarem a essas poucas ocorrências - além de alusão da Ministra Cármen Lúcia em outro julgado (ROMS 29.198, 2012) - sua admissibilidade, por si só, já permite distinguir o tratamento atribuído pelo STF à denúncia anônima do dedicado, por exemplo, à vedação constitucional expressa da inadmissibilidade das provas obtidas por meios ilícitos (art. 5.º, LVI, da Constituição brasileira). É que nas situações em que foi chamado a decidir acerca da admissibilidade de provas obtidas por meio ilícito, o STF, via de regra, fazia expresso manuseio da máxima da proporcionalidade, tendendo a aplicá-la em desfavor da admissibilidade de tais provas. Assim ocorreu quando o Ministro Sepúlveda Pertence afastou, peremptoriamente, a incidência da proporcionalidade para possibilitar a utilização de provas ilícitas, sob o argumento da "[...] definição constitucional da *supremacia* dos direitos fundamentais [...] sobre o interesse da busca da verdade real no processo" (HC 80.949, 2001): como expressara no seu voto em decisão anterior, nesse caso a

Constituição já procedera à ponderação dos valores contrapostos, "[...] e optou – em prejuízo, se necessário, da eficácia da persecução criminal – pelos valores fundamentais da dignidade humana, aos quais serve de salvaguarda a proscrição da prova ilícita" (HC 79.512, 2003). Ora, se, de um lado, ao avaliar a expressa vedação constitucional da utilização de provas ilícitas, o STF afastou, categoricamente, a incidência da máxima da proporcionalidade, a aplicação desta a outra vedação constitucional expressa (do anonimato), quando julgou acerca da admissibilidade da denúncia anônima, permite concluir que este Tribunal ou não enxergou, verdadeiramente, incluir-se no âmbito de proteção da vedação do anonimato a proscrição da denúncia anônima, ou não considerou a vedação do anonimato obstáculo intransponível à aceitação da denúncia anônima – senão, por coerência, teria procedido tal qual o fez em relação à proibição da utilização das provas ilícitas, afastando a máxima da proporcionalidade da análise dos casos envolvendo denúncias anônimas e invocando suposta prévia opção constituinte em favor do direito do investigado – o que não se observou, afinal, de sua jurisprudência consolidada.

Por outro lado, deve ser igualmente afastada a impressão de que se trata de aplicação da máxima da proporcionalidade entre os supostos "direitos fundamentais" de *segurança pública*[19], de *punição dos culpados* ou até de *descoberta da verdade*[20], de um lado, e os direitos fundamentais do acusado de outro, uma vez que, consoante advertido por Lopes Júnior e Gloeckner (2014, p. 215), "[...]

---

19 Jakobs (2015, p. 28) se refere ao *direito à segurança* como aquele garantido aos cidadãos "[...] de exigir do Estado que tome medidas adequadas", para justificar a adoção das providências extremas do que denominou *Direito Penal do inimigo*.

20 Nesses termos o Ministro Celso de Mello, em decisão monocrática, apontou "[...] situação de colidência entre a pretensão mandamental de rejeição absoluta da delação anônima, ainda que esta possa veicular fatos alegadamente lesivos ao patrimônio estatal, e o interesse primário da coletividade em ver apuradas alegações de graves irregularidades que teriam sido cometidas na intimidade do aparelho administrativo do Estado", que deveria ser resolvida a partir do método da ponderação de bens e valores, dentre os quais se destacaria o "[...] interesse público na revelação e no esclarecimento da verdade, em torno de supostas ilicitudes penais e/ou administrativas que teriam sido praticadas por entidade autárquica federal" (McMS 24.369, 2002) – postura seguida, em outra ocasião, pela Ministra Cármen Lúcia, ao se referir à "[...] ponderação entre o dever de apurar e a vedação constitucional ao anonimato" (ROMS 29.198, 2012). De acordo com Silva Júnior (2008, p. 277), porém, a principal função do processo penal não é "[...] descobrir a verdade e punir, se for o caso, aquele que praticou a ação ilícita, mas sim procurar, no caso concreto, aplicar a medida que seja mais consentânea a uma política de combate à criminalidade inserida no contexto de um Estado democrático-constitucional, que tem como norte a proteção e o respeito aos direitos fundamentais".

não há direitos fundamentais do Estado, muito menos direitos fundamentais da sociedade, no processo penal" (ou, de modo mais amplo, no processo sancionador), invocados amiúde para permitir juízo que fizesse prevalecer, abstratamente, o interesse público em tese encarnado por esses entes coletivos sobre o interesse particular do sujeito passivo da relação processual penal. Dworkin (2002, p. 298), na mesma linha, prega a diferenciação "[...] entre os 'direitos' da maioria enquanto tal, que não podem valer como justificação para invalidar os direitos individuais, e os direitos pessoais de uma maioria, que podem ser levados em conta." Isso porque, ainda que se leve em consideração o "interesse público na apuração do fato delituoso", consoante frisado pela Ministra Cármen Lúcia em decisão já analisada no tópico 2.1 (ROMS 29.198, 2012), deve-se reconhecer que esse interesse, por mais elevado que seja, não deve pairar absoluto e inexorável sobre todos os demais, já que o regime democrático exige o respeito a todos os direitos fundamentais. Desse modo, afasta-se também o vezo reducionista apregoado pelo positivismo naturalista que "[...] distanciava o direito penal de qualquer pretensão de proteção dos direitos individuais contra o exercício do poder punitivo estatal" ao enfatizar apenas a finalidade preventiva da pena (FREITAS, R., 2012a, p. 365).

Mesmo segundo esse parâmetro, a denúncia anônima atende aos requisitos exigidos para balizar direitos fundamentais do investigado, já que, como já copiosamente frisado ao longo deste trabalho, ela é caracterizada como forma de *manifestação de pensamento*, direito fundamental atribuível individualmente e fartamente reconhecido nos ordenamentos jurídicos democráticos – e no Direito brasileiro, em especial – a ser sopesado em face dos direitos fundamentais do investigado[21].

Afastada, assim, a proibição da denúncia anônima como mandamento definitivo (*regra*), resta avaliar em que situações pode tal denúncia vir a ser restringida ou, em outras palavras, ceder em face de outros princípios. Para tanto, cabe a advertência de Alexy (2014, p. 281) de que para um direito fundamental sofrer restrição é preciso: a) que esta seja compatível com a Constituição; ou b) que, no caso concreto, aos princípios colidentes com tal direito fundamental seja reconhecido "[...] um peso maior que aquele atribuído ao princípio de

21 Daí por que defende Souza (2012, p. 126) que a admissibilidade da testemunha anônima no processo penal não é colhida em "razões de ordem pública", e sim "[...] no direito individual da vítima ou testemunha à sua vida e segurança".

direito fundamental em questão" (ALEXY, 2014, p. 296).

A análise da alegada não aceitação da denúncia anônima construída a partir da interpretação da vedação do anonimato, destarte, deve principiar pela indagação de sua compatibilidade constitucional. De um lado, portanto, tem-se a perspectiva do potencial de nocividade, para os direitos fundamentais, do sigilo – que Beccaria (1997, p. 67) enxergava como "[...] o mais forte escudo da tirania" e Hannah Arendt (2012, p. 542) encarava como o princípio do poder no Estado totalitário[22] – e das peças acusatórias anônimas, acima descritas (v. 1.1.1). Por outro, todavia, é necessário reconhecer os muitos casos em que as denúncias anônimas (por preservarem a identidade do "denunciante" e, por extensão, sua integridade física e dignidade[23]) se mostraram cruciais para a elucidação e prevenção de ilícitos especialmente graves, como a exploração do trabalho escravo e infantil, a tortura, o tráfico ilícito de entorpecentes e de pessoas, a violência contra a mulher e os idosos e a ação de grupos de extermínio – portanto em prol da defesa de direitos fundamentais. A rejeição absoluta de qualquer informação anônima era repelida por Bentham (1825, p. 352) precisamente em razão dos casos em que ela só poderia ser obtida sob o anonimato do delator, servindo ela para resguardar direitos que de outro modo seriam violados e para diminuir a impunidade[24]. O expressivo percentual de 76,72% das denúncias anônimas em relação a todas as comunicações recebidas pelo serviço do Disque Denúncia Nacional nos últimos cinco anos (v. 2.3) ajuda a ilustrar como se tem recorrido ao anonimato para se resguardarem direitos fundamentais no Brasil.

Acrescente-se que, na medida em que os delatores cumprem o papel de evitar a mentira no domínio público (LAFER, 1998, p. 247), apontando – por exemplo – atos de corrupção na Administração Pública ou perseguições politiqueiras, salva-

---

22 É bem verdade que Arendt (2012, p. 542) pondera: "O que é notável nas organizações totalitárias é que saibam adotar expedientes organizacionais das sociedades secretas sem jamais manter em segredo o seu próprio objetivo."

23 Nesse sentido: Giacobbo (2009, p. 142). O mesmo argumento, inclusive, foi invocado por alguns Ministros do Supremo Tribunal Federal nos julgamentos analisados no tópico 2.1 acima.

24 No original: "But why not at once reject all anonymous informations? Because by means of them you gain information which you would not obtain by any other, and you thus enforce rights which otherwise would be violated - redress injuries for which there would otherwise have been no reparation - punish crimes which would otherwise have escaped with impunity - and prevent malversations which otherwise could not have been prevented."

guarda-se a própria democracia (v. 1.3). Corso (1977, p. 10) traz à lembrança que a própria obra "Dos delitos e das penas", de Beccaria – em que este pensador afronta diretamente o que chamou de *acusações secretas* – foi publicado *anonimamente* em 1764, em clara tentativa de se furtar ao absolutismo do regime em que o autor vivia e da consequente incerteza do indivíduo nas relações com a autoridade estatal (CORSO, 1977, p. 10). Eis por que hoje, na Itália, em que pese a marca negativa original que a denúncia anônima ostentava – consoante visto no início desta pesquisa (v. 1.1.1 acima) – já se admite como legítimo o anonimato nas comunicações em rede quando uma pessoa deseja denunciar um crime sem o temor de sofrer retaliação, nas palavras[25] de Niger (2008, p. 19).

Mesmo que se tenha defendido, no vestíbulo deste livro (v. 1.1.1), que o apelo à participação popular na delação dos criminosos, em princípio, tenha se justificado em face da inexistência de órgão responsável pela persecução penal, o fato de que, nos dias atuais, já haja previsão constitucional desse órgão não diminui a importância de tal participação, não apenas por se afinar com a própria prática democrática, mas também porque a criminalidade hoje se encontra bem mais organizada, e o combate ao ilícito é tarefa de cada vez maior complexidade. Não sem razão, portanto, o magistrado siciliano Falcone (1993, p. 127), apontado como um dos mártires no combate institucional à Máfia italiana no conhecido *maxiprocesso*, justificou a aprovação da chamada *Lei La Torre*, que passou a prever o crime de associação mafiosa e, com isso, afrouxou a exigência de provas para a perseguição criminal das práticas ilícitas da *Cosa Nostra*, como decorrência "[...] da colaboração demasiado pequena dos cidadãos e da dificuldade, intrínseca ao processo mafioso, de obter outras testemunhas que não sejam autores ou vítimas".

Veras (2010, p. 28) aponta, por exemplo, a fragilidade das vítimas dos crimes de colarinho branco, em contraste com o poder dos criminosos do *white colar*, pois aquelas são "[...] na maioria das vezes coletividades desorganizadas e desprovidas de conhecimentos técnicos específicos ou titulares de interesses difusos (indetermináveis)", o que contribui para a relativa imunidade desses criminosos. Souza (2013, p. 17), por seu turno, reconhece que a "[...] própria prática evidencia que as notícias de crimes comuns levadas ao conhecimento do Estado sob o manto do anonimato têm auxiliado de forma significativa na prevenção e

25 No original: "La necessità dell'anonimato nelle comunicazioni in rete è riconosciuta come assolutamente legittima in alcune circostanze, ad esempio quando una persona desidera denunciare un crimine senza il timore di subire ritorsioni".

repressão às condutas delitivas", nos mesmos moldes de Delgado (1999, p. 88), crítico ainda mais agudo da denúncia anônima, mas que admite ser provável que em temas concernentes, por exemplo, à organização criminosa, corrupção e narcotráfico se tolera o anonimato do denunciante pelo fato de que ninguém se animaria a delatar à Justiça essas atividades delitivas ante o temor de represálias[26].

Não é procedente, por sua vez, o argumento de que as denúncias anônimas poderiam ser substituídas no Brasil, sem qualquer prejuízo à proteção dos direitos fundamentais de denunciantes e vítimas dos ilícitos, pela utilização de sistema de proteção às testemunhas, como insinua Delgado (1999, p. 88) em relação ao ordenamento jurídico argentino. Há de se considerar a reconhecida[27] ineficiência deste sistema no país (SOUZA, 2013, p. 266), observável também alhures[28], diante dos elevados custos para sua manutenção[29], do desesti-

---

26 No original: "[...] es probable que en temas concernientes al 'crimen organizado', 'corrupción', 'narcotráfico' entre otros, se ponderan las **denuncias anónimas** por la razón de que nadie se animaría a poner en conocimiento de la justicia esas actividades delictivas, ante el temor a las represalias". Farias (2004, p. 89), por sua vez, referindo-se ao sigilo das fontes jornalísticas, reconhece que "[...] vários fatos relevantes poderiam ser omitidos caso não existisse a garantia do anonimato para as fontes".

27 O sistema recebeu, no Brasil, a denominação de Provita (Programa de Proteção a Vítimas e Testemunhas ameaçadas), instituído pela Lei n.º 9.807/1999 e regulamentado pelo Decreto n.º 3.518/2000. Após quase três lustros de funcionamento, suas dificuldades são fartamente noticiadas. Recentemente, por exemplo, coordenadores de cinco seções estaduais do Provita visitaram a Comissão de Direitos Humanos e Minorias para a *manutenção* de seu orçamento, que se encontra congelado há três anos e ainda pode ser atingido pelos cortes de trinta por cento anunciados pelo Governo Federal (PROGRAMA, 2015). Além disso, Bruno (2015) aponta que o número de protegidos pelo programa vem caindo nos últimos anos - em 2010 eram protegidas 1.038 pessoas, enquanto atualmente são apenas 737 em todo o Brasil - e que os maiores problemas enfrentados pelo Provita são a falta de recursos financeiros públicos para pagar despesas básicas e o excesso de burocracia. Em 2015, por exemplo, ainda segundo Bruno (2015), o Estado do Rio de Janeiro rompeu a parceria com o Provita, alegando a "[...] necessidade de revisão do modelo de financiamento do projeto, já que a forma atual não comporta as especificidades da proteção integral", além do que despesas como aluguel, água, luz, alimentação e auxílio médico-odontológico, que deveriam ser custeadas pelo Provita, incluindo ajuda de custo de até parcos dois salários mínimos, vem tendo o repasse atrasado, levando muitas testemunhas protegidas a desistirem do programa.

28 A título de exemplo, no julgamento de Dusko Tadic, o Tribunal Penal Internacional para a ex-Iugoslávia reconheceu a ineficiência ou a não existência de um programa de proteção a vítimas e testemunhas por parte do tribunal como fundamento para a manutenção do anonimato das testemunhas, como destacado por Carpio Delgado (2007, p. 42).

29 Realçando o elevado investimento que o Estado norte-americano dedica ao seu programa de proteção à testemunha (*Witsec*), Silveira (2014, p. 43) aponta que o orçamento anual deste programa é de aproximadamente vinte milhões de dólares.

mulante inconveniente para o delator de – em alguns casos – ter que mudar de nome[30] ou endereço e mesmo assim viver "[...] em constante tensão e medo" (SILVEIRA, 2014, p. 43), e pela desconfiança dos denunciantes de que não seja garantida sua proteção frente à vindita do denunciado (ou da organização criminosa a que pertença), mesmo porque seus dados originários podem ser devassados pelos diversos profissionais que atuam no processo – isso sem considerar a possibilidade de vazamento criminoso de informações por parte dos próprios agentes estatais. Atento a tal problemática, Falcone (1993, p. 52-53), ao diferenciar a vulnerabilidade do informante anônimo da do "arrependido" – como era conhecido o ex-integrante da Máfia que resolvia colaborar com as investigações contra as práticas mafiosas na Itália – destacava "[...] as carências do Estado em matéria de proteção dos *arrependidos*", citando os exemplos de Salvatore Contorno – que perdeu trinta e cinco membros de sua família ou de seus companheiros – e de Tommaso Buscetta, que viu sucumbirem dez pessoas de seu círculo de amizade e familiar. O próprio juiz Falcone, em maio de 1992, foi vítima de atentado a bomba arquitetado pela Máfia italiana, por todo o empenho e destemor demonstrados em sua luta contra a criminalidade disseminada por esta organização.

Ademais, impõe-se reconhecer que o sistema brasileiro de proteção à testemunha, instituído pela Lei n.º 9.807/1999, só dá guarida a pessoas "[...] que estejam coagidas ou expostas a grave ameaça" (art. 1.º, *caput*), em nada protegendo os depoentes cuja sujeição às represálias decorrentes de sua colaboração com a justiça não sejam atuais, mas apenas potenciais[31] – o que representa significativo desestímulo a tal colaboração. Daí Souza (2012, p. 41) haver iden-

30 Ainda assim, Silveira (2014, p. 37) reconhece que nem nos EUA a mudança de identidade oferece garantia absoluta em relação à segurança das testemunhas protegidas pelo *Witsec*.

31 Diferentemente, a Recomendação n. R (97) 13, I, editada pelo Comitê de Ministros do Conselho da Europa definiu *intimidação*, para os propósitos desta recomendação concernente à atemorização de testemunhas, como qualquer ameaça direta, indireta ou *potencial*, inferida da mera existência de organização criminal possuidora de forte reputação de violência e represália. No original: "[...] 'intimidation' means any direct, indirect or potential threat to a witness, which may lead to interference with his/her duty to give testimony free from influence of any kind whatsoever. This includes intimidation resulting either from the mere existence of a criminal organisation having a strong reputation of violence and reprisal, or from the mere fact that the witness belongs to a closed social group and is in a position of weakness therein" (CONSELHO DA EUROPA, 1997).

tificado justificativa para o anonimato precisamente quando houver risco *potencial* da ocorrência da intimidação da testemunha.

Assim, presente essa condição *empiricamente demonstrável* (própria do critério da proporcionalidade, como já visto), por mais *adequado* que possa parecer, a princípio, tal sistema de proteção como sucedâneo da denúncia anônima, optar por ele para a definitiva proscrição desta representa intervenção de tamanha intensidade que acaba por desestimular peremptoriamente a colaboração na prevenção e combate ao ilícito por parte do particular - a demonstrar a falta de *necessidade* e *proporcionalidade em sentido estrito* da medida, como se verá nas linhas abaixo.

Outro argumento que pesa contra a inadmissibilidade de denúncia anônima é que tal postura significa *controle prévio* da manifestação do pensamento[32], assemelhado à censura prévia, contra a qual já se insurgira John Milton em sua obra *Aeropagítica*, publicada originalmente em 1644. Nela se enxerga verdadeiro libelo em defesa do direito à liberdade de expressão escrita de todo e qualquer pensamento, pois não há razão de que se prive ao prudente de nada que a sua prudência aproveite[33] (MILTON, 1941, p. 40).

A Constituição brasileira proscreve a censura em relação à liberdade de expressão (art. 5.º, IX) e à liberdade de prestação de informação (art. 220, § 2.º), a propósito do que o Supremo Tribunal Federal se posicionou contrariamente a qualquer tipo de controle, por parte do Estado, quanto ao acesso e exercício da profissão de jornalista, por configurar tal restrição "[...] controle prévio que, em verdade, caracteriza censura prévia das liberdades de expressão e de informação, expressamente vedada pelo art. 5.º, inciso IX, da Constituição" (RE 511.961, 2009)[34]. Posteriormente, em julgamento que culminou no reconheci-

---

32 Aproxima-se desse controle o "filtro ideológico" prévio previsto na Constituição cubana, que em seu art. 53 reconhece aos cidadãos a liberdade de palavra e imprensa, porém *conforme os fins da sociedade socialista*. Contra esse filtro, especificamente, se insurgiu Rojas (2005, p. 141), argumentando que em sociedade onde se respeitam os direitos fundamentais, cada indivíduo tem a liberdade de manifestar quais são seus próprios valores.

33 No original: "[...] no habrá, pues, razón de que privemos al prudente de nada que a su prudencia aproveche".

34 Rodrigues (1957, p. 46) relata que a Suprema Corte norte-americana, em seus grandes julgados, do mesmo modo, consolidou a "[...] imunidade da palavra e da imprensa à censura prévia."

mento da inconstitucionalidade da lei de imprensa, esse tribunal consignou o entendimento de que

> [...] primeiramente, assegura-se o gozo dos sobredireitos de personalidade em que se traduz a 'livre' e 'plena' manifestação do pensamento, da criação e da informação. Somente depois é que se passa a cobrar do titular de tais situações jurídicas ativas um eventual desrespeito a direitos constitucionais alheios, ainda que também densificadores da personalidade humana. (ADPF 130, 2009)

Por consequência lógica, exigir do denunciante a declaração de sua identidade poderia ser encarado como inadmissível controle prévio da manifestação do pensamento consistente na delação dirigida a autoridade investigante, destinando "à lata do lixo", sem qualquer apreciação, a denúncia anônima - na exata expressão amiúde empregada pelo Ministro Marco Aurélio em seus votos (Inq 1.957, 2005; HC 84.827, 2007; e AP 530, 2014).

Eis por que se considerar que as restrições infraconstitucionais do ordenamento jurídico brasileiro (v. 2.3), quando estancarem a apuração de atos atentatórios à probidade administrativa, por exemplo, afrontam o art. 13 da Convenção da ONU contra a corrupção (*Convenção de Mérida*) ratificada pelo Brasil em 15 de junho de 2005 - que, no intuito de fomentar a participação ativa de pessoas na prevenção e na luta contra a corrupção, determina a facilitação do acesso aos órgãos de investigação, inclusive, através de denúncia anônima!

O dever do Estado em não se omitir diante da ameaça aos direitos fundamentais, inclusive, motivou o *Justice* Black, da Suprema Corte norte-americana, a proferir voto dissonante no caso *Feiner vs. New York*, de 1951, para, ao realçar a necessidade de proteção da liberdade de expressão, conferir proteção do orador "da esquina da rua"[35] contra os provocadores que pretendiam silenciá-lo (*heckler's veto*), entendimento depois consolidado naquela corte, por exemplo, nos casos *Amalgamated Food Employers v. Logan Vulley Plaza* e *Red Lion Broadcasting Co. v. FCC*, dos quais Fiss (2010, p. 62) extraiu a afirmação jurisprudencial de que o Estado falha em seu dever (nesses casos, de proteção

35 Conquanto Fiss (2010, p. 38) pondere que as esquinas não mais constituem espaço significativo da comunidade comunicativa nos dias de hoje, defende ele a manutenção da preocupação externada pelo *Justice* Black acerca do dever positivo do Estado de proteger e promover a discussão livre e aberta, agora principalmente no âmbito dos meios de comunicação de massa.

da liberdade de expressão), se não logra evitar que aquele orador "da esquina da rua" seja silenciado por outra pessoa que não concorde com o teor de sua manifestação de pensamento. Aliás, a proibição da omissão acaba por impor o reconhecimento de que não apenas o Estado, mas também os *atores privados* (como os suspeitos delatados, seus comparsas e familiares, potencialmente ávidos pela vingança contra seus denunciantes) podem ameaçar o debate público visado pela liberdade de expressão, pois contra tal ameaça talvez seja o Estado o único a reunir forças capazes de lhe fazer frente, como lembrado por Fiss (2010, p. 42).

Por outro lado, a determinação regimental de recomendar o imediato arquivamento de qualquer denúncia anônima contra policiais e juízes, por exemplo, tal como vigente no Estado de Minas Gerais (v. 2.3), malgrado pareça sinalizar para o propósito de conferir maior proteção aos agentes públicos, consoante abertamente defendido pelo Ministro Marco Aurélio no Supremo Tribunal Federal[36] (HC 84.827, 2007), não encontra qualquer respaldo constitucional para tal discrímen. Poder-se-ia argumentar, em favor de distinção dessa ordem (se bem que de natureza infraconstitucional), com a lembrança da previsão diferenciada, no Código Penal brasileiro, em relação à exceção da verdade nos crimes contra a honra. Deveras, quanto ao crime de calúnia, não se admite a *exceptio veritatis* - contrariando a regra da admissibilidade - se o fato é imputado ao Presidente da República ou chefe de governo estrangeiro (art. 138, § 3.°, II), sob o pretexto de que essa posição, "[...] pela alta relevância política que possui, exige autoridade e respeito, que seriam certamente abalados, se fosse possível procurar provar a verdade de uma imputação caluniosa" (GUASTINI, 1997, p. 2.249). Veja-se, porém, em sentido inverso, que se admite a exceção da verdade em relação ao crime de difamação - diferindo, pois, da regra da inadmissibilidade - se o ofendido é funcionário público e a ofensa for relativa ao exercício de suas funções (art. 139, parágrafo único), precisamente porque nessa hipótese "[...] o fato desonroso teria ocorrido no exercício de função pública, sendo prevalente o interesse coletivo na apuração do mesmo,

---

36 Em suas palavras: "[...] agravando-se mais ainda o pusilânime ato, a abjeta acusação se dirigida a um administrador da coisa pública, cujo prejuízo será maior, ante as peculiaridades do cargo que ocupa, que o expõe a elevada evidência social. [...] Faria uma pergunta: admitiríamos uma ação penal contra integrante do Supremo Tribunal Federal, tendo em conta uma carta anônima, contra o Presidente da República, contra Ministro de Estado?"

e no afastamento do servidor indigno" (GUASTINI, 1997, p. 2.256). Reclama--se, assim, em vez de atitude leniente em relação ao servidor público, como a descrita no início deste parágrafo, um tratamento até mais exigente, em face da natureza de seu mister, pois é próprio da democracia, nas palavras de Fiss (2010, p. 135), que os servidores estatais prestem contas perante a sociedade, e uma condição essencial para esse controle é que a sociedade esteja totalmente informada sobre as atividades de seus mandatários[37] - colocando-os, dessa maneira, numa espécie de "Panóptico inverso" (com clara alusão à imagem do modelo de edificação originalmente construída por Jeremy Bentham), em que tais servidores seriam constantemente observados e vigiados por todos os membros da sociedade a que dedicassem seu trabalho.

Por outro lado, o primeiro argumento dirigido contra a denúncia anônima é o de que esta, ainda que almeje atender interesses significativos da coletividade, possa representar intervenção no núcleo absolutamente protegido (*núcleo essencial*) da configuração da intimidade ou vida privada. Winter (2007, p. 260) aponta que o Direito Penal - no âmbito do qual se desenvolve a mais veemente atividade investigativa de ilícitos - traz consigo a tensão entre a segurança pública e os direitos individuais, de que é prova o art. 8.º da Convenção Europeia dos Direitos do Homem, que determina que a ingerência da autoridade pública no exercício do direito ao respeito da vida privada e familiar só pode ocorrer quando seja necessária para a segurança pública, a defesa da ordem e a prevenção do delito, a proteção dos direitos e as liberdades de terceiros, e outros casos ali previstos.

O desdobramento abstrato dessa preocupação foi tratado no tópico 1.2.2 acima, em que se verificou que a admissibilidade da denúncia anônima não agride, por si só, as garantias democráticas do processo comunicativo da investigação do ilícito, uma vez que não é o anônimo que é incumbido de conduzir as investigações ou de figurar no polo ativo da relação processual criminal (múnus atribuído no Brasil, em relação à ação penal pública, ao Ministério Público). Além disso, quando a delação reporta o simples acontecimento antijurídico, sem imputação de seu cometimento a pessoa determinada, por óbvio não há mácula à privacidade, porquanto não há sequer *pessoa* de quem se arranhe

37 No original: "La democracia requiere que los funcionarios del Estado rindan cuentas ante la sociedad y una condición esencial para ese control es que la sociedad esté totalmente informada sobre las actividades de sus mandatarios."

tal direito – é a "comunicação do cadáver", a que o Ministro Sepúlveda Pertence se referiu em seus votos (Inq 1.957, 2005; e HC 84.827, 2007), para delimitar que se a delação se referir apenas à *materialidade* do ilícito, sem imputação de sua *autoria*, não há por que se lhe oferecer oposição.

Fora dessa hipótese, porém, diz-se comumente que o delator pode se valer do anonimato para promover a devassa da privacidade (de um seu desafeto, por exemplo) por parte do órgão estatal incumbido da investigação, sem correr o risco de ser responsabilizado por insinuações caluniosas ou irresponsáveis com potencial deletério para os direitos relacionados a tal privacidade.

Para enfrentar esse embate, há de se principiar pela compreensão do sentido dos termos envolvidos. Conquanto a Constituição utilize os termos *intimidade* e *vida privada* no inciso X do art. 5.º, insinuando possível distinção entre eles, Rodrigues Junior (2009, p. 99) defende o uso indistinto das duas expressões[38], "[...] por se tratar de mera diferenciação de graduação do bem tutelado", embora reconheça diferença entre a *intimidade* e a *honra e a imagem* (RODRIGUES JUNIOR, 2009, p. 102). Farinho (2006, p. 45), por seu turno, refere-se à *teoria das esferas* da proteção da privacidade, pela qual "[...] as esferas que reclamam maior protecção são aquelas que estão mais próximas de experiências definidoras da identidade do indivíduo", merecendo destaque, para os propósitos desta pesquisa, além da esfera *pessoal* (ou *social*): a) a esfera *privada* (ou da vida privada), que compreende "[...] os dados relativos a situações de maior proximidade emocional", como, por exemplo, as opções pessoais ou a orientação sexual do indivíduo; e b) a esfera íntima (ou intimidade), que "[...] compreenderia o mundo intra-psíquico aliado aos sentimentos identitários próprios (auto-estima, auto-confiança) e sexualidade", abarcando, segundo Farias (2008, p. 126), "[...] os assuntos que não devem chegar ao conhecimento dos outros devido à natureza extremamente reservada". Patenteia-se, assim, a distinção entre *intimidade* e *vida privada*, em consonância, aliás, com a jurisprudência do Tribunal Constitucional alemão (ALEXY, 2014, p. 361).

Desse modo, cabe perquirir se o direito à vida privada e à intimidade impõe barreiras apenas à divulgação ou também à mera investigação dos fatos pertencentes a essas esferas. Ora, sendo a denúncia anônima destinada não

---

38 Também Jabur (2000, p. 258) defende a indiferença entre os vocábulos, por não enxergar "[...] diminuição protetiva de ordem prática".

ao público, e sim particularmente ao conhecimento da autoridade pública investigante para adoção das medidas cabíveis, não haveria divulgação das informações privadas - portanto, inexistiria qualquer violação à vida privada, à honra ou à imagem[39], por não haver direito absoluto de não ser investigado. Deveras, para Novelino (2011, p. 455) mesmo a divulgação seria considerada legítima como restrição à privacidade, em caso de "[...] divulgação de fatos que envolvam atividades criminosas ('função de prevenção geral')" - exatamente a motivação mais comumente associada à iniciativa do denunciante anônimo.

Resta indagar, porém, se a mera investigação seria tolerada diante da possibilidade de eventual violação da *intimidade*, esfera que reclama mais cuidadoso resguardo. Antes de tudo, é preciso reconhecer que, a exemplo do direito de proteção à intimidade, o dever estatal de investigar tem amparo constitucional, fundado no dever de proteção eficaz aos direitos fundamentais (SOUZA, 2013, p. 345). No caso concreto, pois, se houver razão para supor que o denunciante, conhecedor da iminência ou já ocorrência de determinado ilícito atentatório a direito fundamental, não se encoraje a delatar porquanto impedido de fazê-lo anonimamente, posição que o resguardaria de temidas retaliações, tem-se nítida mácula à face da *proibição de insuficiência* da máxima da proporcionalidade (referida no tópico anterior deste capítulo), pois seriam deixados direitos desprotegidos. Exemplificando com o atributo íntimo da sexualidade: se o denunciante anônimo reporta à autoridade investigante que determinada pessoa pratica atos de pedofilia, previstos como crime no art. 240 do Estatuto da Criança e do Adolescente (Lei n.º 8.069/1990), a intimidade do suspeito a ser resguardada não deve prevalecer a fim de elidir a investigação, haja vista o interesse maior de proteção da infância e juventude, e a apuração responsável tem razão para ser desenvolvida - o que não aconteceria, porém, se se tratasse de mera preferência sexual heterodoxa ou que atentasse contra os valores individuais do denunciante, mas que não constituísse qualquer ilicitude. Na primeira hipótese, ver-se-ia contemplada a admissão da denúncia anônima, já que a omissão estatal justificada pela inadmissibilidade do anonimato poderia

---

39 Nesse diapasão, o Supremo Tribunal Federal já decidiu caso em que se pretendia transmitir pela televisão sessão de Comissão Parlamentar de Inquérito, tendo referendado, por maioria, a ideia de que tal exposição de imagem pessoal na mídia não constituiria abuso que representasse dano à honra e à imagem (McMS 24.832, 2006), em face do interesse geral de acesso à informação, reputado mais valioso *in casu*.

redundar na impunidade. Por fim, pondera Lafer (1998, p. 268) que se não se expõe a intimidade à publicidade é "[...] porque não envolve direitos de terceiros", o que permite concluir: em caso de vulneração destes, até a *divulgação*, mais do que a simples *investigação*, pode ser justificada.

Como contraponto a tais argumentos, apresenta-se frequentemente o receio de que o denunciante se aproveite do anonimato para, deliberadamente e com só esse objetivo, vilipendiar os direitos à privacidade de outras pessoas, inclusive motivado por vingança, inveja[40] ou outros sentimentos vis, sem sofrer qualquer responsabilização futura. Delgado (1999, p. 74), assim pensando, adverte que viabilizar indiscriminadamente a denúncia anônima assegura a impunidade de quem a formula em caso de ela ser falsa, e Tourinho Filho (1998, p. 228), repelindo de maneira mais veemente a denúncia anônima como modalidade juridicamente aceitável de comunicação de ilícito à autoridade policial, justifica-se arguindo que seria "[...] muito cômodo para os salteadores da honra alheia vomitarem, na calada da noite, à porta das Delegacias, seus informes pérfidos e ignominiosos, de maneira atrevida, seguros, absolutamente seguros, da impunidade" e "[...] a sociedade viveria em constante sobressalto, uma vez que qualquer do povo poderia sofrer o vexame de uma injusta, absurda e inverídica delação, por mero capricho, ódio, vingança ou qualquer outro sentimento subalterno".

É preciso rememorar, contudo, que a delação, quando dirigida apenas a autoridade incumbida pelo Estado da investigação, não deve receber a divulgação necessária para molestar a maior parte dos chamados direitos à privacidade do investigado, cuja vulneração depende de divulgação *pública* da informação. Aliás, mesmo a *intimidade*, que poderia ser invadida pela investigação por si só, admite, como visto acima, mitigação, de forma que o comportamento do

---

40 Em caso imaginário criado por Fuller (2003, p. 27) para ilustrar reflexões em torno da chamada "justiça de transição", são analisadas as condutas de delatores que, durante regime de exceção e movidos "[...] por inveja, denunciaram seus inimigos pessoais ao partido ou a autoridades governamentais". Nos debates parlamentares fictícios, porém, é lembrado não apenas "[...] o caso daquele homem que se enamorou de uma mulher casada e provocou a morte do cônjuge, denunciando-o por um delito totalmente trivial", mas também o dos denunciantes que "[...] não atuavam com a finalidade de se livrar das pessoas denunciadas, mas com o desejo de prestar serviço e agradar o partido, de iludir suspeitas contra eles (algumas vezes infundadas) ou por pura e simples subserviência ao governo" (FULLER, 2003, p. 34), situações em muito assemelhadas às que inspiraram os colaboradores do Estado nazista e os delatores no auge da Inquisição promovida pela Igreja Católica (v. capítulo 1).

delator não ofenderia injustificadamente, em princípio, a privacidade alheia.

Outrossim, o fato de o Código Penal prever, no § 1.º de seu art. 339, a causa especial de aumento de pena para o crime de denunciação caluniosa, na hipótese de alguém que se vale do anonimato ou de nome suposto para dar causa a investigação contra outrem pela prática de crime de que sabe ser este inocente, em vez de demonstrar que o anonimato não tem espaço no ordenamento jurídico brasileiro, como insinuaram alguns Ministros do Supremo Tribunal Federal[41] e foi defendido por Marques (2009, p. 110), na verdade confirma sua aceitação. Não fosse assim, esta previsão legal soaria absolutamente descabida e ilógica, porque faria depender uma consequência penal de comportamento inadmissível *a priori*, como ressaltou o Ministro Sepúlveda Pertence (Inq 1.957, 2005). Daí Stoco (1997, p. 3.802) haver esclarecido, ao se referir a esta agravante do crime de denunciação caluniosa, que a autoridade investigante "[...] não pode deixar de investigar qualquer possível 'pista' (salvo quando evidentemente inverossímil), ainda quando indicada por uma carta anônima ou assinada com pseudônimo".

A ideia da incontornável impunidade de quem lesa a privacidade alheia, por outro lado, tampouco merece acolhida. Primeiro porque o controle *a posteriori* de eventual atentado a esse conjunto de direitos não seria prejudicado, uma vez que a autoridade investigante, como *divulgador* da informação, se agisse despropositadamente, é que poderia ser responsabilizada por eventual abuso ou imprudência. Eis por que aceitável, inclusive, denúncia anônima feita por pessoa absolutamente incapaz ou mesmo por quem não é *cidadão*, no sentido conferido por Sorto (2009, p. 47) como "[...] o nacional com capacidade para gozar dos direitos civis e políticos e cumprir com os deveres que lhe são atribuídos pela ordem jurídica", a despeito da associação feita pelos Ministros Ayres Britto[42] e Ricardo Lewandowski (HC 98.345, 2010) da colaboração do delator com a prática da *cidadania*. E essa permissividade não decorre do exercício de cidadania *irresponsável*, como insinuaram os Ministros Gilmar Mendes e Maurício Corrêa (MS 24.405, 2004) e Marco Aurélio (Inq 1.957, 2005; e HC 84.827, 2007), e sim do inconveniente de impor qualquer exigência pré-

---

41 Nesse sentido, o Ministro Cezar Peluso (Inq 1.957, 2005) e o Ministro Marco Aurélio (AP 530, 2014).

42 Como visto nos seguintes julgados: MS 24.405, 2004; HC 84.827, 2007; e HC 95.244, 2010.

via[43] para o oferecimento da delação que possibilite a identificação do delator e lhe imponha, com isso, qualquer receio de represália.

Para ilustrar a inconsistência desse necessário atrelamento do exercício do direito de provocação de autoridade pública à cidadania, pode-se partir das seguintes hipóteses: a) uma criança vem sendo violentada pelos próprios pais, ou é coagida por traficantes de droga atuantes no bairro onde mora, a servir como "aviãozinho" na distribuição dos entorpecentes ilícitos; b) um apenado, cujos direitos políticos foram suspensos em razão de condenação criminal transitada em julgado (art. 15, III, da Constituição brasileira), presencia constantes atentados à integridade física e psíquica de um particular companheiro de cela, por parte dos agentes penitenciários.

Se fossem as pessoas indicadas nessas situações hipotéticas impedidas de delatar os responsáveis pela vulneração de direitos fundamentais pelo simples fato de não ser, no primeiro caso, plenamente capaz pelos seus atos ou, no segundo, por não desfrutar de cidadania (já que suspensos seus direitos políticos), desatenderia o Estado à *proibição de insuficiência* na proteção de tais direitos, o que já acima se defendeu inadmissível. Some-se a isso a sugestão de Müller (2003, p. 120-121) para substituir a ênfase da reflexão sobre a democracia no seu elemento mais visível - *demos*, ou povo, que ele enxerga como conceito artificial, e não simples, nem empírico (MÜLLER, 2003, p. 118), porém facilmente corruptível - pelo foco no elemento *kratos*, ou poder, em cujo seio podem ser fomentados instrumentos que "[...] contribuem para *dificultar*, *complicar*, *limitar* a dominação dos oligarcas no estado, por meio da consolidação e ampliação dos direitos das pessoas nesse mesmo estado". Em outras palavras, ele propõe que em vez de priorizar a elaboração de *conceito* de povo como tal, deve-se pôr em pauta "[...] levar o povo a sério como uma realidade" (MÜLLER, 2003, p. 113), a fim de aferir com maior competência a *legitimidade*

---

43 Mesmo a exigência de inscrição no Cadastro de Pessoas Físicas (CPF) pode tolher a colaboração do delator na salvaguarda de direitos fundamentais, se ele não se encontrar inscrito - caso de um estrangeiro de passagem pelo país que tenha conhecimento de algum ato envolvendo tráfico internacional de entorpecentes, por exemplo. Ademais, essa exigência poderia ser apenas formalmente cumprida com a informação de um CPF de outra pessoa (nos sistemas eletrônicos de recepção de delações, que não exigem, a rigor, comprovação documental), o que ensejaria outro inconveniente, mais grave do que a falta de identificação do denunciante: a implicação de terceira pessoa alheia à comunicação do ilícito, que poderia, inclusive, sofrer eventual vindita, por parte do suspeito, em decorrência da delação.

do sistema democrático. Convém recordar, em apoio a seu entendimento, que o art. 5.º, *caput*, da atual Constituição brasileira, ao dispor sobre os direitos e deveres individuais e coletivos, concede-os não apenas aos brasileiros, mas igualmente *aos estrangeiros* residentes no País – a quem não se pode conferir, no que tange à possibilidade de oferecimento de denúncia anônima, tratamento diverso do destinado aos brasileiros, ainda que não gozem os estrangeiros de cidadania em sentido estrito.

Cumpre, igualmente, avaliar o argumento do fomento à impunidade que poderia representar o estímulo ao exercício de delações por pessoas cujas identidades não fossem de pronto declaradas, quando estas fossem imbuídas de sentimento revanchista, malicioso, imprudente ou com outro desvalor semelhante. Ora, se a má-fé residisse no comportamento do *delator*, consoante ressalva feita pelo Ministro Ricardo Lewandowski em voto proferido em julgamento perante o Supremo Tribunal Federal, sua responsabilização seria *dificultada* – mas não *impossibilitada*, como pondera Schier (2011, p. 244) – cabendo ao investigador "[...] partir para diligências no sentido de encontrar e identificar aquelas fontes ou aqueles 'colaboradores' que permitiram a apresentação ao juiz [...] e, finalmente, a apresentação de denúncia" (HC 95.244, 2010). Deveras, nos dias de hoje é cada vez mais difícil[44] transmitir assacadas eletronicamente, de maneira impune, pois há recursos de investigação que permitem chegar até o computador ou congênere específico de onde elas foram geradas, e, por conseguinte, ao autor da denúncia anônima mal-intencionada. Não por acaso, Iennaco (2011, p. 77) defende que a autoridade pública que recebe notícia de crime "[...] deve manter registro da origem da notícia, de acordo com os recursos tecnológicos compatíveis (como endereço eletrônico do remetente de e-mail, número de telefone identificado e gravação da chamada originada etc.)", bem assim, no afã de possibilitar "[...] investigações futuras de identificação do delator, para a hipótese de sua responsabilidade por denunciação caluniosa", cuidado que vale, igualmente, para a carta

44 Há mecanismos, porém, de acordo com Farinho (2006, p. 75), que permitem aos utilizadores dos meios eletrônicos o anonimato, como o *anonymous remailing*, "[...] forma de envio de *e-mails* sem revelação de identidade, através da encriptação de dados considerados pessoais", e o *anonymous surfing*, que permite "[...] ao utilizador evitar que o *host-computer* com que entra em contacto possa recolher informações sobre o seu computador, programas de navegação, endereço IP e últimos *websites* visitados".

anônima manuscrita, em que pode ser realizado exame grafotécnico ou dactiloscópico[45], ou para ligação telefônica gravada, sujeita a perícia para reconhecimento de voz, por exemplo.

A todas essas consequências leva, também, a aplicação da máxima parcial da *adequação*, destinada, como visto acima, à eliminação de intervenções que, por sua intensidade (possibilidades fáticas), não são adequadas. Assim, considerando a tensão entre os princípios da liberdade de provocação de autoridade pública (P_1) - em que se perfilha a apresentação de denúncia anônima - e da proteção à privacidade (P_2), vê-se que a medida de vedação peremptória da denúncia anônima (M_1) não é capaz de garantir P_2 (no máximo, possibilita mais fácil responsabilização, e ainda assim posterior, do denunciante de má-fé), e pode causar embaraço intransponível a P_1 (quando o delator, por receio de sofrer represálias por parte do denunciado, abafa sua intenção de comunicar o ilícito à autoridade investigante).

Poder-se-ia contra-argumentar, porém, que a proscrição da denúncia anônima (M_1) seria medida adequada para a proteção da privacidade dos delatados, partindo da tese da função de *prevenção geral* da sanção, em vez da tese da *retribuição*, que importaria, em rigor, na denegação de adequação a qualquer punição, já que, de acordo com Martins (2012, p. 224), "[...] seria aplicada só depois de violado o bem jurídico protegido pelo limite ao direito fundamental". Assim, os denunciantes, antes acobertados pelo anonimato, se sujeitariam à responsabilização cível e criminal pelos seus atos de provocação da autoridade investigante, o que representaria desestímulo às denunciações irresponsáveis, maliciosas e infundadas. Em outras palavras, a medida M_1, típica restrição à área de proteção (MARTINS, 2012, p. 131) do direito fundamental à livre manifestação do pensamento, excluiria o comportamento da denúncia anônima dessa área de proteção, ostentando o atributo de intervenção permitida, porque justificada constitucionalmente (MARTINS, 2012, p. 134).

---

45 No clássico "M, o vampiro de Düsseldorf", filme representativo do expressionismo alemão dirigido pelo cineasta Fritz Lang no início da década de 1930, percebe-se que as cartas anônimas enviadas à polícia e, em seguida, aos jornais, pelo próprio assassino, têm sua autoria investigada a partir de indícios presentes nestas cartas, até que a investigação encontra fragmentos de lápis vermelho, semelhante ao utilizado para redigi-las, na casa de um dos suspeitos - exatamente o verdadeiro culpado (M., 1931).

Contudo, rememore-se que a avaliação do critério da adequação da intervenção não pode se furtar de investigação *empírica*[46], de modo que não se deve fechar os olhos para os perigos reais que repousam sobre os ombros dos denunciantes, consoante apontado em linhas pretéritas, advindos de represálias mais ou menos violentas de delatados, asseclas e familiares, que desencorajariam grande número de informantes que pudessem colaborar com investigações de ilícitos - e mesmo com sua prevenção. Assim, ainda que se considerasse a medida M_1 *adequada*, não seria ela *necessária* em todos os casos, porquanto sua intervenção no direito fundamental de provocação da autoridade pública é tão intensa que representaria, mais das vezes, seu próprio aniquilamento - nesse sentido, o expressivo número de denúncias anônimas em comparação com as de autoria identificada, recebidas pelo Disque Denúncia Nacional nos cinco anos de amostragem da presente pesquisa (v. 2.3) é dado empírico que merece ser levado em conta.

Disso tudo se pode inferir que qualquer vedação peremptória à denúncia anônima, estabelecida por lei ou outro ato normativo inferior (como os citados no início do tópico 2.3), atenta contra os cânones da Constituição acima apontados, mormente se tal denúncia for imprescindível à efetiva proteção de direitos fundamentais, ameaçados pelo ilícito reportado - afinal, de acordo com Martins (2012, p. 74), a proibição definitiva de determinado direito fundamental corresponde, na dogmática jurídica tradicional, a intervenção não justificada e, portanto, constitui violação desse direito.

Assim, se o exercício do direito fundamental de delação pode ser claramente obstado ou dificultado diante da vedação do anonimato, deve-se entender esta cláusula restritiva também apenas *prima facie*, e não de forma absoluta, demandando o sopesamento. A afirmação categórica acerca da inconstitucionalidade de tal restrição só não é defendida em termos absolutos porque, como princípio, a liberdade de manifestação do pensamento (e mais

46 Deve-se ponderar, em contrapartida, que a demonstração empírica também foi demandada para *justificar* a preservação do anonimato de testemunho nos casos *Van Mechelent v. Holanda* e *Vissier v. Holanda*, já referidos no tópico 1.2.2, até por representar repercussão mais incisiva nos destinos do acusado do que a simples denúncia anônima: de acordo com o TEDH, tal preservação do anonimato deveria ser empiricamente demonstrável - em vez de simplesmente deduzida da gravida do ilícito, por exemplo - com isso se evitando o uso de retórica vazia ou determinações genéricas *a priori*.

especificamente a liberdade de provocação de autoridade pública) não pode encerrar, abstratamente, razões definitivas[47] (ALEXY, 2014, p. 108).

Faz-se mister, por isso, avaliar a outra condicionante acima apontada para a sujeição de direito fundamental a cláusula restritiva: verificar se ao princípio colidente com a liberdade de manifestação de pensamento (cláusula restritiva da vedação do anonimato) pode ser atribuído, em determinados casos concretos, um peso maior que aquele conferido ao princípio de direito fundamental em questão. Para tanto, valer-se-á da técnica do *sopesamento racional* entre os princípios colidentes mais comumente apontados pelos estudiosos da liberdade de manifestação do pensamento, com vistas a permitir, em cada caso concreto, que o enunciado de preferência, ao qual ele conduz, possa ser fundamentado de forma racional[48] (ALEXY, 2014, p. 165). De mais a mais, convém pedir auxílio hermenêutico em enunciado normativo expressamente previsto na atual Constituição portuguesa, ao determinar que devem "[...] as restrições limitar-se ao necessário para salvaguardar outros direitos ou interesses constitucionalmente protegidos" (art. 18.º, 2) – para se realizar, com isso, a máxima da proporcionalidade, conforme entendimento de Farias (2008, p. 87).

Impõe-se, assim, encontrar outra(s) medida(s) que compatibilize(m) a vedação do anonimato à aceitação da denúncia anônima pelo Direito brasileiro, apresentando-se de pronto, por razão lógica, sua admissibilidade (M_2), porém temperada com alguns cuidados – exatamente onde tem incidência a máxima

---

47 Tal equívoco é cometido, por exemplo, no texto do Projeto de Lei 3.232/92, de autoria do Senador Josaphat Marinho e em trâmite no Congresso Nacional, que dispõe sobre as liberdades de imprensa, de opinião e de informação, e disciplina a responsabilidade dos meios de comunicação, quando, em seu art. 23, estabelece que "[...] os conflitos entre a liberdade de informação e os direitos de personalidade, entre eles os relativos à intimidade, à vida privada, à honra e à imagem, serão resolvidos em favor do interesse público visado pela informação". Esse preceito não apenas institui prevalência abstrata entre os princípios colidentes – algo incompatível com a lei do sopesamento tratada no tópico anterior – mas também deposita no termo "interesse público", genérico e ainda sem lindes bem demarcadas na doutrina brasileira (SIQUEIRA, 2016, p. 13), a expectativa dessa prevalência, a ponto de Jabur (2000, p. 241-242) considerá-lo tendencioso e "[...] sem simetria com a Constituição Federal e com os valores prestigiados pela própria comunidade", de modo que o "[...] legislador ordinário acaba de julgar todas as demandas endereçadas contra empresas de comunicação social".

48 Para Krewer (2006, p. 144-145), quando a autoridade administrativa recebe delação anônima contra outro servidor público, "[...] deve verificar a relação custo-benefício da medida a ser adotada", mas como entende dever declinar *o próprio ponto de vista* do que seja racional ou razoável, acaba por fugir ao propósito de racionalidade enunciado por Alexy.

parcial da *proporcionalidade em sentido estrito*, na esperança de determinar um resultado de forma racional.

Comprova-se, desse modo, a aptidão do critério da proporcionalidade para resolver a colisão entre a denúncia anônima como espécie de exercício da liberdade de manifestação do pensamento, de um lado, e a vedação do anonimato destinado à proteção da privacidade, de outro, mesmo porque esse critério presta-se, segundo Martins (2012, p. 139), a delinear o "[...] limite material por excelência ao poder do Estado de restringir a área de proteção de um direito fundamental", vale dizer, serve como *limite do limite* (operado *in casu* pela cláusula restritiva da vedação do anonimato) ao âmbito de proteção do direito fundamental à livre manifestação do pensamento. Seja como for, vale a advertência de Martins (2012, p. 254), tendente a minimizar a importância da mera indenização pessoal por eventuais pruridos aos direitos fundamentais de personalidade:

> Toda vez que no cerne da expressão estiver a preocupação em torno de uma questão pública e não a ofensa a terceiros, na decisão do juiz entre a aplicação das regras de indenização e a permissibilidade da expressão, ele terá que decidir pela permissibilidade, afastando a aplicação das normas coercitivas. Caso contrário, estará intervindo de maneira violadora no direito fundamental à livre expressão do pensamento.

Aliás, deve-se ressalvar que Martins (2012, p. 154) rejeita a proporcionalidade em sentido estrito "[...] como elemento constitutivo necessário do exame da proporcionalidade, a despeito da opinião dominante tanto no Brasil como na Alemanha" - a qual foi seguida neste livro[49] - por defender que o critério parcial da *necessidade* já se mostra idôneo a resolver eventuais colisões entre direitos fundamentais. Por isso propõe que a aplicação da proporcionalidade se desenvolva em três passos básicos: (1) verificação do propósito ínsito à intervenção estatal no livre exercício do direito fundamental; (2) avaliação da *adequação* da relação entre o meio empregado nessa intervenção e o fim por

---

49 A divisão das máximas parciais da proporcionalidade em três foi expressamente adotada, também, no âmbito da microrreforma do Código de Processo Penal brasileiro operada em 2008, quando se deu nova redação ao art. 156, para facultar ao juiz que ordene, de ofício, a produção antecipada de provas consideradas urgentes e relevantes, desde que se observem a *necessidade, adequação e proporcionalidade* da medida - dispositivo legal que não passou imune às críticas de Lopes Júnior e Gloeckner (2014, p. 214-215), que o reputaram de nítido teor inquisitivo (só que em pleno processo penal), camuflado por "verdadeira manobra linguística".

ela colimado; (3) averiguação da *necessidade* dos meios reputados adequados, com vistas à escolha daquele que menos intensamente repercute nos direitos fundamentais colidentes. Tais passos guardam consonância, aliás, com o que Habermas (2003, p. 202) chamou de *discurso pragmático*, pelo qual se avalia "[...] se as estratégias de ação são adequadas a um fim", ou seja: pressupõe-se o *propósito* ínsito à intervenção estatal para, só depois, aquilatar a adequação das estratégias de ação.

Acaso adotada essa bem construída formulação teórica, ainda assim, restaria rejeitada a proibição peremptória da denúncia anônima no ordenamento jurídico do Brasil. Deveras, em primeiro lugar constatou-se, da análise nomogenética da vedação ao anonimato presente em quase todos os textos constitucionais brasileiros, que ela pretendeu atender ao propósito de evitar *ampla divulgação* de informações que pudessem representar atentado aos direitos fundamentais da personalidade do indivíduo (previstos no inciso X do art. 5.º da Constituição) – tanto que não só os debates parlamentares como os constitucionalistas de cada época geralmente relacionavam tal vedação à *liberdade de imprensa*.

Em segundo lugar, mesmo que se desconsiderasse o descumprimento desse propósito, pôde-se constatar que o meio *proibição* utilizado não é capaz de garantir o fim de obstar a divulgação de informações ofensivas à privacidade alheia (no máximo, possibilita mais fácil responsabilização, e ainda assim posterior, do denunciante malicioso).

Por derradeiro, ainda que vencidas as duas etapas anteriores, a proscrição absoluta da denúncia anônima não poderia ostentar a qualidade de meio menos intenso e, portanto, não seria apontado como o meio *necessário* – restando sua aceitação, com os temperamentos que a realidade fática impusesse à admissibilidade da denúncia anônima, como a medida a ser adotada.

De todo modo, seja adotada a proposta de Martins, seja trilhando pelo caminho da proporcionalidade em sentido estrito, o sopesamento operado a partir desta máxima parcial deverá, ainda, responder aos seguintes questionamentos, frequentemente levantados pelos mais convictos críticos da admissibilidade da denúncia anônima: tal admissibilidade não traria o risco de permitir a quem estivesse obrigado a guardar segredo profissional trair esse compromisso (inclusive com repercussões amplas, como o crime previsto no art. 21 da Lei n.º 7.170/1983), ou, conforme advertência de Delgado (1999, p.

50), que se produzissem conhecimentos ilegalmente adquiridos (por subtração de documentos privados ou por escutas telefônicas ilegais, por exemplo) ou transmitidos (como na hipótese de delação feita por advogado a quem se consultou sob o amparo de segredo profissional)[50]? Para mais apurada compreensão de situações que tais, o tópico seguinte buscará analisar de que cuidados o investigador deverá se cercar a fim de melhor aproveitar as informações veiculadas por denúncia anônima, para que sua investigação não seja maculada com qualquer nota incompatível com o Estado constitucional democrático – no afã de que, afinal, a restrição à liberdade de manifestação de pensamento, consistente na vedação ao anonimato, se limite ao necessário para salvaguardar esses e outros direitos e interesses constitucionalmente protegidos.

3.3 Critérios para a admissibilidade da denúncia anônima na proteção dos direitos fundamentais

Uma vez admitida a aceitação, *prima facie*, da delação anônima de violações a direitos fundamentais como legítima manifestação da liberdade de provocação de autoridade pública, no regime democrático, faz-se mister situar sua posição no âmbito de uma investigação eficaz, constitucional e legitimamente exercida, reputada por Correia (2011, p. 31) "[...] uma 'arma poderosa' que o Estado deve usar para promover e levar a cabo a política criminal".

No início desta obra, procurou-se demonstrar que essa forma de manifestação da liberdade individual se coaduna com a *garantia de transparência*, uma das cinco liberdades instrumentais listadas por Amartya Sen (2000, p. 56). Mesmo que esta pressuponha, para este autor, "[...] a liberdade de lidar uns com os outros sob garantias de dessegredo e clareza", e a denúncia anônima se funde, precisamente, no segredo da identidade do denunciante, sua tolerância se baseia em seu papel como importante reforço de proteção dos direitos fundamentais violados ou potencialmente ameaçados – mas exige da autoridade investigante a irrestrita adoção dos cânones da transparência democrática, seja fundamentando razoavelmente suas providências, seja acautelando-se para não dar publicidade indevida a suspeita ainda não minimamente comprovada,

50 No original: "[...] expresar conocimientos ilegalmente adquiridos (vgr. por sustracción de papeles privados; por escuchas telefónicas ilegales, etc.) o ilegalmente transmitidos (vgr. denuncia de un abogado contra quien lo consultó al amparo del secreto profesional)".

sob pena de ser responsabilizado pela divulgação indevida.

O primeiro dever da autoridade pública a quem cumpre a investigação é, portanto, aferir a observância da máxima da *proporcionalidade*, no caso de colisão de princípios – por exemplo, os elencados no último parágrafo do item anterior. Deveras, se a delação anônima apresentar provas reconhecidamente ilícitas (*v.g.*, gravações telefônicas clandestinas) de informações que não puderem ser encontradas a partir de outro meio, consentâneo com o ordenamento jurídico vigente (consoante jurisprudência do STF já apontada no tópico 2.1), não há perspectiva frutífera sequer na instauração de procedimento investigatório. Do mesmo modo, se o fato a ser apurado inspirar menor relevância ou importância que a violação dos cânones investigativos malferidos, não haverá espaço para a instauração formal do procedimento. Essa é a hipótese, suponha-se, de denúncia anônima que narre a ocorrência da contravenção penal de perturbação de sossego alheio[51], mas que se valha de informações colhidas, conforme declaração do próprio delator, a partir de violação de domicílio à noite[52], de correspondência[53], do dever de sigilo em relação a dados da Administração Pública[54], ou de segredo profissional[55], ainda que tais provas possam ser buscadas por outro meio lícito. Nesse caso, os crimes praticados para a obtenção das provas fornecidas pelo delator ao investigador têm penas mais graves do que a do ilícito que pretendeu delatar – vale dizer, opta-se por meio não apenas *inadequado* (porque ilícito), mas também *desproporcional em sentido estrito*, por ser mais gravoso do que o propósito por ele buscado (investigação de mera contravenção penal) – razão por que se mostra desproporcional a instauração de procedimento investigativo, a não ser que haja viabilidade de se apurarem, inclusive, os atos ilícitos cometidos pelo próprio denunciante.

Em seguida, cumpre-lhe apreciar a idoneidade da "acusação" – o juízo de valor prévio para o início do trâmite instrutório a que se refere Delgado (1999, p. 57) – para, depois, determinar as diligências necessárias ao esclarecimento

51 Art. 42 da Lei de Contravenções Penais e punido com prisão simples de quinze dias a três meses.

52 Art. 150, § 1.º, do Código Penal, que prevê pena de detenção de seis meses a dois anos.

53 Art. 151 do Código Penal, cuja sanção é detenção de um a seis meses.

54 Art. 153, § 1.º-A, do Código Penal, que prevê pena de detenção de um a quatro anos.

55 Art. 154 do Código Penal, crime punido com detenção de três meses a um ano.

do fato - ou o arquivamento do procedimento investigatório preliminar. Vale-se, destarte, de um dos fundamentos do *two-pronged test* contruído pela jurisprudência da Suprema Corte norte-americana (visto no tópico 1.3.2 acima), para realçar a importância de a delação conter descrição a mais detalhada possível do ilícito, para, ao menos, inspirar na autoridade investigante a veracidade e confiabilidade das informações a ela veiculadas. Como ressaltado pelo *Justice* Harlan no já referido caso *Spinelli v. United States* (EUA, 1969) - se bem que afastada a exigência da verificação da idoneidade do informante, como restou depois consolidado naquela corte - é imprescindível que a denúncia anônima descreva a atividade ilícita do acusado com detalhes suficientes para que o investigador e, em seguida, o magistrado possam crer estarem se baseando em algo mais substancial do que meros rumores ou na simples reputação desabonadora que pesa contra alguém[56].

Por outro lado, o ordenamento jurídico impõe à autoridade investigante o *dever de analisar* a delação, mesmo anônima, não se exaurindo essa modalidade de manifestação do pensamento com a simples exteriorização da informação veiculada pelo denunciante. Não fosse assim, estar-se-ia diante da alegoria retratada por Baggini (2006, p. 104), em que o líder de uma "República Popular", para demonstrar seu apreço pela liberdade de expressão, permitiu a seus cidadãos que se valessem de "cabines de livre expressão" para dizer qualquer coisa, inclusive direcionar críticas contra tal República - embora continuasse proibida qualquer crítica veiculada fora dessas cabines e estas não garantissem qualquer direcionamento ou resolutividade a queixas eventualmente formuladas. Como observa Martins (2012, p. 250), o direito fundamental de manifestar o pensamento implica não apenas a simples expressão em si, mas importa na faculdade de "[...] querer ver na sua expressão um instrumento eficaz de convencimento do destinatário", o que só ocorre se este demonstrar disposição em levar a manifestação a sério, ou, na expressão de Arendt (2012, p. 403), garanta ao emissor da opinião um lugar no mundo que a torne significativa, sob pena de tornar a liberdade de opinião fútil, sem importância.

---

56 No original: "[...] it is especially important that the tip describe the accused's criminal activity in sufficient detail that the magistrate may know that he is relying on something more substantial than a casual rumor circulating in the underworld or an accusation based merely on an individual's general reputation."

É mister destacar que a análise da idoneidade das informações, por parte do investigador destinatário da denúncia anônima, não pode requerer rigor excessivo acerca da *veracidade* dos dados apresentados ou insinuados, porquanto, como já esclarecido neste livro, a liberdade de manifestação do pensamento (e, por conseguinte, a denúncia anônima como provocação da autoridade pública) não exclui de seu âmbito de proteção informações cuja veracidade não possa ser categoricamente atestada pelo delator, porquanto, segundo adverte Martins (2012, p. 249), exigir de quem expressa o pensamento "[...] ônus muito grande no que tange ao teor da expressão significa desestimular o exercício do direito, o que contraria frontalmente o sentido da garantia, especialmente seu conteúdo jurídico-objetivo".

Não obstante, a delação deve ser revestida, segundo Alves (2006, p. 564), de um mínimo de concretude, para que não se admita "[...] a indevida ampliação do tema da *delatio* de modo a que se proceda a uma 'devassa ampla e irrestrita' dos atos praticados pelo investigado". Seria o caso, por exemplo, de denúncia anônima que reputasse o Prefeito do Município X "ladrão e ímprobo", sem qualquer indicação dos ilícitos (e suas circunstâncias) por ele praticados: não se mostra *necessária* a medida de investigação que procurasse pôr a descoberto *todas* as atividades financeiras, comportamentos privados, hábitos desse Prefeito, porquanto, ainda que seja constitucionalmente *adequada*, o meio adotado seria extremamente danoso aos direitos fundamentais de personalidade do investigado[57]. Diante, porém, de denúncia anônima esclarecedora, não há razão para sua rejeição imediata, pois, de acordo com Mazzilli (2000, p. 123), há denúncias anônimas "[...] tão coerentes e bem fundamentadas, que seria um despropósito cruzar os braços e nada fazer." Por isso é que Lima (2013, p. 353), embora considere que o documento anônimo tenha "[...] o condão de causar balbúrdia na ambiência administrativa, o que desprestigia a regularidade dos serviços públicos", defende que a autoridade administrativa deve ser parcimoniosa em sua análise, "[...] pois, não raras vezes, há nele fundamentos, inclusive

57 Semelhante cautela propõe a *Ley de Enjuiciamiento Criminal* espanhol, cujo art. 552 determina que, ao praticar os registros nos autos da investigação, deverão ser evitadas as inspeções inúteis, procurando não prejudicar nem importunar ao interessado mais que o necessário, e se adotarão as precauções para não comprometer sua reputação, respeitando seus segredos se não interessarem à instrução. (Tradução do pesquisador).

com prova material ou indicativo de sua fonte, pertinentes à ocorrência de eventual abuso de autoridade".

A partir daí, deve-se enfrentar outra indagação, levantada pelos Ministros do Supremo Tribunal Federal nas decisões analisadas no tópico 2.1 acima: pode-se instaurar procedimento formal a partir de mera denúncia anônima? Como já demonstrado, essa indagação teve espaço, na jurisprudência desse tribunal, inicialmente durante as discussões para julgamento em que os Ministros Cezar Peluso e Celso de Mello defenderam que a denúncia anônima não poderia ser autuada como documento em procedimento de investigação, dando origem, quando muito, a medidas informais de apuração, só após o que poderia ser instaurado aquele procedimento - contra o que logo se posicionaram os Ministros Ayres Britto e Sepúlveda Pertence, que admitiam a instauração formal de procedimento de investigação a partir de mera denúncia anônima (Inq 1.957, 2005). Restou assentado na jurisprudência daquela corte[58], por fim, que a denúncia anônima, por si só, não poderia ensejar a instauração de procedimento investigatório, mas poderia motivar a coleta de elementos de informação[59] que possibilitassem, aí sim, tal instauração, sob o julgamento criterioso da autoridade investigante. Mirabete (1998, p. 82), comungando dessa interpretação, defende que a autoridade policial, ao receber denúncia anônima, proceda "[...] com a máxima cautela e discrição, a uma investigação preliminar no sentido de apurar a verossimilhança da informação, instaurando o inquérito somente em caso de verificação positiva", na mesma esteira do pugnado por Azevedo (2016, p. 92).

Antes de tudo, é necessário distinguir, como fazem Lopes Júnior e Gloeckner (2014, p. 170) no âmbito do processo penal, os juízos de *possibilidade*, *probabilidade* e *certeza*, que sinalizam para os diferentes graus de cognição na investigação dos atos ilícitos. Para esses autores, a investigação preliminar pode ser iniciada diante da mera *possibilidade* da conduta antijurídica, situação em que as razões favoráveis e contrárias à hipótese de sua ocorrência são equivalentes - razão que os convence ser esse o juízo a motivar a *instauração* de in-

58 Até o recente julgamento capitaneado pelo Ministro Roberto Barroso (AgHC 124.677, 2015), já referido e sobre o qual se debruçará abaixo.

59 Giacobbo (2009) menciona várias expressões, utilizadas pelos mais diversos juspenalistas, para denominar essa coleta informal de informações: *investigação simples*, *pesquisas prévias*, *investigação preliminar*, *medidas informais* e *apuração preliminar*.

quérito policial ou de qualquer outro instrumento de investigação preliminar (LOPES JÚNIOR; GLOECKNER, 2014, p. 171), conquanto se destinem, afinal, a sedimentar juízo de *probabilidade*, este sim exigido para o ajuizamento da ação e consequente constituição do processo judicial.

O entendimento até o momento consolidado no STF, além disso, leva a perplexidade de ordem prática: se a denúncia anônima não pode ensejar, sozinha, a instauração de procedimento de investigação, onde ela deve ser arquivada, mantida em guarda para eventual controle? Alexandre de Carvalho (2010, p. 156), por exemplo, adere à posição consagrada pelo Supremo Tribunal Federal, relatando que o Ministério Público Militar só se encontra "[...] autorizado a requisitar a instauração de competente Inquérito Policial Militar" depois de concluídas as investigações preliminares e informais, mas não logra esclarecer em que consistem essas investigações e, o que é mais problemático, como elas seriam registradas documentalmente. Os perigos da falta de clareza em torno das possibilidades e limites dos chamados "procedimentos investigatórios preliminares" são denunciados por Souza (2013, p. 28), que nisso enxerga fator de insegurança que propicia omissões e excessos dos investigadores.

Há razões para que as investigações para apuração do ilícito guardem sigilo externo[60] inicialmente, principalmente para não vulnerar os direitos à imagem e honra dos investigados, mas também, no plano do que Lopes Júnior e Gloeckner (2014, p. 194) chamaram de *utilitarismo judicial*, a fim de não atrapalhar os rumos da apuração, já que

> [...] a divulgação dos atos praticados na investigação preliminar poderia prejudicar a investigação do fato oculto e *facilitar o desaparecimento ou tergiversação das provas, inclusive por uma obra ilícita que escape ao controle judicial*, e com isso beneficiar a impunidade do autor do delito.

Não se pode descurar, todavia, da *transparência* exigida pela democracia em relação a todos os atos públicos e, *a fortiori*, os atos de investigação, o que permite concluir que as apurações de ilícito iniciadas por denúncia anônima devem ser em princípio sigilosas, mas ao mesmo tempo suscetíveis de controle. Se o art. 17 do Código de Processo Penal glosa o arquivamento de autos de

60 Entende-se por sigilo *externo* da investigação preliminar, segundo terminologia adotada por Lopes Júnior e Gloeckner (2014, p. 193), aquele em que "[...] os atos desenvolvidos na investigação preliminar somente estarão acessíveis aos sujeitos processuais (e, por suposto, seus advogados)", em oposição ao *interno*, pelo qual até alguns desses sujeitos são privados do conhecimento de alguns dos atos de investigação.

inquérito pela autoridade policial e o art. 9.º, §1.º, da Lei n.º 7.347/1985 (que disciplina a ação civil pública), determina que a promoção de arquivamento dos autos de inquérito civil ou das peças de informação, por parte de órgão do Ministério Público, seja remetida ao Conselho Superior do Ministério Público, sob pena de falta grave, é com o fito de evitar confiar somente aos tais investigadores originários, agindo isoladamente, o destino absoluto e sem balizas dos fatos que "merecem" apuração. Eis a razão por que Orçai (2007, p. 2.453) defende que o delegado, caso não instaure o inquérito depois de receber denúncia anônima e proceder a investigações preliminares, remeta "[...] o material como peça de informação ao Ministério Público, para que este, verificada a real impossibilidade de se iniciar a persecução, promova seu arquivamento".

Ocorre que, mesmo com esse cuidado, se as delações anônimas e todo o material colhido durante a "investigação preliminar" não puderem ser encontrados em autos *formalizados*, esse controle se verifica impossível ou extremamente dificultado. Com efeito, como garantir, nessa hipótese, o direito reconhecido no art. 7.º, XIV, do Estatuto da Advocacia brasileira (Lei n.º 8.906/1994), segundo o qual o advogado pode examinar autos de investigação de qualquer natureza, inclusive para copiar peças e tomar apontamentos, se não há registro formal dos atos da "investigação preliminar"? E como garantir ao Ministério Público eficiente controle externo da atividade policial - múnus que lhe incumbiu o art. 129, VII, da Constituição da República - se não tem acesso a informações colhidas preliminarmente, pelo fato de não se encontrarem organizadas em autos passíveis de consulta? No primeiro caso, pode ser vulnerado o direito à ampla defesa do investigado, que, não tendo acesso direto ao teor da denúncia anônima, fica tolhido da possibilidade de retorquir todas as informações nela contidas que tenham inspirado a autoridade a dar início à investigação. No segundo caso, o membro do Ministério Público é privado de análise similar, que lhe permita aquilatar, por exemplo, as motivações e intenções do denunciante a partir da expressão de sua delação - algo que pode ser determinante na decisão de ajuizar a ação penal ou requerer medidas judiciais ainda no curso da investigação.

Analisando o caso *Damião Ximenes*, que redundou na condenação do Brasil na Corte Interamericana de Direitos Humanos, Feldens (2009, p. 224) anota que restou repetidamente consignada na decisão a "falta de interesse" da polícia em investigar as causas da morte de Damião, constatação que permite levantar a seguinte indagação: como se avaliar, na mesma toada, se a polícia, ao receber denúncia anônima narrando possível atentado a direitos fundamentais, agiu com semelhante desídia, vulnerando tais direitos, se não fosse obrigada a registrar ou documentar a denunciação?

Sem a devida formalização da investigação, portanto, como adverte Orçai (2007, p. 2.453), a "[...] polícia estaria dotada de poderes absolutos, ela mesma receberia a notícia do crime, verificaria a procedência das informações e, por fim, ela mesma determinaria o 'acautelamento' do expediente que se formasse". Assim, da mesma forma que se sustenta que a aceitação da denúncia anônima poderia inviabilizar a responsabilização por denunciação caluniosa - o que restou refutado no tópico anterior - pode se dizer que se tal denúncia fosse recebida apenas *informalmente*, sem qualquer registro, não haveria como comprovar a atitude da autoridade investigante, inviabilizando-se, por isso, a prova de prevaricação quando ela deixasse de adotar as *providências preliminares* a que se referem os Ministros do Supremo Tribunal Federal!

Por outro lado, seria igualmente inviabilizada a investigação acerca da autoria de eventual denunciação caluniosa feita de forma anônima, porquanto correr-se-ia o risco de algum dos investigadores - ou mesmo o Juiz - não ter acesso ao documento escrito ou falado da delação, de onde pudesse extrair elementos para identificação de seu autor (voz, grafia, linguagem, por exemplo): sem essa formalização nos autos, paradoxalmente, a aceitação da denúncia anônima terminaria estimulando a impunidade, argumento rechaçado no tópico anterior em relação à autoria da denunciação caluniosa. Por fim, tais elementos seriam úteis até para deduzir os *propósitos* do denunciante, conforme utilizasse vocabulário que encarnasse, por exemplo, ódio, rancor ou paixão desmesurada (a partir do uso de impropérios, palavrões ou palavras chulas), aptos a incutir no destinatário da delação justificada desconfiança acerca de sua imparcialidade e idoneidade - essa análise seria refletida ora em maior cautela no desenvolvimento da investigação, ora na avaliação do magistrado em deferir medidas cautelares no curso da investigação, ainda que fundadas em provas produzidas segundo provocação anônima inicial.

Apesar de crítico da denúncia anônima, Marques (2009, p. 110) admite que ela enseje, por exemplo, a prática de atos iniciais de investigação da autoridade policial, desde que "[...] a comunicação apresente informes de certa gravidade e contenha dados capazes de possibilitar diligências específicas para a descoberta de alguma infração ou seu autor", devendo tal autoridade "[...] assumir a responsabilidade da abertura das investigações, como se o escrito anônimo não existisse", agindo com prudência e discrição. No âmbito da Polícia Federal, fala-se em Verificação de Procedência de Informação (VPI), que esse órgão não considera "procedimento formal de polícia judiciária" (SOUZA, 2013, p. 261), mas permanece a pergunta: tais atos seriam praticados no bojo de que autos, senão em procedimento formalizado? É preciso reconhecer, com Souza (2013, p. 283), que "[...] tanto as diligências preliminares realizadas em procedimento de verificação de procedência de informações como as providências tomadas em uma investigação formalmente instaurada constituem atividade estatal investigatória" (p. 283). Não há, portanto, motivo relevante para que se impeça a instauração de qualquer procedimento criminal, cível ou administrativo de investigação a partir de denúncia anônima, em cujos autos podem ser encontrados documentos que permitam o controle pelo investigando e pelos órgãos de controle competentes, desde que haja sido aferido, no caso concreto, o juízo de *possibilidade* mencionado no início deste tópico.

A modificação jurisprudencial operada no âmbito do Supremo Tribunal Federal pelo Ministro Roberto Barroso, para admitir - ao contrário da tendência firmada até então - a instauração de inquérito policial com base apenas em denúncia anônima (v. 2.1) demonstra a atenção a muitos dos inconvenientes acima apontados. No caso concreto relatado por este Ministro, "[...] a polícia judiciária se limitou a averiguar a idoneidade e a procedência das informações contidas na delação apócrifa", sem que fosse "[...] adotada nenhuma medida investigativa que pudesse configurar violação aos direitos constitucionalmente protegidos do paciente (como prisão cautelar, busca e apreensão, quebra de sigilos de dados e das comunicações, violação domiciliar, entre outros)" (AgHC 124.677, 2015). Esse entendimento - que foi assentido pelos Ministros Luiz Fux e Rosa Weber, presentes à sessão do referido julgamento, sendo contrariado apenas pelo Ministro Marco Aurélio - se bem que não enfrente expressamente o inconveniente de a "investigação informal" deixar de ser registrada em autos próprios, ao menos abre importante precedente no sentido da admissibilidade de instauração de inquérito policial a partir de denúncia anônima, vencendo o argumento de que a simples formalização de autos seria suficiente, por si só, para vergastar os direitos fundamentais do investigado.

Observe-se, porém, que antes mesmo do Ministro Roberto Barroso, o Ministro Gilmar Mendes, julgando causa em que admitia a investigação (inclusive criminal) dirigida pelo Ministério Público, condicionava esse poder, dentre outros requisitos, a que fosse *formalizado o ato investigativo* (ROHC 97.926, 2014), preparando terreno, assim, para que mesmo a denúncia anônima, com as cautelas esmiuçadas acima, pudesse integrar os autos de investigação de ilícito no ordenamento jurídico brasileiro. Iennaco (2011, p. 73) parece indicar a saída para esse aparente conflito, ao defender que "[...] à delação anônima não se pode emprestar qualquer valor probatório", embora possa deflagrar o poder investigativo do Estado: o fato de não constituir *prova* (v. 1.2.2 acima) não impede que a denúncia anônima possa ensejar a instauração do procedimento investigativo ou, por outro lado, o fato de poder dar início à investigação não a transforma em prova jurídica que possa ser levada em conta no processo judicial.

O *indiciamento* do suspeito, no entanto, que pressupõe a existência de indícios[61] de autoria do ilícito, seja no inquérito policial ou em qualquer outro procedimento de investigação criminal assemelhado, não seria indicado enquanto não se encontrasse elemento de prova mais substancial do que a simples denúncia anônima[62], porquanto não se cuidaria mais, segundo Lopes Júnior e Gloeckner (2014, p. 96), de juízo de *possibilidade* - tal como sucede à mera instauração do procedimento - e sim de juízo de *verossimilitude*. A jurisprudência do Supremo Tribunal Federal tem se firmado neste sentido, já quando o Ministro Celso de Mello, em decisão monocrática, delimitou que:

> Se é inquestionável que o ato de indiciamento não pressupõe a necessária existência de um juízo de certeza quanto à autoria do fato delituoso, não é menos exato que esse ato formal, de competência exclusiva da autoridade policial, há de resultar, para legitimar-se, de um *mínimo probatório* que torne possível reconhecer que determinada pessoa teria praticado o ilícito penal. (Inq. 2.041, 2003, com grifo acrescido).

---

61 Não por acaso, o Código de Processo Penal brasileiro erige capítulo específico em seu corpo (dentro do título das *provas*), para definir indício como "[...] a circunstância conhecida *e provada*" (art. 239, com grifo acrescido).

62 O mesmo raciocínio se aplica aos processos disciplinares na seara administrativa, tanto que a Lei n.º 8.112/1990, ao disciplinar o processo disciplinar do servidor público federal, exige que a indiciação do servidor pressuponha a especificação dos fatos a ele imputados e das respectivas *provas* (art. 161, *caput*).

Esse cuidado se justifica em decorrência das implicações morais e jurídicas que derivam do "simples indiciamento", consoante restou consignado posteriormente pelo Ministro Cezar Peluso (HC 85.541, 2008). Por essa razão é que Tasse (2010, p. 54) defende que o ato formal[63] de indiciamento deva ser *fundamentado* pela autoridade investigante, já que ele, por si só, já é capaz de gerar constrangimento para o indiciado "[...] impedido da prática de uma série de condutas regulares da vida civil. Até mesmo a obtenção de emprego é dificultada para aquele que apresenta o registro policial."

No âmbito das investigações sem caráter estritamente criminal, verifica-se maior aceitação da denúncia anônima como instrumento hábil para instauração de procedimento, como determinado pelo art. 2.º, § 3.º, da Resolução n.º 23 do CNMP, que disciplina o processamento dos inquéritos civis, no âmbito do Ministério Público (v. 2.3). Apesar disso, Ferraresi (2009, p. 84) chama a atenção para as consequências da instauração do Inquérito Civil Público, argumentando que "[...] o simples fato de baixar uma portaria de instauração de inquérito civil trará importantes reflexos na órbita do investigado" e, quando este "[...] é agente público, aumenta consideravelmente a importância de bem analisar a pertinência de instaurar ou não inquérito civil".

Para obviar esse constrangimento, Almeida (2010, p. 140) relata a posição de quem defende o dever de, antes de instaurar o Inquérito Civil, ser iniciado um Procedimento Preparatório[64], "[...] destinado a verificar a real necessidade de instaurar o competente inquérito civil, para preservar os seus direitos fundamentais", embora se poste absolutamente contrário a tal entendimento, já que sustenta não ter "[...] o menor cabimento a realização de uma investigação prévia para verificar, justamente, se é a hipótese de realizar uma investigação prévia" (ALMEIDA, 2010, p. 162), e, portanto, pugna por que a denúncia anônima possa ensejar a instauração de Inquérito Civil Público, desde que a notícia reúna elementos para tanto. No caso de denúncia anônima, contudo, a solução de instauração prévia de Procedimento Preparatório parece mais in-

63 Preconizando a existência de ato formal de indiciamento, Lopes Júnior e Gloeckner (2014, p. 438) defendem que, na sua falta, "[...] *a situação de indiciado concreta-se* (ou ao menos deveria) *com o interrogatório policial*".

64 Segundo a citada Resolução n.º 23/2007 do CNMP, o Procedimento Preparatório visa apurar elementos para identificação dos investigados ou do objeto, antes de instaurar o inquérito civil (art. 2.º, § 4.º).

dicada, pelos mesmos motivos pelos quais, na seara criminal, lança-se mão da Verificação de Procedência de Informação no âmbito da Polícia Federal: por sua menor publicidade - que, portanto, sujeitaria o investigado a menor exposição pública - e pela simplicidade de suas formas, que demandariam menos desforço burocrático e diminuiriam os efeitos de delações destinadas a atravancar as atividades do órgão investigador, acaso delatores mal intencionados dirigissem sem-número de denúncias descabidas, com o só fito de inviabilizar o funcionamento desse órgão. Além disso, o Procedimento Preparatório deve ser concluído em prazo exíguo (noventa dias, prorrogável uma vez pelo mesmo prazo, segundo o art. 2.º, § 4.º, da Resolução n.º 23/2007 do CNMP), que imporia ao investigador concentração de esforços com vistas a não postergar muito a vulneração da privacidade do suspeito para, ou instaurar Inquérito Civil, no caso de haver encontrado elementos de sua culpa, ou promover o arquivamento do procedimento, se não os encontrar. Assim, considerando que tais procedimentos investigatórios simplificados ainda não são amplamente manejados pelas autoridades investigantes, impõe-se, *de lege ferenda*, sua regulamentação, para dar uniformidade a seus passos e, principalmente, ilidir as críticas ainda formuladas à aceitação da instauração de procedimentos formalizados a partir de denúncia anônima.

De todo modo, convém destacar que a jurisprudência do Supremo Tribunal Federal, como já adiantado acima (v. 2.1), acabou por rechaçar a ideia sustentada pelo Ministro Marco Aurélio e por alguns juristas[65] de que qualquer procedimento iniciado a partir de denúncia anônima tornaria inválidas todas as provas posteriormente produzidas, afastando a incidência, portanto, da *Teoria dos frutos da árvore envenenada*. Primeiramente, essa conclusão decorre da constatação, já explanada no item 1.2.2 acima, de que a denúncia anônima, isoladamente, não constitui *prova*, e sim mera "pista", na definição utilizada pelo Ministro Moreira Alves para se referir a situação muito mais grave, como a escuta telefônica ilegal (HC 69.912, 1993) - portanto, tampouco pode ser entendida como *prova ilícita* ou *obtida por meio ilícito* (vedada por expressa

---

65 Nesse sentido, Weinmann (2010, p. 89) defende que "[...] toda a ação penal nascente de uma denúncia anônima é *natimorta*", da mesma forma que Rangel (2008, p. 755) entende que qualquer elemento de prova colhido em ato de persecução estatal, cível ou criminal, instaurado com base em denúncia anônima, estará contaminado, podendo ser questionados por *Habeas Corpus*, Mandado de Segurança ou mesmo ação ordinária cível, "[...] a fim de que sejam extintos ou anulados por determinação do Poder Judiciário".

disposição do art. 5.º, LVI, da Constituição brasileira) a contaminar as provas que a sucederiam temporalmente.

Ademais, ainda que a denúncia anônima fosse acompanhada de documentos com potencial para constituir prova, estes não representariam, necessariamente, a invalidação das provas que pudessem ensejar, e, portanto, não precisariam ser peremptoriamente expurgados dos autos, a menos que ostentassem caráter ilícito de pronto aferível, o que recomendaria, liminarmente, seu não aproveitamento. Mesmo nesse caso, porém, não seriam invalidadas as provas subsequentes na mesma investigação, desde que sejam (estas sim) produzidas licitamente e sobrevivam à aplicação da máxima da proporcionalidade no caso concreto, se sua produção for capaz de violar norma constitucional de direito fundamental (SILVA JÚNIOR, 2008, p. 486). Esse posicionamento, inclusive, se coaduna com outros precedentes do STF, ao reconhecer que os "[...] vícios eventualmente existentes no inquérito policial não contaminam a ação penal, que tem instrução probatória própria" (AgAgI 687.893, 2008), mesmo porque, consoante pugnado por Choukr (2006, p. 135), a fim de evitar que a jurisdição penal seja considerada apenas um apêndice da investigação policial, deve ser "[...] ao máximo restringida a utilização em juízo dos elementos informativos colhidos na fase preparatória". Na esteira dessa compreensão, o próprio Código de Processo Penal brasileiro, em seu art. 157, §§ 1.º e 2.º, sofreu modificação legislativa para admitir prova derivada da ilícita, quando aquela puder ser obtida por *fonte independente* – aderindo à ideia da *independent source* construída pela Suprema Corte norte-americana (SILVA JÚNIOR, 2008, p. 500). Isso importa reconhecer que, tratando-se de documentos apresentados por ocasião da denúncia anônima que houverem sido produzidos por meio comprovadamente ilícito no âmbito da *investigação preliminar*, eles não teriam o poder de contaminação das provas produzidas no curso do *processo*[66], desde que estas pudessem ser obtidas licitamente e de maneira independente. Iennaco (2011, p. 75), nessa toada, por não considerar tal denúncia verdadeira modalidade probatória, entende que não "[...] há vício de origem capaz de contaminar toda a persecução", e fornece contundente argumento em seu favor: se não fosse

66 O Ministério Público poderia, como em caso julgado pelo STF, oferecer a denúncia com base apenas em elementos probatórios lícitos – excluindo, pois, os obtidos de forma ilícita: "Escuta telefônica que não deflagra ação penal não é causa de contaminação do processo" (HC 76.203, 2000).

assim, "[...] bastaria que o criminoso providenciasse sua denúncia anônima ou formulasse, ele próprio, autoacusação anônima para impedir o sucesso da investigação contra sua pessoa, pois tudo que viesse a ser produzido seria considerado ilícito"!

Por outro lado, consoante já declinado nesta obra quando da análise da jurisprudência do Supremo Tribunal Federal (v. 2.1), a denúncia anônima oferecida no âmbito de processo penal não pode dar ensejo, por si só, a medidas de *busca e apreensão* ou de *interceptação telefônica*[67], *prisão em flagrante* e muito menos a *condenação*, pois segundo esse tribunal tais atos – e o próprio recebimento da ação penal, inclusive – demandam conjunto probatório mais robusto.

Aplica-se a tais atos decisórios o que Souza (2012, p. 140) chamou de "teoria das provas legais *negativas*", que estabelece, por exemplo, "[...] 'piso de provas' sem o qual a argumentação condenatória do juiz não seria aceita", uma vez que eles devem inspirar no seu destinatário, mais do que mera *possibilidade* ou *verossimilitude*, a *probabilidade* da ocorrência dos fatos investigados e a eles ligados, nas palavras de Lopes Júnior e Gloeckner (2014, p. 96), a ponto de Silva Júnior (2008, p. 273) apontar a *justa causa*, construída sobre a probabilidade de o acusado ter sido o autor do delito, como *condição* da ação penal. Iennaco (2011, p. 90 e 92) acrescenta a essas vedações a quebra do sigilo das comunicações telefônicas e todas as medidas acautelatórias, razão por que conclui que "[...] os pressupostos da prisão preventiva são incompatíveis com a denúncia anônima", o mesmo se podendo dizer da prisão temporária. Em vez de se fiar apenas na denúncia anônima, a partir dela a autoridade policial "[...] poderá efetuar levantamento de campo, realizar campanas e buscas pessoais, entrevistar pessoas" (IENNACO, 2011, p. 78), e outras diligências que independam de autorização judicial (como a pesquisa em *fontes abertas*[68]), tal como o Ministé-

---

67 Especificamente quanto à interceptação das comunicações telefônicas, a Lei n.º 9.296, de 24 de julho de 1996, impede a autorização judicial de tal interceptação quando "[...] não houver indícios razoáveis da autoria ou participação em infração penal" (art. 2.º, I), a impedi-la no caso de mera denúncia anônima, a exemplo do defendido linhas acima em relação ao indiciamento no inquérito policial ou em qualquer outro procedimento de investigação criminal assemelhado.

68 Segundo conceito de Wendt e Barreto (2013, p. 31), as chamadas fontes abertas são "[...] informações disponíveis ao público e que não exigem nenhuma espécie de restrição ao seu acesso. São também conhecidas como *open source intelligence* (inteligência de fontes abertas), ou seja, uma forma de coletar, selecionar e adquirir informações que possam ser úteis à produção do conhecimento."

rio Público pode proceder a requisição de informações dirigida a entes públicos ou privados e a consulta a bancos de dados de caráter público ou relativo a serviço de relevância pública (conforme previsão expressa dos incisos II, IV e VIII do art. 8.º da Lei Complementar n.º 75/93, que rege o Ministério Público da União). A competente utilização de tais prerrogativas, no afã de coligir provas e buscar alternativas *adequadas* ao simples manejo da denúncia anônima, é que permite viabilizar as medidas acima citadas de restrição à privacidade e até à liberdade do acusado.

A máxima da proporcionalidade também incide para eleger, dentre as medidas adequadas, a que se mostra *necessária* - ou seja, a que interfira com menor intensidade no direito fundamental colocado em risco com a investigação. Em vários julgados do Supremo Tribunal Federal, com efeito, esse sopesamento foi realizado, como quando o Ministro Roberto Barroso julgou desnecessária a quebra de sigilo telefônico de grande número de usuários para investigar determinado crime iniciado por denúncia anônima, quando outras medidas adequadas para se comprovar a atividade imputada ao réu de lavagem de dinheiro - como "[...] desvendar a situação do investigado, o que fazia, de que forma procedia" - se mostrariam menos gravosas aos direitos fundamentais da grande quantidade de pessoas que tiveram seu sigilo telefônico devassado (AgRE 676.280, 2015).

Por outro lado, a postura jurisprudencial e doutrinária, fartamente aludida ao longo deste estudo, de não considerar a denúncia anônima como verdadeira *prova* que conduza à determinação de certos atos e decisões dos órgãos investigativos (oferecimento de denúncia, por exemplo) e dos jurisdicionais (determinação de quebra de sigilo bancário e telefônico, decretação de prisão preventiva e condenação, por exemplo) atende ao critério da *proporcionalidade em sentido estrito*, na medida em que constitui limite à atividade estatal de investigação, quando se refere ao respeito que deve guardar aos direitos fundamentais do investigado.

Na senda do Direito Administrativo, há de se reconhecer certa relutância em admitir que a *denúncia administrativa*, definida por Lima (2013, p. 357) "[...] como uma manifestação do cidadão para avisar ou advertir a autoridade pública competente quanto à ocorrência de qualquer 'conduta administrativa apresentada como censurável'", possa "[...] prescindir da limitação da vedação do anonimato".

Nesse âmbito merece destaque a *sindicância*, que segundo Medauar (2011, p. 328-329) possui duas acepções: a) "[...] peça preliminar e informativa do processo administrativo disciplinar, devendo ser instaurada quando os fatos não estiverem definidos ou faltarem elementos indicativos da autoria", acepção comungada por Oliveira (2015, p. 197); b) processo administrativo disciplinar sumário, destinada "[...] a apurar a responsabilidade de servidor identificado, por falta leve, podendo resultar em aplicação de pena."

O primeiro significado já era adotado por Costa (1987, p. 45) mesmo antes da vigência do atual regime jurídico do servidor público civil da União instituído pela Lei n.º 8.112/1990, nos termos seguintes:

> [...] a sindicância não tem a natureza de procedimento autônomo e, sim, cautelar, para evitar que a Administração desperdice muito tempo e trabalho, apurando, em processo demorado e oneroso, acusações ou indícios que, no mais das vezes, não passam de meras suposições ou boatos. E mais: com a adoção desse expediente preliminar, se estará evitando que servidores públicos, por questão infundada ou de somenos importância, sejam submetidos a indevidos vexames e tenham de arcar com o pesado ônus de responder a processo de todo improcedente.

Assim, quando for ela instaurada para apuração preliminar de possível infração *em que ainda não se possa identificar o eventual autor*, não deve haver dúvida de que ela pode ser iniciada com base em denúncia anônima, haja vista não haver privacidade a ser ameaçada de imediato. Eis a conclusão admitida até pelos confessos críticos da denúncia anônima, como Schier (2011, p. 248), para quem seria legítimo sustentar que "[...] a abertura do processo disciplinar ficasse condicionada a uma prévia instauração de sindicância com o fim de averiguar alguns elementos que indiquem um mínimo de seriedade da denúncia anônima".

Mesmo no caso de denúncia anônima que aponte a autoria do ilícito administrativo, em conformidade ao pensamento assentado no STF[69], não se tem como afastada a possibilidade de abertura da sindicância, até porque esta constitui meio de apuração prévia, a ponto de Di Pietro (2015, p. 784) enxer-

---

69 Deveras, os Ministros Nelson Jobim (MS 22.888, 2004) e Cármen Lúcia (ROMS 29.198, 2012) já se pronunciaram favoravelmente à instauração de *sindicância preparatória*, para apuração de ilícito administrativo a ser posteriormente aprofundada, a partir de denúncia anônima (v. 2.1), seguindo o entendimento prevalente no STF de que nesta espécie não se tem por imprescindível a ampla defesa (ROMS 22.789, 1999), com o que assente Lessa (2008, p. 132).

gar nela correspondência com o inquérito policial – fazendo incidir a mesma regra de admissibilidade construída a respeito deste procedimento investigatório criminal no presente livro e a partir do entendimento capitaneado pelo Ministro Roberto Barroso, no STF.

Deve-se manter íntegra, todavia, a necessidade de cautela por parte do investigador, ao receber denúncias anônimas sobre a ocorrência ou iminência de realização de atos ilícitos, para que a "[...] instauração de procedimento investigatório não se dê a partir de suspeitas infundadas ou adversidade partidária do reclamante, mas que tenha por base fatos concretamente apontados a orientar a atividade ministerial" (FERRARESI, 2009, p. 85). Com isso, não apenas se previnem prejuízos ao andamento das investigações, como também se evita pôr em risco direitos fundamentais de personalidade do denunciado, em caso de ser falsa a imputação que se lhe dirigir. Vigia-se, assim, a *publicidade* das investigações, preocupação já manifestada por Tasse (2010, p. 19-20), quando propõe o combate ao que chama de "discurso político do crime", ou seja, a utilização da problemática do delito e a "[...] exploração da imagem do delinquente, como fontes de trabalho pela imprensa que se despreocupa com os efetivos interesses sociais de informação para trabalhar com a desmoralização de pessoas e com a banalização do crime". Ademais, a divulgação açodada e prematura acerca das investigações criminais pode, na visão de Moro (2004a, p. 61), caso as suspeitas não se confirmem, abalar a credibilidade do Judiciário perante a opinião pública, sem cujo apoio, a seu ver, a eficácia das ações judiciais é prejudicada.

Para avaliar a repercussão da vedação do anonimato na admissibilidade da denúncia anônima no Brasil, convém rememorar as razões que levaram os constituintes brasileiros a estabelecer a cláusula restritiva em questão (vedação ao anonimato), assim como procedeu Alexy (2014, p. 288) ao tratar dos limites da liberdade de reunião. Um olhar para as discussões parlamentares e abordagens doutrinárias, conforme demonstrado no item 2.2 acima, permite concluir que a preocupação do constituinte ao erigir – e consolidar – essa vedação no texto constitucional se dirigiu a limitar a *divulgação ampla* do pensamento, através de publicação, ou seja, de informação acessível ao público. Visavam, assim, impor balizas a outras modalidades da liberdade de pensamento (liberdade de expressão, liberdade de prestar informação), e não à provocação de autoridade pública propriamente, e muito menos à denúncia anônima - tanto que esta só recentemente foi aventada nos debates juscientíficos em torno da cláusula restritiva da vedação do anonimato, e muito em razão dos argumentos que alguns Ministros do Supremo Tribunal Federal invocaram, como visto no item 2.1. Desse modo, vale a máxima lembrada por Rodrigues Junior (2009, p. 97) de que "[...] as limitações relativas devem ser interpretadas restritivamente, ou seja, aplicam-se somente àqueles casos em que a limitação é absolutamente indispensável para a proteção dos direitos especificamente indicados", o que permite concluir que a vedação ao anonimato, como limitação constitucional à liberdade de manifestação do pensamento, também deve ser interpretada restritivamente, para abarcar apenas as manifestações pretendidas pelos constituintes ao longo da história (ou seja, as que são dirigidas ao conhecimento público).

Em face dessas conclusões, conquanto se verifique que a vedação do anonimato é compatível com a Constituição, só o é na medida em que serve de controle das liberdades que importam em divulgação *pública* do pensamento, e não como limitadora da liberdade de provocação de autoridade pública, de modo que a vedação *ab initio* à denúncia anônima por norma infraconstitucional, sob este aspecto, tende a contrariar a Constituição brasileira, como já defendido no item anterior.

A fim de resguardar essa publicidade das informações contidas na delação, uma primeira medida, tendente a salvaguardar os direitos à privacidade do investigado apontado por denúncia anônima, seria a decretação do *sigilo* no curso do procedimento, consoante defendido por Madeira (2010, p. 27), uma vez que o art. 7.º, *caput*, da Resolução n.º 23/2007 do CNMP já admite tal decretação nos casos "[...] em que a publicidade possa acarretar prejuízo às investigações". A Lei n.º 8.443/1992, igualmente, determina que a denúncia dirigida ao TCU deve ser "[...] apurada em caráter sigiloso, até que se comprove a sua procedência" (art. 53, § 3.º). Essa reserva não atentaria contra a transparência exigida pelo regime democrático, tanto que a Comissão Europeia de Direitos Humanos, julgando o *caso Peukert*, conforme relatado por Bacugalupo (2005, p. 290), reconheceu que "[...] o direito à liberdade de informação deveria limitar-se apenas a informações objetivas sobre o desenvolvimento do processo", evitando-se "[...] as afirmações que antecipem uma condenação". Comungando desse entendimento, Mazzilli (2000, p. 237) defende que, no caso de inquérito civil público cujas investigações sejam cobertas por sigilo, este deve ter seu alcance delimitado, de maneira a permitir que as peças e informações que não estejam alcançadas pelo sigilo possam ser divulgadas.

Há de se advertir, também, conforme já mencionado no tópico 1.2.2 acima, que malgrado a Súmula Vinculante 14 do Supremo Tribunal Federal, que atribui ao defensor o direito ao acesso amplo aos elementos de prova já documentados nos autos, só atinja procedimentos *penais*, a nova redação do art. 7.º, XIV, da Lei n.º 8.906/1994 afastou a eventual defesa de que as investigações de natureza cível desenvolvidas pelo Ministério Público poderiam ser resguardadas com o sigilo absoluto. De todo modo, tal súmula já não afastava o acobertamento da identidade das vítimas protegidas, já que – embora anotada "[...] em separado, fora dos autos" – poderia ser conhecida do magistrado, do membro do Ministério Público e até do defensor, como advertido pela Ministra Rosa Weber (Reclamação 10.149, 2012), sem qualquer prejuízo ao direito à ampla defesa.

Particularmente em relação aos processos de natureza cível, o novo Código de Processo Civil brasileiro (Lei n.º 13.105/2015) veio colmatar lacuna existente no por ele sucedido (Lei n.º 5.869/1973), no que tange aos atos processuais que correm em segredo de justiça. Enquanto este último determinava tal limite às informações processuais apenas em algumas causas de estado ou por imposição de interesse público (art. 155, *caput*), o novo Código expressamente estende o segredo de justiça aos processos "[...] em que constem dados protegidos pelo direito constitucional à intimidade" (art. 189, III). Com isso, reforça-se o argumento de que eventual processo cível, cuja investigação preliminar tenha sido iniciada a partir de denúncia anônima (por exemplo, ação de improbidade administrativa fundada em inquérito civil público ou procedimento preparatório instaurados com a recepção de delação anônima), não expõe o réu a constrangimentos públicos decorrentes da exposição de sua intimidade, bastando que se declare correr em segredo de justiça – mesmo porque, nesse caso, somente as partes e seus procuradores têm direito de consultar os autos processuais, e somente terceiros que comprovem interesse jurídico podem requerer ao juiz certidões sobre informações constantes desses autos.

Tampouco a admissibilidade da denúncia anônima fere, pelo fato de o denunciado não conhecer a identidade do denunciante, o direito de informar-se e ser informado, previsto no art. 5.°, XIV e XXXIII, da atual Constituição brasileira, haja vista que este último inciso ressalva o sigilo quando imprescindível à *segurança da sociedade*[70] e do Estado. A própria Lei-Modelo Interamericana de Acesso à Informação Pública, adotada pela Resolução n.º 2.607 da Assembleia Geral da Organização dos Estados Americanos em reunião ordinária ocorrida em 8 de junho de 2010, ressalvava a possibilidade de as autoridades públicas negarem acesso a informação quando tal acesso pudesse criar um claro, provável e específico risco de dano significativo ao interesse público de *prevenção, investigação e indiciamento criminal* (art. 41, *b*, 6, do Apêndice)[71].

Por seu turno, a atual Constituição brasileira (art. 5.º, XIV) garante o sigilo da fonte[72], direito do comunicador social que pode ou não ser por ele exercido e que consiste em "[...] não revelar a origem das informações, estando também incluídos os materiais, documentos e tudo o mais que se possa definir como fonte utilizada na divulgação de um fato em que deva permanecer oculta a sua fonte" (FRANCO, 1999, p. 116-118). Observe-se, primeiramente, que esse aco-

---

70 O Código de Processo Penal já continha tal previsão, pois seu art. 20 exige que a autoridade policial assegure "[...] no inquérito o sigilo necessário à elucidação do fato ou *exigido pelo interesse da sociedade*".

71 No original: "41. Public authorities may deny access to information only in the following circumstances, when it is legitimate and strictly necessary in a democratic society, based on the standards and jurisprudence of the Inter-American system: [...] b) Allowing access would create a clear, probable and specific risk of substantial harm, [which should be further defined by law] to the following public interests: [...] 6. law enforcement, prevention, investigation and prosecution of crime". No Brasil, resultou dessa Resolução a promulgação da Lei n.º 12.527, de 18 de novembro de 2011, que em seu art. 23, VIII, considera "[...] imprescindíveis à segurança da sociedade ou do Estado e, portanto, passíveis de classificação as informações cuja divulgação ou acesso irrestrito possam [...] comprometer atividades de inteligência, bem como de investigação ou fiscalização em andamento, relacionadas com a prevenção ou repressão de infrações."

72 O Ministro Celso de Mello, em decisão monocrática proferida junto ao Supremo Tribunal Federal, asseverou a importância do respeito ao sigilo das fontes jornalísticas, nos termos seguintes: "Trata-se, na realidade, de expressiva garantia de ordem jurídica, que, outorgada a qualquer jornalista em decorrência de sua atividade profissional, destina-se, em última análise, a viabilizar, em favor da própria coletividade, a ampla pesquisa de fatos ou eventos cuja revelação se impõe como conseqüência ditada por razões de estrito interesse público. O ordenamento positivo brasileiro, na disciplina específica desse tema (Lei nº 5.250/67, art. 71), prescreve que nenhum Jornalista poderá ser compelido a indicar o nome de seu informante ou a fonte de suas informações. Mais do que isso, esse profissional, ao exercer a prerrogativa em questão, não poderá sofrer qualquer sanção, direta ou indireta, motivada por seu silêncio ou por sua legítima recusa em responder às indagações que lhe sejam eventualmente dirigidas com o objetivo de romper o sigilo da fonte" (Inq 870, 1996). Nessa decisão Frota (2006, p. 146) enxergou exclusão peremptória de qualquer exceção à inviolabilidade do sigilo das fontes jornalísticas, para concluir reforçando a necessidade de "[...] evitar que se faça da quebra do sigilo jornalístico panaceia contra as críticas populares à ineficiência governamental".

bertamento se dirige à *fonte* de informação, e não a seu *divulgador* - a quem se aplica, portanto, a vedação do anonimato, como frequentemente lembrado nos debates parlamentares constituintes no Brasil (v. 2.2) - o que impõe que todas as informações recebidas pelo jornalista e pela autoridade investigante deverão ser utilizadas com a maior parcimônia possível.

Por outro lado, no caso de divulgação jornalística, Jabur (2000) defende que somente o *interesse público legítimo* deveria resolver eventual conflito entre o direito de livre expressão pela imprensa e o direito à privacidade em favor daquele, entendido tal interesse com as características da *verdade*, *necessidade*, *utilidade* e *adequação*, ou seja, à imprensa se franqueia a possibilidade de divulgar notícias sobre a intimidade de alguém quando presente o interesse público legítimo. O ônus da prova de tal interesse e da diligência na busca das informações deve recair, segundo Rodrigues Júnior (2009, p. 121), sobre o informador e não sobre a vítima da "invasão de privacidade".

Do jornalista, todavia, não se deve exigir diligência extraordinária, e sim apenas "[...] diligência séria, algo diverso da mera coleta, da simples obtenção de informes relevantes, ou nem isso, do agrupamento de meros subsídios" (JABUR, 2000, p. 173). Nesse sentido foi construída a jurisprudência da Suprema Corte norte-americana, por exemplo, que no caso *New York Times v. Sullivan* erigiu o modelo da real malícia (*actual malice*)[73], segundo a qual, nas palavras de Fiss (2010, p. 30), os agentes públicos não podem iniciar ações legais por difamação a respeito de afirmações inexatas, a menos que se acredite que o autor da informação conhecia a falsidade da informação ou atuou com temerária despreocupação (*reckless disregard*) acerca de sua verdade ou falsidade[74] - o que significa, em outras palavras, dar guarida à difusão despreocupada de afirmações inexatas - em nome de interesse mais elevado, de toda a sociedade, qual seja o de ampliação das informações trazidas ao debate público.

Ora, se se reconhece para a liberdade de manifestação de pensamento em

73 Mesmo a real malícia, porém, foi dispensada, nesse mesmo caso, pelos *Justices* Black, Douglas e Goldberg, que, no afã de prevenir qualquer atentado, por menor que fosse, contra a liberdade política, sustentaram em seus votos a proteção do informante *até se mentisse deliberadamente* (FISS, 2010, p. 30)!

74 No original: "[...] los funcionarios públicos no pueden iniciar acciones legales por difamación respecto de afirmaciones inexactas [...] a menos que se acredite que el autor de la información conocía la falsedad de la información o actuó con temeraria despreocupación (*reckless disregard*) acerca de su verdad o falsedad".

geral - inclusive para as liberdades de expressão e de prestação de informação, tendentes a maior publicidade da informação veiculada - a *liberdade de cometer erros e enganos* (V. item 1.1.2 acima), há de se reconhecer que, tratando-se de denúncia anônima direcionada à investigação de ilícito, o rigor do controle de veracidade deve ser esmaecido pelo fato de que a divulgação da informação veiculada por denunciante anônimo não é *pública*, e sim dirigida apenas à autoridade investigante.

Aponte-se, ainda, que esse direito está condicionado a que a informação demonstre a *necessidade do sigilo para o exercício profissional*, do que se conclui que, se se admite que o jornalista possa guardar o anonimato por respeito ao sigilo da fonte (SOUZA, 2013, p. 206), analogamente poderia guardar a autoridade policial ou o Ministério Público o anonimato de um delator, quando esse acobertamento fosse crucial para o eficaz desenvolvimento das investigações - interpretação em outro sentido seria, na ótica de Ghignone (2013b, p. 4.974), contraditória ao próprio sistema constitucional. Aliás, considerando que o Estado tem o dever de cuidado com a proteção dos direitos fundamentais, consoante ressaltado no tópico 3.1, constitui verdadeiro *dever jurídico* seu - e não mera liberalidade[75] - salvaguardar o anonimato do delator cuja identidade quis ter preservada, sob pena de o ente estatal vulnerar direitos fundamentais deste, pelos perigos já declinados ao longo desta pesquisa. Deveras, como adverte Avitabile (2008, p. 202), se o fim precípuo que o Estado pretende alcançar com a aceitação da denúncia anônima - e mesmo a partir do sistema de proteção às testemunhas - é induzir os cidadãos a colaborar assumindo risco por vezes de grave seriedade, impõe-se que garanta a estes o direito de não ser mais reconhecido - e nem mesmo reconhecível[76]. Sem essa garantia, o instituto da

---

75 Entretanto, Franco (1999, p. 123-125) defende que a não revelação da fonte na comunicação jornalística constitui mero "dever ético", e seu descumprimento "[...] não constituirá crime previsto na legislação penal (artigo 154), pois o jornalista não estaria revelando um segredo e sim a identidade da pessoa que lhe passou uma informação" - embora, contraditoriamente, em outra passagem reconheça a "[...] garantia de que os informadores anônimos podem confiar nos jornalistas ao divulgar fatos de grande relevância e de interesse público, sem que suas identidades sejam reveladas. Essa garantia, não resta menor dúvida, é de vital importância para que o acesso à informação se constitua, na prática, um direito de todos" (FRANCO, 1999, p. 132).

76 No original: "[...] se il fine precípuo che lo Stato intende raggiungere è quello di indurre determinate categorie di cittadini a collaborare assumendosi dei rischi, talora anche molto seri, è giocoforza garantire agli stessi la possibilità, ed il contestuale diritto, di non essere più riconosciuti, né altrimenti riconoscibili."

denúncia anônima acabaria sendo fadado ao insucesso ou completo esvaziamento, pelas mesmas razões apontadas linhas atrás como problemáticas no sistema de proteção às testemunhas em funcionamento no Brasil - dentre elas a possibilidade de os denunciados ou seus partidários se vingarem do delator ou de pessoas caras a este.

Ainda como corolário da doutrina das obrigações positivas do Estado (proibição da omissão), Souza (2013, p. 155) defende que seu dever de investigar deve ser cumprido com *eficiência*, o que, de um lado, reforça a aceitação da denúncia anônima (em face do potencial incremento na atividade investigativa), e, por outro, impõe-lhe a cautela nessa aceitação, devendo o Estado zelar para que o denunciante não seja molestado e se responsabilizando pela separação entre as denúncias exatas e as caluniosas - evitando, assim, o desperdício de recursos públicos apontado por Delgado (1999, p. 84) e por Lopes Júnior e Gloeckner (2014, p. 97), que reforçam a importância dos cuidados com a investigação preliminar delineados no princípio deste tópico, no afã de evitar, além da estigmatização social descabida do acusado, "[...] os elevados custos econômicos de colocar em funcionamento toda a estrutura estatal sem um suficiente *fumus commissi delicti*".

O mesmo fundamento serve, aliás, para que o investigador deixe de ouvir o suspeito no início das investigações - ao contrário, pois, do que defendeu o Ministro Marco Aurélio, referindo-se ao processo de sindicância (MS 22.888, 2004) - enquanto não produzidos elementos de prova suficientes, para que não se corra o risco de oportunizar ao suspeito a ocultação ou destruição de provas. Tasse (2010, p. 46), por exemplo, defende que o melhor momento para a oitiva do "denunciado" é aquele em que já existam elementos de prova, para que ele possa se manifestar sobre todo o apurado[77], mesmo porque se reconhece ao investigado o direito de saber em que qualidade presta suas declarações perante a autoridade investigante (LOPES JÚNIOR; GLOECKNER, 2014, p.

---

77 Dos quarenta e seis casos julgados pelo STF e analisados acima (v. 2.1), pôde-se perceber que em *seis* deles o suspeito foi convocado para prestar esclarecimentos no curso da investigação, em outros *onze* o acusado foi ouvido em razão de prisão provisória (preventiva, temporária ou em flagrante) e em apenas *três* optou-se por não ouvir o indigitado autor do ilícito neste momento procedimental preliminar - a demonstrar que em número expressivo de casos acaba-se por oportunizar ao investigado expor suas razões ainda durante a investigação preliminar, apesar de em grande número dos julgados (precisamente, em *vinte e seis*) não haver indicação explícita dessa oportunidade.

228), para obviar a surpresa de se pronunciar como testemunha quando já recaía sobre ele suspeita bastante para o indiciamento - o que representaria prejuízo para sua defesa, mesmo em se tratando de investigação preliminar. Tal proceder não atenta, portanto, em desfavor do direito ao contraditório e à ampla defesa, salvaguardados no art. 5.º, inciso LV, da Constituição, haja vista que tal inciso contempla apenas os *litigantes* e os *acusados*, situação jurídica em que não se enquadram os investigados em inquérito policial, inquérito civil público[78] ou procedimento preparatório, que possuem caráter inquisitório. Esse atributo dos citados procedimentos de investigação, frise-se, não aproximam o atual sistema jurídico das práticas obscuras vigentes até o século XVIII, de absoluta negação de direitos fundamentais aos acusados, como narrado no tópico 1.1.1 acima, por uma razão simples de compreender: naquela época, era inquisitiva não apenas a fase preliminar de *investigação* do ilícito - como nos tempos atuais - e sim todo o processo de *formação da culpa*, de modo que qualquer delação seria suficiente para eventual condenação - o que, conforme devidamente esclarecido no capítulo inicial, não mais se tolera nos ambientes democráticos.

Por conseguinte, qualquer tentativa legislativa de impor a prévia manifestação do investigado para a instauração de procedimento investigatório[79], além de contrariar provável indicação de tendência de mudança na jurisprudência do STF, capitaneada pelo Ministro Roberto Barroso (AgHC 124.677, 2015),

---

78 Apesar de reconhecer que grande parte da doutrina e da jurisprudência entende que a garantia do contraditório não se aplica ao Inquérito Civil Público, ante sua função instrumental e seu escopo não punitivo, Almeida (2010, p. 131) discorda desse posicionamento.

79 Nesses termos, propõe o Projeto de Lei do Senado, de autoria do Senador Blairo Maggi (PR-MT) e registrado sob o n.º 233/2015, que visa regulamentar a atividade de produção de prova do Ministério Público brasileiro em suas investigações, em seu art. 4.º, § 5.º, que a "[...] instauração do inquérito civil ou de qualquer procedimento investigatório preparatório em razão de requerimento não identificado [onde se inclui a denúncia anônima] dependerá da prévia manifestação do requerido, quando a autoria for conhecida, sob pena de responsabilidade pessoal". Segundo essa proposta, não apenas o ICP, mas até mesmo o Procedimento Preparatório dependeriam, no caso de serem provocados por denúncia anônima, da prévia manifestação do investigado, o que desnaturaria por completo a natureza deste último, destinado a verificar informações iniciais e a necessidade de instauração do ICP, para preservar os direitos fundamentais do investigado. Por essa razão, parece mais consentâneo com o sistema jurídico brasileiro a redação desse dispositivo legal proposta pelo Senador Randolfe Rodrigues (REDE-AP), prevendo que, embora a manifestação seja obrigatória, ela pode ocorrer em qualquer momento da investigação, e não apenas em seu vestíbulo - atendendo ao critério de conveniência e oportunidade da autoridade que a conduz.

acabaria por ameaçar a eficiência das investigações iniciadas por denúncia anônima, ora diante da dificuldade - ou impossibilidade - de o investigado ser encontrado para se manifestar, ora porque este - contra quem, via de regra, não se produziu qualquer elemento de prova até o momento da delação - poderia ser estimulado a lançar mão da reação natural de eliminar ou ocultar provas que pudessem conduzir a seu indiciamento, processamento ou mesmo condenação. Em vista disso, a própria autoridade investigante, por sua vez, tenderia a ocultar a existência da denúncia anônima - abstendo-se de incluí-la nos autos, por exemplo - o que traria à tona todos os inconvenientes à transparência dos procedimentos afeitos ao regime democrático, conforme já indicados no início desse tópico. A ouvida do suspeito como condição para a instauração do procedimento investigatório, portanto, não só ameaçaria o utilitarismo judicial lembrado por Lopes Júnior e Gloeckner (2014, p. 194) como justificativa do sigilo externo da investigação, como também poria em perigo "[...] a imparcialidade e a tranquilidade do órgão encarregado da investigação preliminar (policial, judicial ou a cargo do MP)", com aumento de pressão pública e dos meios de difusão de massa.

Já quanto à motivação da denunciação[80] e do anonimato do delator, malgrado seja prática incomum sua exigência durante a investigação preliminar - consoante constatado na análise das decisões do Supremo Tribunal Federal no item 2.1 acima - soa conveniente exigir que seja declinada no instante do registro da denunciação, a fim de melhor mensurar sua legitimidade. Desse modo, pode-se aferir o risco potencial a que o delator pode ser exposto, por exemplo, considerando, tal qual lembrado por Ghignone (2013b, p. 4.996-4.997):

> [...] a qualidade pessoal do denunciado, ou seja, se é detentor de poderio político, econômico ou se compõe organizações criminosas; a existência de casos anteriores em que testemunhas e demais colaboradores tenham sido ameaçados ou mortos em processos envolvendo os mesmos representados.

80 De modo a abranger a motivação do delator de modo geral, Lopes Júnior e Gloeckner (2014, p. 279) defendem a importância de que, para a instauração do inquérito policial a partir da provocação do comunicante, se questione "[...] sobre os motivos que levaram a realizar a notícia-crime, pois podem interessar à investigação, principalmente quando motivada por vingança ou uma forma dissimulada de pressionar ou constranger". O Disque Denúncia instituído no Estado do Rio de Janeiro consagra essa preocupação, ao exigir do denunciante que decline o sentimento que o motivou a contatar a Central de Atendimento, dividido, para efeito de preenchimento do campo do formulário, em: a) insatisfação; b) represália; e c) sente-se ameaçado (BRITTO, 2005, p. 49).

Ademais, em apoio a essa exigência, observe-se que o art. 154 do Código Penal brasileiro prevê o crime de violação de segredo profissional se a revelação do segredo se der sem justa causa - o que pode ser avaliado preliminarmente, por exemplo, se for declinada a justificativa do anonimato - da mesma forma como a já acima mencionada Resolução n.º 23/2007 do CNMP recomenda a adoção de providências a partir de manifestação anônima *desde que justificada* (art. 2.º, § 3.º).

No entanto, se a explicitação dessa justificativa puder permitir a fácil identificação do delator para o delatado, e isso acabar por inibir a denunciação por esse motivo, tem-se por aplicável, novamente, a máxima parcial da adequação - ou da necessidade, conforme seja a linha de argumentação a ser confrontada, como já se esclareceu no tópico anterior - a demonstrar que essa exigência não se sustenta, sob pena de o anonimato se consubstanciar em medida inócua, como enxergado por Malan (2009, p. 141) nos casos em que a vítima é ela mesma a delatora do infrator e "[...] do teor das declarações é possível se deduzir que o autor delas é o próprio ofendido", o que só não ocorre nas situações "[...] em que a vítima não foi individualmente selecionada e, portanto, a sua identidade não pode ser facilmente determinada pelo acusado".

Por derradeiro, cabe última indagação acerca da eficaz utilização da denúncia anônima no âmbito de investigação de ilícito: seria conveniente, para facilitar o sopesamento da pertinência dessa denúncia no caso concreto, que o legislador apontasse em que casos ela poderia ser tolerada para iniciar investigação preliminar, diante da gravidade do ilícito, ou de suas repercussões (*v.g.*, tráfico de pessoas, terrorismo, associação criminosa, organização terrorista, dano ao Erário)? O primeiro inconveniente dessa solução legislativa seria a confusão possivelmente engendrada no denunciante leigo, que poderia não compreender se o fato por ele conhecido se encaixaria na hipótese prevista em lei e, assim, terminar sendo inibido a fazer a delação. Ademais, corre-se o risco da má utilização retórica de expressões como "crime organizado" e "terrorismo", o que, de acordo com Tasse (2010, p. 158), permite, afinal, que qualquer um possa ser tolhido de seus direitos e garantias fundamentais, tornando desnecessária a delimitação legislativa. Por fim, tal medida não traria ao denunciante a proteção muitas vezes perseguida pelo anonimato, pois mesmo quando o fato denunciado é aparentemente de menor gravidade (fugindo, pois, do rol dos crimes em que se teme mais a represália ou perseguição), dependendo de contra quem é dirigido (pessoa descontrolada, criminoso contumaz), pode ocasionar ao denunciante insuportável represália - e mesmo a morte.

Os cuidados recomendados ao longo deste tópico permitem, enfim, compatibilizar a utilização da denúncia anônima com a vivência constitucional brasileira, porquanto não olvida o respeito aos direitos fundamentais do investigado - nem mesmo diante do tentador (mas, como já evidenciado ao longo da pesquisa que ruma para suas conclusões, pernicioso) apelo da perseguição ávida do ilícito como instrumento de defesa social.

4

CONCLUSÕES

A pesquisa que ora é concluída partiu da definição de denúncia anônima como produto do ato de dirigir a pessoa ou órgão, vinculados ao Estado, encarregados da investigação do ilícito, a notícia da ocorrência deste (ou sua iminência) para a adoção de providências, por pessoa cujas características patentes não são coordenáveis com outras que permitam sua integral identificação.

A denúncia anônima, em seu nascedouro, esteve frequentemente associada à perseguição oficial dos "inimigos do Estado", porém com grave repercussão nos direitos dos acusados, fragilizados diante de condenações e reprovações públicas que achacavam a imagem e a dignidade de pessoas delatadas por seus atos e pensamentos "subversivos". Esse atrelamento ao chamado sistema processual inquisitorial responde, em grande medida, à resistência que se observa, ainda hoje, à aceitação da denúncia anônima nos regimes democráticos.

A partir das balizas inspiradas na crítica ao sistema inquisitorial, porém, foi se restabelecendo, dentre outras atitudes colaborativas do cidadão em relação à atividade estatal de investigação, o prestígio da denúncia anônima.

Não há uniformidade normativa ou doutrinária quanto a delimitações terminológicas para distinguir entre as liberdades de expressão, de manifestação de pensamento, de manifestação de opinião e de imprensa. Contudo, adotou-se o entendimento de que o direito fundamental de liberdade de manifestação de pensamento é mais abrangente, possuindo dimensões individual (*liberdade de expressão*) e social (*liberdade de prestação de informação*), além da modalidade de *liberdade de provocação de autoridade pública* – em que se enquadram a denúncia anônima e os direitos de petição e de ação, por exemplo. Contudo, se, por um lado, a denúncia anônima não se confunde com o direito de petição - em face de este ostentar caráter político e estar atrelado ao direito a ser informado (o que é dificultado pelo anonimato) - tampouco pode ser equiparado ao direito de ação, que para instaurar processo judicial já demanda um mínimo de elementos de prova.

Considerando que o juízo de valor de qualquer conduta demanda a apreciação de suas circunstâncias específicas, partiu-se para a análise ética do *anonimato*, para concluir, através de suas justificativas, que ele também ampara atitudes bem avaliadas na sociedade, principalmente as ligadas à livre discussão de ideias, e por isso não se mostra merecedor de reprovação ética inflexível.

A alegação de que a admissibilidade da denúncia anônima representaria obstáculo ao processo comunicativo exigido em processo de investigação democrático - onde têm assento a *confrontation clause* e o *right to cross-examination* - não subsiste, haja vista não se confundirem a *testemunha anônima, oculta ou confidencial* e o *denunciante anônimo*. Primeiro porque a denúncia anônima manejada por este último, em rigor, não é admitida como *prova jurídica* (como podem ser depoimentos testemunhais), servindo apenas como impulsionadora da atividade de investigação. Outrossim, o diálogo processual travado em torno do esclarecimento de fato supostamente ilícito, apontado por denunciante anônimo, é mantido entre o acusado e o *ente responsável pela acusação*, a quem cabe produzir provas contrárias à presunção de inocência daquele (e não, portanto, ao *denunciante*), relação em nada incompatível com os reclamos do contraditório e da ampla defesa.

A prática de denúncia anônima, com isso, insere-se no rol de comportamentos peculiares à democracia participativa, na medida em que garante ao cidadão fazer-se ouvir, como colaborador do cumprimento dos fins estatais, à guisa de proteger sua incolumidade, tranquilidade e dignidade - em verdadeira ampliação do espaço público. Atende, assim, não apenas à necessidade do livre desenvolvimento de cada indivíduo, mas à exigência democrática de desenvolvimento *social*, constantemente cobrada do Estado a partir do comprometimento coletivo de lutar pela justiça social e pelo bem-estar da comunidade.

Chegou-se, então, à constatação de que a denúncia anônima encontra respaldo em diversos Estados constitucionais democráticos e órgãos jurígenos e jurisprudenciais internacionais também fundados nas balizas impostas pela democracia, apenas com o cuidado de os autores da manifestação do pensamento não abusarem de sua liberdade e acabarem de malferir a dignidade e honra de outras pessoas.

Firmadas as bases de sustentação teórica acerca da denúncia anônima, partiu-se para abordagem empírica de como ela foi incorporada e vivenciada pelo ordenamento jurídico brasileiro. Primeiramente, quanto à análise jurisprudencial, procedeu-se a dois recortes metodológicos fundamentais na pesquisa: a) cingi-la aos julgados do STF, tendo em vista a patente natureza constitucional da matéria e a posição de destaque que esta Corte possui na jurisdição constitucional no Brasil; b) limitá-la às decisões *colegiadas* do STF, em que é mais palpável a dialética argumentativa entre seus integrantes e, portanto, a avaliação dos discursos e tendências jurisprudenciais.

Com isso, permitiu-se a investigação profunda de quarenta e seis julgados do STF, suficientes para consolidar algumas constatações: 1) as discussões desenvolvidas neste Tribunal acerca da denúncia anônima têm assumido maior frequência nos últimos seis anos; 2) o STF consagrou o termo "denúncia anônima", presente em 63% dos acórdãos pesquisados, relativos ao assunto; 3) a denúncia anônima, segundo entendimento majoritário na Corte, pode dar ensejo apenas à adoção de medidas informais de investigação, porém não incorporadas a qualquer auto formalizado, que só deve ser instaurado se se verificar, a partir de conjunto probatório independente, a verossimilhança da denunciação - ressalvando-se apenas o entendimento do Ministro Roberto Barroso, seguida pelos Ministros Luiz Fux e Rosa Weber, pelo qual se admite até a *instauração* de inquérito policial a partir de denúncia anônima, desde que a autoridade policial não adote medida investigativa que possa configurar violação aos direitos constitucionalmente protegidos.

Tendo em vista essas construções jurisprudenciais, a tese de contaminação de todas as provas produzidas após o oferecimento da denúncia anônima, a partir da aplicação da "Teoria dos Frutos da Árvore Envenenada" não se sagrou vitoriosa, de forma que o STF reconheceu imaculadas as investigações que, embora contendo denúncia anônima ou mesmo sendo por ela iniciadas, produziram, preliminarmente, provas bastantes para dar azo a medidas de *busca e apreensão*, *quebra de sigilo telefônico* ou *interceptação telefônica*, *prisão em flagrante*, inclusive se essas investigações tenham resultado na instauração de *inquérito policial ou judicial*, *sindicância* e mesmo a *condenação*, desde que a denúncia anônima tenha sido seguida de diligências para averiguar os fatos nela noticiados, que hajam redundado na produção de provas lícitas.

No que tange à ampla análise dos textos constitucionais brasileiros em seguida realizada, com vistas à identificação de pertinência do ato de denunciar anonimamente como espécie da liberdade de manifestação do pensamento, é possível constatar que apenas a Constituição imperial e, dentre as republicanas, a Constituição de 1967 não fizeram expressa menção à vedação ao anonimato como limite à liberdade de manifestação do pensamento.

Verificou-se, também, que a preocupação dos constituintes ao erigir – e manter – a vedação do anonimato nos textos constitucionais se dirigiu a limitar a *divulgação ampla* do pensamento, através de informação acessível ao público. Ainda assim, embora não se possa afirmar que a denúncia anônima tenha sido considerada durante as discussões que resultaram, nos textos normativos, na salvaguarda do direito à citada liberdade, tampouco se pode considerar que tenha sido levada em conta quando se previu, como baliza ao exercício de tal direito, a *vedação ao anonimato*.

A análise empírica desenvolvida ao longo do segundo capítulo permite concluir que a prática da denúncia anônima não apenas é acolhida pelo órgão jurisdicional incumbido da defesa da Constituição, em última instância, no Brasil, como também é estimulada por diversos órgãos públicos, com vistas ao incremento de sua missão de proteção dos direitos fundamentais: assim, reconhecem que a vedação do anonimato só é compatível com a Constituição na medida em que serve de controle das liberdades que importam na divulgação *pública* do pensamento, e não como proibição peremptória da liberdade de provocação de autoridade pública.

Encarando a denúncia anônima como *direito fundamental* – porquanto modalidade da liberdade de manifestação do pensamento, prevista no título da Constituição brasileira que cuida dos direitos e garantias fundamentais – o terceiro capítulo começou por estabelecer que a norma jurídica constitucional (art. 5.º, IV) que institui essa liberdade é, via de regra, *permissiva*, pois a denunciação não é sempre exigida como dever de quem tenha informações idôneas a colaborar com a atividade investigativa do Estado.

Ademais, para que o direito de manifestação do pensamento – como qualquer outro direito fundamental – possa sofrer restrição, esta deve ser compatível com a Constituição e representar direito fundamental com maior peso, no caso concreto, que o direito restringido. Provou-se que qualquer vedação peremptória à forma anônima da denúncia, estabelecida por lei ou outro ato normativo inferior, atenta contra os cânones da Constituição, na medida em que pode representar - diante da falta de alternativa eficiente e segura a tal forma - sua verdadeira negação. Assim, deve-se entender esta cláusula restritiva apenas *prima facie*, demandando o sopesamento, o que implica reconhecer a inconstitucionalidade de todas as vedações absolutas da denúncia anônima inseridas em textos normativos infraconstitucionais.

De todo modo, o sopesamento não se observa entre supostos direitos de segurança pública, punição dos culpados ou descoberta da "verdade", de um lado, e os direitos fundamentais do acusado, de outro, e sim entre estes e o direito fundamental da livre manifestação do pensamento, já que não há direitos fundamentais do Estado ou da sociedade que pudessem ser considerados absolutos segundo a máxima da proporcionalidade.

Admitindo-se, por fim, que a denúncia anônima - embora não deva ser abolida de forma absoluta - possa sofrer restrições, cabe à autoridade pública a quem compete a investigação aferir a observância da máxima da proporcionalidade, no caso de colisão de princípios. Desse modo, se a denúncia anônima for acompanhada de provas reconhecidamente ilícitas de informações que não puderem ser encontradas a partir de meio lícito, ou se o fato a ser apurado inspirar menor importância que a violação dos cânones investigativos malferidos para sua comprovação, não se tem como aceitar sequer a *instauração* de procedimento investigatório.

A delação deve conter descrição a mais detalhada possível do ilícito, no afã de inspirar no investigador a veracidade e confiabilidade das informações a ele dirigidas, e ser revestida de um mínimo de concretude, a fim de evitar devassa ampla e irrestrita dos atos praticados pelo investigado - conquanto a análise acerca da idoneidade das informações não possa requerer rigor excessivo acerca da *veracidade* dos dados apresentados ou insinuados. De tudo se extrai o incontornável *dever de analisar* a denúncia anônima, não se exaurindo a liberdade por ela representada com a simples exteriorização da informação por parte do denunciante.

Observados esses cuidados elementares, defendeu-se - malgrado em desacordo com a jurisprudência ainda prevalente no STF - que a denúncia anônima pode dar ensejo a instauração de procedimento formal de investigação (cível ou criminal), pois para isso requer-se apenas juízo de *possibilidade*, além do que, se a denúncia anônima e todo o material colhido durante a "investigação preliminar" não puderem ser encontrados em autos *formalizados*, seu controle se verifica impossível ou extremamente dificultado. Na esfera administrativa, por sua vez, a sindicância pode ser iniciada com base em denúncia anônima, desde que para apuração de infração cuja autoria não seja ainda conhecida.

O *indiciamento* do suspeito, entretanto, por pressupor a existência de indícios de autoria do ilícito, não é indicado enquanto não se encontrar elemento de prova mais substancial do que a simples denúncia anônima, porque demandaria juízo de *verossimilitude*.

No âmbito das investigações sem caráter criminal, uma via possível para obviar os constrangimentos para o acusado e os inconvenientes burocráticos para a autoridade investigante é a instauração de Procedimento Preparatório de Inquérito Civil Público, destinado a averiguar o cabimento de abertura de ICP propriamente, da mesma forma como se faz uso da Verificação de Procedência de Informação pela Polícia Federal nas investigações criminais, sugerindo-se a regulamentação de tais procedimentos investigatórios simplificados.

Tratando-se de documentos apresentados por ocasião da denúncia anônima que houverem sido produzidos por meio comprovadamente ilícito no âmbito da investigação preliminar, não têm o poder de contaminação das provas produzidas no curso do processo, contanto que estas possam ser obtidas licitamente e de maneira independente. No entanto, a denúncia anônima oferecida no âmbito do processo penal não pode dar ensejo, por si só, a medidas de busca e apreensão, interceptação telefônica, quebra de sigilos e prisões provisórias, que demandam conjunto probatório mais robusto, idôneos à construção de juízo de *probabilidade* pelas autoridades investigantes.

Finalmente, conclui-se a inconveniência de o legislador apontar em que casos a denúncia anônima poderia ser tolerada para iniciar investigação preliminar, diante da gravidade do ilícito ou de suas repercussões, a uma pela confusão possivelmente engendrada no denunciante leigo – que poderia não compreender se o fato por ele conhecido se encaixaria na hipótese prevista em lei – e a duas porque tal medida não traria ao denunciante a proteção perseguida pelo anonimato nos casos em que o fato denunciado fosse de menor gravidade mas que o sujeitasse, a depender do temperamento do denunciado, a insuportável represália.

Tem-se, por fim, confirmada a hipótese central lançada no vestíbulo desta obra: a aceitação da denúncia anônima favorece a proteção dos direitos fundamentais no Brasil, tanto em favor dos que têm seus direitos ameaçados ou violados por outrem ou dos que agem em benefício dos que os têm, como para que os acusados não sejam privados de efetiva defesa, desde que admitidos os temperamentos e cuidados acima apontados e esmiuçados no crepúsculo da presente pesquisa.

REFERÊNCIAS

1 Obras consultadas

ABBOUD, Georges; CARNIO, Henrique Garbellini; OLIVEIRA, Rafael Tomaz de. **Introdução à teoria e à filosofia do direito**. São Paulo: Editora Revista dos Tribunais, 2013.

AGOSTINHO, Santo. **Confissões**. Trad. J. Oliveira Santos; A. Ambrósio de Pina. 2. ed. São Paulo: Abril Cultural, 1980. (Coleção Os Pensadores).

AGUIAR, Renan; MACIEL, José Fabio Rodrigues. **História do Direito**. 4. ed. São Paulo: Saraiva, 2010. (Coleção roteiros jurídicos).

ALEXY, Robert. **Teoria da argumentação jurídica**: a teoria do discurso racional como teoria da fundamentação jurídica. Trad. Zilda Hutchinson Schild Silva. 2. ed. São Paulo: Landy, 2005.

______. **Teoria dos direitos fundamentais**. Trad. Virgílio Afonso da Silva. 2. ed. São Paulo: Malheiros, 2014.

ALMEIDA, Gustavo Milaré. **Poderes investigatórios do Ministério Público nas ações coletivas.** São Paulo: Atlas, 2010.

ALVES, José Carlos Moreira. **Direito Romano.** 13. ed. Rio de Janeiro: Forense, 2002. v. 1.

ALVES, Rogério Pacheco. Aspectos investigatórios e processuais da improbidade administrativa. In: GARCIA, Emerson; ALVES, Rogério Pacheco. **Improbidade administrativa**. 3. ed. Rio de Janeiro: Lumen Juris, 2006. p. 537-824.

ANIYAR DE CASTRO, Lola. **Criminologia de los derechos humanos**: criminología axiológica como política criminal. Buenos Aires: Del Puerto, 2010.

ARENDT, Hannah. **Origens do totalitarismo**: antissemitismo, imperialismo, totalitarismo. Trad. Roberto Raposo. São Paulo: Companhia das Letras, 2012.

ARISTÓTELES. **Política**. Trad. Mário da Gama Kury. Brasília: Editora Universidade de Brasília, 1985.

AVITABILE, Alberto. Anonimato dei collaboratori di giustizia e anonimato dei testimoni a rischio. In: FINOCCHIARO, Giusella (Org.). **Diritto all'anonimato**: anonimato, nome e identità personale. Verona: Cedam, 2008. p. 201-203.

AZEVEDO, Adriana Melo Diniz de. Dever de comunicar violação à lei. In: PINHEIRO, Naide Maria; RIBEIRO, Gabrielle Carvalho (Org.). **Estatuto do idoso comentado**. 4. ed. Campinas: Servanda, 2016. p. 90-96.

AZEVEDO, José Afonso de Mendonça. **Elaborando a Constituição nacional:** atas da subcomissão elaboradora do anteprojeto 1932/1933. Ed. fac-similar. Brasília: Senado Federal, Conselho Editorial, 2004.

BACUGALUPO, Enrique. O significado dos direitos humanos no moderno processo penal. Trad. Ricardo Breier. **Revista da Ajuris**, Porto Alegre, v. 32, n. 99, p. 281-292, set. 2005.

BAGGINI, Julian. **O porco filósofo**: 100 experiências de pensamento para a vida cotidiana. Trad. Edmundo Barreiros. Rio de Janeiro: Relume Dumará, 2006.

BAIGENT, Michael; LEIGH, Richard. **A inquisição**. Trad. Marcos Santarrita. Rio de Janeiro: Imago, 2001.

BARBALHO, João. **Constituição Federal Brasileira, 1891**: comentada. Ed. fac-similar. Brasília: Senado Federal, Conselho Editorial, 2002.

BECCARIA, Cesare Bonesana, Marchesi de. Acusações secretas. In: ______. **Dos delitos e das penas**. Trad. Lucia Guidicini, Alessandro Berti Contessa. São Paulo: Martins Fontes, 1997. p. 67-69.

BENTHAM, Jeremy. Of anonymous information. In: ______. **A treatise on judicial evidence**. London: Baldwin, Cradock and Joy, 1825. p. 350-357.

BERCOVICI, Gilberto. **Constituição econômica e desenvolvimento**: uma leitura a partir da Constituição de 1988. São Paulo: Malheiros, 2005.

BOBBIO, Norberto. **Três ensaios sobre a democracia**. Trad. Sérgio Bath. São Paulo: Cardim & Alario, 1991.

BONAVIDES, Paulo. **Ciência Política**. 10. ed. São Paulo: Malheiros, 2004.

______. **Curso de Direito Constitucional**. 18. ed. São Paulo: Malheiros, 2006.

BORGES FILHO, Adolfo. A ética como princípio fundamental da justiça humana à luz de um breve estudo sobre a ética da responsabilidade de Emmanuel Lévinas. **Revista do Ministério Público do Estado do Rio de Janeiro – Edição comemorativa**, Rio de Janeiro, v. 1, n. 1, p. 1.859-1.869, jan./jun. 1995.

BRAGA, Fernando Urioste. **Libertad de expresión y derechos humanos**. Buenos Aires, Montevidéu: Editorial B de F, 2008.

BRASIL. Assembleia Nacional Constituinte. Comissão da soberania e dos direitos e garantias do homem e da mulher. **Atas de comissões**. Brasília: Senado Federal. Centro Gráfico, 1987a. Disponível em: <http://www.senado.gov.br/publicacoes/anais/constituinte/1c%20-%20SUBCOMISS%C3%83O%20DA%20NACIONALIDADE,%20DOS%20DIREITOS%20POL%C3%8DTICOS,%20.pdf>. Acesso em: 15 ago. 2015.

______. Assembleia Nacional Constituinte. Comissão de sistematização. **Atas de comissões**. Suplemento "C". Brasília: Senado Federal. Centro Gráfico, 1987b. Disponível em: <http://www.senado.gov.br/publicacoes/anais/constituinte/sistema.pdf>. Acesso em: 15 ago. 2015.

______. Congresso Nacional. **Anais da Constituição de 1967**. Brasília: Senado Federal, Diretoria de Informação Legislativa, 1968. v. 3.

______. Ministério Público Federal. **Prevenção à corrupção, transparência e proteção à fonte de informação**. 2015a. Disponível em: <http://www.combateacorrupcao.mpf.mp.br/10-medidas/10-medidas>. Acesso em: 2 out. 2015.

BRASIL. Ministério Público Federal. **Propostas legislativas**. 2015b. Disponível em: <http://www.combateacorrupcao.mpf.mp.br/10-medidas/docs/medidas-anticorrupcao_versao-2015-06-25.pdf>. Acesso em: 2 out. 2015.

______. Secretaria de Direitos Humanos. **Cartilha Disque Denúncia Nacional**. Brasília, 2010. Disponível em: <http://www.crianca.mppr.mp.br/arquivos/File/publi/pair/cartilha_disque_100.pdf>. Acesso em: 4 fev. 2016.

______. Secretaria de Direitos Humanos. **Relatório do Disque 100**: 2011-2015. Brasília, 2016.

______. Supremo Tribunal Federal. **Relatório:** dos trabalhos realizados pelo Supremo Tribunal Federal, no ano de 1951, e apresentado pelo Exmo. Sr. Ministro José Linhares, Presidente do Supremo Tribunal Federal. Rio de Janeiro: Departamento de Imprensa Nacional, 1953.

BRITTO, Ângela. **Criminalidade e sociedade:** uma análise sobre a prática da denúncia anônima de crimes no Município do Rio de Janeiro. 2005. 171 f. Dissertação (Mestrado em Estudos Populacionais e Pesquisas Sociais)-Escola Nacional de Ciências Estatísticas, Rio de Janeiro, 2005.

BRUNO, Cássio. Burocracia e falta de verba reduzem atendimento no programa federal de assistência a testemunhas. **O Globo**, Rio de Janeiro, 12 jan. 2015. Disponível em: <http://oglobo.globo.com/brasil/burocracia-falta-de--verba-reduzem-atendimento-no-programa-federal-de-assistencia-testemunhas-15024824>. Acesso em: 1 jul. 2015.

CANOTILHO, José Joaquim Gomes. **Direito constitucional e teoria da constituição.** 6. ed. Coimbra: Almedina, 2002.

CARDOZO, Benjamin N. **A natureza do processo judicial**. Trad. Silvana Vieira. São Paulo: Martins Fontes, 2004. (Coleção Justiça e Direito).

CARPIO DELGADO, Juana del. Los testigos anónimos en la jurisprudencia del Tribunal Europeo de Derechos Humanos y en la de los Tribunales Penales Internacionales ad-hoc. **Revista Penal**, Norteamérica, v. 19, p. 35-51, jan. 2007.

CARVALHO, Alexandre Reis de. A atuação do Ministério Público Militar em decorrência do recebimento de "denúncia anônima". **Revista do Ministério Público Militar**, Brasília, v. 36, n. 21, p. 139-156, abr. 2010.

CARVALHO, Salo de. Da desconstrução do modelo jurídico inquisitorial. In: WOLKMER, Antonio Carlos (Org.). **Fundamentos de história do Direito**. 5. ed. Belo Horizonte: Del Rey, 2010. p. 269-292.

CASTRO, Araújo. **A Constituição de 1937**. Ed. fac-similar. Brasília: Senado Federal, Conselho Editorial, 2003.

CASTRO, Flávia Lages. Ato Institucional n.º 4 e a Constituição de 1967. In: ______. **História do direito geral e Brasil**. 6. ed. Rio de Janeiro: Lumen Juris, 2008. p. 544-550.

CAVALCANTI, Themistocles Brandão. **A Constituição federal comentada**. Rio de Janeiro: José Konfino, 1949. v. 3.

CECATO, Maria Aurea Baroni. Interfaces do trabalho com o desenvolvimento: inclusão do trabalhador segundo os preceitos da declaração de 1986 da ONU. **Revista Prim@ Facie**, João Pessoa, v. 11, n. 20, p. 23-42, jan./jun. 2012. Disponível em: <http://periodicos.ufpb.br/ojs2/index.php/primafacie/article/view/13805/8593>. Acesso em: 4 jun. 2015.

CHOUKR, Fauzi Hassan. **Garantias constitucionais na investigação criminal**. 3. ed. Rio de Janeiro: Lumen Juris, 2006.

COLOM PASTOR, Bartomeu. **El derecho de petición**. Madrid: Marcial Pons, 1997.

COMISSÃO INTERAMERICANA DE DIREITOS HUMANOS. Segundo Informe sobre la situación de los derechos humanos en Colombia, Washington, 14 out. 1993. Disponível em: <http://www.cidh.oas.org/countryrep/Colombia93sp/indice.htm>. Acesso em: 5 jan. 2016.

CONSELHO DA EUROPA. Comitê de Ministros. Recomendação n. R (97) 13, 10 set. 1997. Disponível em: <https://wcd.coe.int/ViewDoc.jsp?id=585341&Site=CM&BackColorInternet=C3C3C3&BackColorIntranet=EDB021&BackColorLogged=F5D383>. Acesso em: 23 jan. 2016.

CONSELHO FEDERAL DE MEDICINA. Resolução n.º 2.121, de 2015. **Diário Oficial da República Federativa do Brasil**, Poder Executivo, Brasília, DF, 24 set. 2015. Seção 1, p. 117.

CORRÊA, Roberto Alvim; STEINBERG, Sary Hauster. **Dicionário escolar francês-português, português-francês.** 7. ed. Rio de Janeiro: FAE, 1992.

CORSO, Piermaria. **Notizie anonime e processo penale**. Padova: Cedam, 1977.

COSTA, José Armando da. Procedimentos apuratórios de faltas disciplinares. In: ______. **Teoria e prática do processo administrativo disciplinar**. São Paulo: Saraiva, 1987. p. 38-49.

COSTA JÚNIOR, Paulo José da. Parte II. In: CERNICHIARO, Luiz Vicente; COSTA JÚNIOR, Paulo José da. **Direito Penal na Constituição**. São Paulo: Editora Revista dos Tribunais, 1990. p. 197-259.

CUNEGATTI, Beatrice. Anonimato e libertà di stampa. In: FINOCCHIARO, Giusella (Org.). **Diritto all'anonimato**: anonimato, nome e identità personale. Verona: Cedam, 2008. p. 254-262.

DALLARI, Dalmo de Abreu. Prefácio. In: VERRI, Pietro. **Observações sobre a tortura**. Trad. Federico Carotti. 2. ed. São Paulo: Martins Fontes, 2000. p. VII-XXIII.

DAMASIO, Antonio R. **Descartes' error:** emotion, reason and the human brain. New York: Avon Books, 1994.

DELGADO, Jose Federico. **La denuncia anónima**. Buenos Aires: Fabian J. Di Placido, 1999.

DERECHOS humanos en Argentina; Informe 2010. Buenos Aires: Siglo Veintiuno Editores, 2010.

DESCARTES, René. **Meditações**. Trad. Enrico Corvisieri. São Paulo: Abril Cultural, 1999. (Coleção Os Pensadores).

DI PIETRO, Maria Sylvia Zanella. Processo administrativo. In: ______. **Direito administrativo.** 28. ed. São Paulo: Atlas, 2015. p. 764-784.

DICCIONARIO escolar Santillana de la lengua española. Barcelona, Santillana, 1999.

DICIONÁRIO da língua portuguesa. Porto: Porto Editora, 2009.

DIZIONARIO Studio italiano della língua italiana. Milano: Avallardi, 2010.

DOUZINAS, Costas. **O fim dos direitos humanos**. Trad. Luzia Araújo. São Leopoldo: Unisinos, 2009.

DUARTE, José. **A Constituição brasileira de 1946**: exegese dos textos à luz dos trabalhos da Assembleia Constituinte. Rio de Janeiro: Imprensa Nacional, 1947. v. 3.

DUGUIT, Léon. **Droit Constitutionnel**. Paris: Ancienne Librairie Thorin et fils, 1907.

DWORKIN, Ronald. Que direitos temos? In: ______. **Levando os direitos a sério**. Trad. Nelson Boeira. São Paulo: Martins Fontes, 2002. p. 409-427.

ESMEIN, Adhemar. Criminal procedure since 1800 in other countries. In: ______. **A history of continental criminal procedure, with especial reference to France**. Trad. John Simpson. Boston: Little, Brown and Company, 1913. p. 570-608.

FALCÃO, Alcino Pinto. **Constituição anotada**. Rio de Janeiro: José Konfino, 1957. v. 2.

FALCONE, Giovanni; PADOVANI, Marcelle. **Cosa nostra**: o juiz e os "homens de honra". Trad. Maria D. Alexandre. Rio de Janeiro: Bertrand Brasil, 1993.

FARIAS, Edilsom Pereira de. **Colisão de direitos**: a honra, a intimidade, a vida privada e a imagem *versus* a liberdade de expressão e informação. 3. ed. Porto Alegre: Sergio Antonio Fabris Editor, 2008.

______. **Liberdade de expressão e comunicação:** teoria e proteção constitucional. São Paulo: Atlas, 2004.

FARINHO, Domingos Soares. **Intimidade da vida privada e media no ciberespaço**. Coimbra: Almedina, 2006.

FELDENS, Luciano. O dever estatal de investigar: imposição decorrente dos direitos humanos e fundamentais como imperativos de tutela. In: CUNHA, Rogério Sanches; TAQUES, Pedro; GOMES, Luiz Flávio (Coord.). **Limites constitucionais da investigação**. São Paulo: Editora Revista dos Tribunais, 2009. p. 222-243.

FEITOSA, Maria Luiza Alencar Mayer. Direito econômico da energia e direito econômico do desenvolvimento: superando a visão tradicional. In: FEITOSA, Maria Luiza Alencar Mayer, PEREIRA, Maria Marconiete Fernandes. **Direito econômico da energia e do desenvolvimento**: ensaios interdisciplinares. São Paulo: Conceito Editorial, 2012. p. 25-46.

FERRARESI, Eurico. Limites da atuação do Ministério Público no inquérito civil. In: CUNHA, Rogério Sanches; TAQUES, Pedro; GOMES, Luiz Flávio. **Limites constitucionais da investigação**. São Paulo: Editora Revista dos Tribunais, 2009. p. 72-87.

FERRAZ JÚNIOR, Tércio Sampaio. **Introdução ao estudo do direito**: técnica, decisão, dominação. 8. ed. São Paulo: Atlas, 2015.

FERREIRA, Aurélio Buarque de Holanda. **Dicionário Aurélio básico da língua portuguesa**. Rio de Janeiro: Nova Fronteira, 1988.

FISCHER, Douglas. Investigação criminal pelo Ministério Público: sua determinação pela Constituição brasileira como garantia do investigado e da sociedade. In: CUNHA, Rogério Sanches; TAQUES, Pedro; GOMES, Luiz Flávio. **Limites constitucionais da investigação**. São Paulo: Editora Revista dos Tribunais, 2009. p. 46-71.

FISS, Owen M.. **Democracia y dissenso**; uma teoria de la libertad de expresión. Trad. María Luisa Piquet; María Victoria Ricciardi. Buenos Aires: Ad-Hoc, 2010.

FONTANIER, Jean-Michel. **Vocabulário latino da filosofia**: de Cícero a Heidegger. Trad. Álvaro Cabral. São Paulo: WMF Martins Fontes, 2007.

FONTES, Narbal de Marsillac. Direitos humanos e comunidade internacional de espíritos. **Ethica**, Rio de Janeiro, v. 14, n. 1, p. 87-105, 2007.

FOUCAULT, Michel. **A verdade e as formas jurídicas**. Trad. Eduardo Jardim; Roberto Machado. Rio de Janeiro: Nau, 2013.

FRANCA FILHO, Marcílio Toscano. Multisensory law and Italo Calvino's "Lezioni americane": elements for an impure theory of Law. **Comparative Law Review**, Perugia, v. 5, n. 1, p. 1-20, 2014.

FRANCO, Benedito Luiz. **Proteção constitucional do sigilo da fonte na comunicação jornalística**. São Paulo: Celso Bastos Editor, 1999.

FREITAS, Lorena. As bases do realismo jurídico norte-americano no pragmatismo filosófico. In: FEITOSA, Enoque *et alii* (Org.). **O judiciário e o discurso dos direitos humanos:** volume 2. Recife: EdUFPE, 2012. p. 43-64.

FREITAS, Ricardo. Condenados à civilização: o positivismo naturalista e a repressão penal no alvorecer da República. In: BRANDÃO, Cláudio; SALDANHA, Nelson; FREITAS, Ricardo (Coord.). **História do direito e do pensamento jurídico em perspectiva**. São Paulo: Atlas, 2012a. p. 357-388.

______. Quando os caminhos de Temis e Clio se encontram: o direito penal e as possibilidades do conhecimento histórico das ideias penais. In: BRANDÃO, Cláudio; SALDANHA, Nelson; FREITAS, Ricardo (Coord.). **História do direito e do pensamento jurídico em perspectiva**. São Paulo: Atlas, 2012b. p. 459-484.

FROTA, Hidemberg Alves da. A quebra do sigilo das fontes jornalísticas pelo Poder Judiciário. **Atuação - Revista Jurídica do Ministério Público catarinense**, Florianópolis, v. 4, n. 8, p. 137-148, jan./abr. 2006.

FULLER, Lon L. **O caso dos denunciantes invejosos**: introdução práticas às relações entre direito, moral e justiça. Trad. Dimitri Dimoulis. São Paulo: Editora Revista dos Tribunais, 2003.

GALIANO HAENSCH, José. Ética social: fundamento y finalidade de la ética jurídica. Santiago: Cesoc, 2004.

GHIGNONE, Monia Lopes Souza. As representações criminais anônimas e a justiça constitucional (I). **Revista do Instituto do Direito Brasileiro**, Lisboa, v. 2, n. 5, p. 3.837-3.883, 2013a.

______. As representações criminais anônimas e a justiça constitucional (II). **Revista do Instituto do Direito Brasileiro**, Lisboa, v. 2, n. 6, p. 4.951-5.024, 2013b.

GIACOBBO, Elisa Olivia. A *notitia* anônima de crime e a vedação constitucional ao anonimato. **Revista Jurídica**, Sapucaia do Sul/RS, v. 57, n. 386, p. 95-147, dez. 2009.

GUASTINI, Vicente Celso da Rocha. Dos crimes contra a honra. In: FRANCO, Alberto Silva *et alii*. **Código Penal e sua interpretação jurisprudencial**. 6. ed. São Paulo: Editora Revista dos Tribunais, 1997. v. 1, t. 2.

HÄBERLE, Peter. **Hermenêutica constitucional**: a sociedade aberta dos intérpretes da Constituição – contribuição para a interpretação pluralista e "procedimental" da Constituição. Trad. Gilmar Ferreira Mendes. Porto Alegre: Sergio Antonio Fabris Editor, 2002.

HABERMAS, Jürgen. **Direito e democracia:** entre facticidade e validade. Trad. Flávio Beno Siebeneichler. 2. ed. Rio de Janeiro: Tempo Brasileiro, 2003. v. 1.

HESSE, Konrad. **Elementos de direito constitucional da República Federal da Alemanha**. Trad. Luís Afonso Heck. Porto Alegre: Sergio Antonio Fabris Editor, 1998.

HUNGRIA, Nelson. A disciplina jurídica da liberdade de pensamento e informação. **Revista dos Tribunais**, São Paulo, v. 57, n. 397, p. 9-18, nov. 1968.

IENNACO, Rodrigo. **Inteligência criminal e denúncia anônima**. Belo Horizonte: Arraes, 2011.

JABUR, Gilberto Haddad. **Liberdade de pensamento e direito à vida privada**. São Paulo: Editora Revista dos Tribunais, 2000.

JAKOBS, Günther. Direito penal do cidadão e direito penal do inimigo. In: JAKOBS, Günther; CANCIO MELIÁ, Manuel. **Direito penal do inimigo**: noções e críticas. Trad. André Luís Callegari e Nereu José Giacomolli. 6. ed. Porto Alegre: Livraria do Advogado Editora, 2015. p. 19-48.

KANT, Immanuel. Fundamentação da metafísica dos costumes. In: KANT, Immanuel. **Textos selecionados.** Trad. Tania Maria Bernkopf, Paulo Quintela e Rubens Rodrigues Torres Filho. São Paulo: Abril Cultural, 1980. p. 101-162. (Coleção Os Pensadores).

KELSEN, Hans. Estática Jurídica. In: ______. **Teoria pura do direito**. Trad. João Baptista Machado. 8. ed. São Paulo: WMF Martins Fontes, 2009. p. 121-213.

KESLER, Charles R. Introduction. In: HAMILTON, Alexander; MADISON, James; JAY, John. **The federalist papers**. New York: New American Library, 2003. p. vii-xxxi.

KRAMER, Heinrich; SPRENGER, James. ***Malleus maleficarum*:** o martelo das feiticeiras. Trad. Paulo Fróes. Rio de Janeiro: BestBolso, 2015.

KREWER, Jair Vanderlei. A denúncia anônima no âmbito da Administração Pública. **Revista Jurídica Unigran**, Dourados/MS, v. 8, n. 15, p. 137-149, jan./jun. 2006.

KYMLICKA, Will; NORMAN, Wayne. El retorno del ciudadano; una revisión de la producción reciente en teoría de la ciudadanía. Ágora, n. 7, p. 2-30, Lima, 1997.

LAFER, Celso. **A reconstrução dos direitos humanos:** um diálogo com o pensamento de Hannah Arendt. São Paulo: Companhia das Letras, 1998.

LEONE, Giovanni. **Lineamenti di diritto processuale penale**. 2. ed. Napoli: Jovene, 1951.

LESSA, Sebastião José. **Direito administrativo disciplinar interpretado pelos tribunais.** Belo Horizonte: Fórum, 2008.

LÉVINAS, Emmanuel. **Entre nós**: ensaios sobre a alteridade. Trad. Pergentino Pivatto. 5. ed. Petrópolis: Vozes, 2010.

LIMA, Raimundo Márcio Ribeiro. Direito fundamental de petição. In: ______. **Administração pública dialógica**. Curitiba: Juruá, 2013. p. 336-363.

LOCKE, John. **Dois tratados sobre o governo**. Trad. São Paulo: Martins Fontes, 2001. Segundo Tratado.

______. **Ensaio acerca do entendimento humano**. Trad. Anoar Aiex. 2. ed. São Paulo: Abril Cultural, 1978. (Coleção Os Pensadores).

LOPES JÚNIOR, Aury; GLOECKNER, Ricardo Jacobsen. **Investigação preliminar no processo penal**. 6. ed. São Paulo: Saraiva, 2014.

LOWER, Thomas. **La inquisicion**. Trad. T. Lopez. Valencia; Barcelona: Ediciones Petronio, 1975. t. 2.

LUSTY, David. Anonymous accusers: an historical & comparative analysis of secret witnesses in criminal trials. **The Sydney Law Review**, Sydney, v. 24, n. 3, p. 361-426, set. 2002.

LUHMANN, Niklas. **Sociologia do Direito II**. Trad. Gustavo Bayer. Rio de Janeiro: Edições Tempo Brasileiro, 1985.

M., o vampiro de Düsseldorf. Direção: Fritz Lang. Produção: Seymour Nebenzal. Alemanha: 1931. 1 filme digital (112 min), son., p&b.

MACHADO, Daniele Santos. **A violência contra as mulheres:** um olhar sobre os dados do Disque Denúncia. 2008. 143 f. Dissertação (Mestrado em Estudos Populacionais e Pesquisas Sociais)-Escola Nacional de Ciências Estatísticas, Rio de Janeiro, 2008.

MACHADO DE ASSIS, Joaquim Maria. A cartomante. In: ______. **Contos**. 2. ed. São Paulo: Cered, 1994. p. 1-11.

______. A senhora do Galvão. In: ______. **Histórias sem data**. São Paulo: Ática, 2006. p. 137-143.

MADEIRA, José Maria Pinheiro. Denúncia anônima e processo administrativo disciplinar. **Fórum Administrativo - Direito Público**, Belo Horizonte, v. 10, n. 111, p. 23-29, maio 2010.

MAIA, Luciano Mariz. **Do controle judicial da tortura institucional do Brasil de hoje**: à luz do direito internacional dos direitos humanos. 2006. 405 f. Tese (Doutorado em Direito)-Universidade Federal de Pernambuco, Recife, 2006.

MALAN, Diogo Rudge. **Direito ao confronto no processo penal**. Rio de Janeiro: Lumen Juris, 2009.

MARQUES, José Frederico. **Elementos de direito processual penal**. Campinas: Millenium, 2009. v. 1.

MARTINS, Leonardo. **Liberdade e Estado constitucional**: leitura jurídico-dogmática de uma complexa relação a partir da teoria liberal dos direitos fundamentais. São Paulo: Atlas, 2012.

MAXIMILIANO, Carlos. **Comentários à Constituição brasileira**. 5. ed. Rio de Janeiro, São Paulo: Livraria Freitas Bastos, 1954. v. 3.

______. **Comentários à Constituição brasileira de 1891**. Ed. fac-similar. Brasília: Senado Federal, Conselho Editorial, 2005.

MAZZILLI, Hugo Nigro. Origens do Ministério Público. In: ______. **Introdução ao Ministério Público**. 2. ed. rev., ampl. e atual. São Paulo: Saraiva, 1998. p. 1-2.

______. **O inquérito civil**: investigações do Ministério Público, compromissos de ajustamento e audiências públicas. 2. ed. São Paulo: Saraiva, 2000.

MEDAUAR, Odete. Processo administrativo disciplinar. In: ______. **Direito administrativo moderno**. 15. ed. São Paulo: Editora Revista dos Tribunais, 2011. p. 327-331.

MENDES, Gilmar Ferreira. Colisão de direitos fundamentais: liberdade de expressão e de comunicação e direito à honra e à imagem. **Revista de Informação Legislativa**, Brasília, v. 31, n. 122, p. 297-301, maio/jul. 1994.

MILL, John Stuart. **Sobre la libertad**. Trad. Pablo de Azcárate. Madrid: Alianza Editorial, 2005.

MILTON, John. **Aeropagitica.** Trad. José Carner. México: Fondo del Cultura Economica, 1941.

MIRABETE, Julio Fabbrini. **Processo penal.** 8. ed. rev. e atual. São Paulo: Atlas, 1998.

MIRANDA, Jorge. **Manual de direito constitucional.** Coimbra: Coimbra Editora, 2009. Tomo I.

MIRANDA, Jorge; MEDEIROS, Rui. **Constituição portuguesa anotada.** Coimbra: Coimbra Editora, 2005. Tomo I.

MIRANDA, Pontes de. **Comentários à Constituição de 1946.** 4. ed. Rio de Janeiro: Borsoi, 1963. Tomo IV.

______. **Comentários à Constituição de 1967.** São Paulo: Editora Revista dos Tribunais, 1967. Tomo V.

MONTESQUIEU, Charles de Secondat, Baron de. **O espírito das leis.** Trad. Cristina Murachco. São Paulo: Martins Fontes, 1996.

MORAES, Alexandre de. **Constituição do Brasil interpretada e legislação constitucional.** 7. ed. São Paulo: Atlas, 2007.

MORO, Sergio Fernando. Considerações sobre a operação *mani pulite.* **Revista Jurídica do Centro de Estudos Judiciários**, Brasília, n. 26, p. 56-62, jul./set. 2004a.

______. **Jurisdição constitucional como democracia**. São Paulo: Editora Revista dos Tribunais, 2004b.

MÜLLER, Friedrich. **Quem é o povo?** A questão fundamental da democracia. Trad. Peter Naumann. 3. ed. São Paulo: Max Limonad, 2003.

NABUCO, Joaquim. **Um estadista do Império:** Nabuco de Araújo – sua vida, suas opiniões, sua época. São Paulo: Companhia Editora Nacional, 1936.

NIGER, Sergio. Sorveglianza e nuovi diritti di libertà. In: FINOCCHIARO, Giusella (Org.). **Diritto all'anonimato**: anonimato, nome e identità personale. Verona: Cedam, 2008. p. 3-20.

NOVELINO, Marcelo. **Direito Constitucional**. 5. ed. Rio de Janeiro: Forense; São Paulo: Método, 2011.

NEVES, Marcelo. **Transconstitucionalismo**. São Paulo: WMF Martins Fontes, 2009.

OLIVEIRA, Regis Fernandes de. Processo administrativo. In: ______. **Servidores públicos**. 3. ed. São Paulo: Malheiros, 2015. p. 196-205.

ORÇAI, Marcella Cordeiro. A (in)validade da delação anônima. In: ENCONTRO PREPARATÓRIO PARA O CONGRESSO NACIONAL DO CONPEDI, 15., 2007. **Anais...** Campos dos Goytacazes, FDC, 2007. p. 2.437-2.456.

PAZZAGLINI FILHO, Marino; ROSA, Márcio Fernando Elias; FAZZIO JÚNIOR, Waldo. **Improbidade administrativa**: aspectos jurídicos da defesa do patrimônio público. 4. ed. São Paulo: Atlas, 1999.

PELINO, Enrico. La nozione di anonimo. In: FINOCCHIARO, Giusella (Org.). **Diritto all'anonimato**: anonimato, nome e identità personale. Verona: Cedam, 2008. p. 31-58.

PERELMAN, Chaïm. Ética e direito. Trad. Maria Ermantina de Almeida Prado Galvão. 2. ed. São Paulo: Martins Fontes, 2005.

PLATÃO. **A república**. Trad. Enrico Corvisieri. São Paulo: Abril Cultural, 2000. (Coleção Os Pensadores)

PROGRAMA de proteção de vítimas e testemunhas ameaçadas pede apoio. **Notícias da Câmara dos Deputados**, Brasília, 29 abr. 2015. Disponível em: <http://www2.camara.leg.br/atividade-legislativa/comissoes/comissoes-permanentes/cdhm/noticias/programa-de-protecao-a-vitimas-e-testemunhas-ameacadas-pede-apoio>. Acesso em: 1 jul. 2015.

RABENHORST, Eduardo Ramalho. **Dignidade humana e moralidade democrática**. Brasília: Brasília Jurídica, 2001.

RAMOS DE OLIVEIRA, Graciliano. A prisão de J. Carmo Gomes. In: ______. **Insônia**. 15. ed. Rio de Janeiro; São Paulo: Record, 1979.

RANGEL, Paulo. A linguagem pelo avesso: a denúncia anônima como causa (i)legitimadora da instauração de investigação criminal: inconstitucionalidade e irracionalidade. **Temas atuais do Ministério Público**; a atuação do *Parquet* nos 20 anos da Constituição Federal. Rio de Janeiro: Lumen Juris, 2008. p. 739-755.

RAWLS, John. **Uma teoria da justiça**. Trad. Jussara Simões. 3. ed. São Paulo: Martins Fontes, 2008.

RIVERO, Jean; MOUTOUH, Hughes. A liberdade de opinião. In: ______. **Liberdades públicas**. Trad. Maria Ermantina de Almeida Prado Galvão. São Paulo: Martins Fontes, 2006. p. 503-520.

RODOTÀ, Stefano. Neutralità e anonimato. In: ______. **Il mondo nella rete**: quali i diritto, quali i vincoli. Roma: Laterza, 2014. p. 21-26.

RODRIGUES, Lêda Boechat. A Corte Suprema dos Estados Unidos e as liberdades de palavra e de imprensa. **Revista Forense**, Rio de Janeiro, v. 55, n. 169, p. 33-46, jan./fev. 1957.

RODRIGUES, Nelson. **A vida como ela é**: *O homem fiel* e outros contos. São Paulo: Companhia das Letras, 1992.

RODRIGUES JUNIOR, Álvaro. **Liberdade de expressão e liberdade de informação:** limites e formas de controle. Curitiba: Juruá, 2009.

ROJAS, Ricardo Manuel. **Los derechos fundamentales y el orden jurídico e institucional de Cuba**. Buenos Aires: Fund. Cadal: Konrad Adenauer Stiftung, 2005.

ROSA, Alexandre Morais da; CONOLLY, Ricardo. Democracia e juiz sem rosto: problemas da Lei n.º 12.694/2012. **Revista Libertas**, Ouro Preto, v. 1, n. 1, p. 1-22, jan./jun. 2014. Disponível em: <http://www.libertas.ufop.br/index.php/libertas/article/view/5/20>. Acesso em: 29 fev. 2016.

ROUSSEAU, Jean-Jacques. Dos deputados ou representantes. In: ______. **Do contrato social**. Trad. Lourdes Santos Machado. São Paulo: Abril Cultural, 1999. p. 185-189. (Coleção Os Pensadores).

RUDI, Daniel Mario. **Protección de testigos y proceso penal**. 2. ed. Buenos Aires: Editorial Astrea, 2008.

SAFERNET. Disponível em: <www.safernet.org.br>. Acesso em: 23 jan. 2016.

SANTOS, Wanderley Guilherme dos. **O paradoxo de Rousseau**; uma interpretação democrática da vontade geral. Rio de Janeiro: Rocco, 2007.

SARLET, Ingo Wolfgang. O sistema constitucional brasileiro. In: SARLET, Ingo Wolfgang; MARINONI, Luiz Guilherme; MITIDIERO, Daniel. **Curso de direito constitucional**. São Paulo: Editora Revista dos Tribunais, 2012. p. 223-614.

SCHIER, Paulo Ricardo. Denúncia anônima em processo disciplinar na experiência dos tribunais superiores: entre os direitos fundamentais e o dever de investigação da administração pública. In: SIMPÓSIO NACIONAL DE DIREITO CONSTITUCIONAL, 9., 2011. **Anais...** Curitiba, ABDConst, 2011. p. 224-249.

SEN, Amartya. **A ideia de justiça**. Trad. Denise Bottmann; Ricardo Doninelli Mendes. São Paulo: Companhia das Letras, 2011.

______. **Desenvolvimento como liberdade**. Trad. Laura Teixeira Motta. São Paulo: Companhia das Letras, 2000.

SHANNON, Albert. The secrecy of witnesses in inquisitorial tribunals and in contemporary secular criminal trials. In: EVANS, Austin Patterson. **Essays in medieval life and thought presented in honour of Austin Patterson Evans**. New York: Biblo and Tannen, 1965. p. 59-69.

SILVA, José Afonso da. **Curso de Direito Constitucional positivo**. 9. ed. São Paulo: Malheiros, 1994.

SILVA JÚNIOR, Walter Nunes da. **Curso de direito processual penal:** teoria (constitucional) do processo penal. Rio de Janeiro: Renovar, 2008.

SILVEIRA, José Braz da. **A proteção à testemunha e o crime organizado no Brasil**. 3. ed. Curitiba: Juruá, 2014.

SINGER, Peter. Ética prática. Trad. Jefferson Luiz Camargo. São Paulo: Martins Fontes, 2002. (Coleção biblioteca universal).

SIQUEIRA, Mariana de. **Interesse público no Direito Administrativo brasileiro**: da construção da moldura à composição da pintura. Rio de Janeiro: Lumen Juris, 2016.

SÓFOCLES. Antígona. In: ______. **A trilogia tebana.** Trad. Mário da Gama Kury. Rio de Janeiro: Zahar, 1990a. p. 199-258.

______. Édipo Rei. In: ______. **A trilogia tebana.** Trad. Mário da Gama Kury. Rio de Janeiro: Zahar, 1990b. p. 17-97.

SORTO, Fredys Orlando. Cidadania e nacionalidade: institutos jurídicos de Direito interno e de Direito internacional. **Verba Juris:** Anuário da Pós-Graduação em Direito, João Pessoa, v. 8, n. 8, p. 41-64, jan./dez. 2009.

______. O Federalista e a Constituição dos Estados Unidos. **Revista Brasileira de Estudos Políticos**, Belo Horizonte, Universidade Federal de Minas Gerais, n. 82, p. 133-158, jan. 2009.

SOUZA, Diego Fajardo Maranha Leão de. **O anonimato no processo penal:** proteção a testemunhas e o direito à prova. Belo Horizonte: Arraes Editores, 2012.

SOUZA, Rodrigo Telles de. **Investigação criminal e vedação ao anonimato no sistema jurídico brasileiro**. Curitiba: Juruá, 2013.

SOUZA NETO, Cláudio Pereira de. Teoria da Constituição, democracia e igualdade. In: SOUZA NETO, Cláudio Pereira de, *et alii*. **Teoria da Constituição**: estudos sobre o lugar da Política no Direito Constitucional. Rio de Janeiro: Lumen Juris, 2003. p. 1-73.

STOCO, Rui. Dos crimes contra a administração pública. In: FRANCO, Alberto Silva *et alii*. **Código Penal e sua interpretação jurisprudencial**. 6. ed. São Paulo: Editora Revista dos Tribunais, 1997. v. 1, t. 2. p. 3.558-3.936.

TACITUS, Publius Cornelius. **The annals**. Trad. Alfred John Church; William Jackson Brodribb. Adelaide: University of Adelaide, 2014. Disponível em: <ht-

tps://ebooks.adelaide.edu.au/t/tacitus/t1a/complete.html#book4>. Acesso em: 7 ago. 2015.

TASSE, Adel El. **Investigação preparatória**. 3. ed. rev. e atual. Curitiba: Juruá, 2010.

TEPEDINO, Gustavo; BARBOZA, Heloisa Helena; MORAES, Maria Celina Bodin de. **Código Civil interpretado conforme a Constituição da República**. 2. ed. Rio de Janeiro: Renovar, 2007.

THAMAN, Stephen C.. **Comparative criminal procedure:** a casebook approach. 2. ed. Durham: Carolina Academic Press, 2008.

TOMUSCHAT, Christian. **Human Rights**; between Idealism and Realism. 2. ed. Oxford: Oxford University Press, 2008.

TOURINHO FILHO, Fernando da Costa. **Processo Penal.** 20. ed. São Paulo: Saraiva, 1998. v. 1.

TRANSPARENCY INTERNATIONAL. **Corruption perceptions index 2014**. 2014. Disponível em: <http://www.transparency.org/cpi2014/results>. Acesso em: 2 out. 2015.

TRIBUNAL EUROPEU DOS DIREITOS DO HOMEM. **Convenção europeia dos direitos do homem**. Disponível em: <http://www.echr.coe.int/Documents/Convention_POR.pdf>. Acesso em: 13 ago. 2015.

VERAS, Ryanna Pala. **Nova criminologia e os crimes do colarinho branco.** São Paulo: WMF Martins Fontes, 2010.

VIANA FILHO, Luís. **O governo Castello Branco**. Rio de Janeiro: J. Olympio, 1975. (Coleção Documentos Brasileiros).

VILLANUEVA, Ernesto. **Régimen jurídico de las libertades de expresión e información en México**. México: Universidad Nacional Autónoma de México, 1998.

VILLEY, Michel. **O direito e os direitos humanos**. Trad. Maria Ermantina de Almeida Prado Galvão. São Paulo: WMF Martins Fontes, 2007.

WALLACE, Kathleen A.. Anonymity. **Ethics and information technology**, Dordrecht, v. 1, n. 1, p. 23-35, mar. 1999.

WEINMANN, Amadeu de Almeida, WEINMANN, Rejane. A escuta telefônica e outras invasões da intimidade - o anonimato e sua ilicitude. **Revista Magister de Direito Penal e Processual Penal**, Porto Alegre, v. 7, n. 38, p. 79-93, out./nov. 2010.

WENDT, Emerson; BARRETO, Alesandro Gonçalves. **Inteligência digital**: uma análise das fontes abertas na produção de conhecimento e de provas em investigações criminais e processos. Rio de Janeiro: Brasport, 2013.

WINTER, Lorena Bachmaier. Investigación penal y protección de la privacidad: la jurisprudencia del Tribunal Europeo de Derechos Humanos. **Revista de Processo**, São Paulo, v. 32, n. 152, p. 259-278, out. 2007.

WOLKMER, Antonio Carlos. O direito nas sociedades primitivas. In: ______ (Org.). **Fundamentos de história do Direito**. 5. ed. Belo Horizonte: Del Rey, 2010. p. 1-13.

ZULIANI, Ênio Santarelli. Da liberdade de manifestação do pensamento e de informação. In: GOMES JÚNIOR, Luiz Manoel (Coord.). **Comentários à lei de imprensa**. São Paulo: Editora Revista dos Tribunais, 2007. p. 37-180.

2 Julgados pesquisados

BRASIL. Supremo Tribunal Federal. Pleno. Mandado de Segurança n.° 1.959, Relator Ministro Luiz Gallotti, Brasília, DF, 23 jan. 1953. **Diário da Justiça**. Brasília, 13 ago. 1953. Disponível em: <http://redir.stf.jus.br/paginadorpub/paginador.jsp?docTP=AC&docID=82216>. Acesso em: 30 jul. 2015.

______. Supremo Tribunal Federal. Primeira Turma. Recurso Extraordinário n.° 25.348, Relator Ministro Ribeiro da Costa, Brasília, DF, 2 dez. 1954. **Diário da Justiça**. Brasília, 5 maio 1955. Disponível em: <http://redir.stf.jus.br/paginadorpub/paginador.jsp?docTP=AC&docID=126498>. Acesso em: 30 jul. 2015.

______. Supremo Tribunal Federal. Pleno. Mandado de Segurança n.° 14.686, Relator Ministro Prado Kelly, Brasília, DF, 17 ago. 1966. **Diário da Justiça**. Brasília, 5 fev. 1967. Disponível em: <http://redir.stf.jus.br/paginadorpub/paginador.jsp?docTP=AC&docID=112564>. Acesso em: 30 jul. 2015.

______. Supremo Tribunal Federal. Terceira Turma. Recurso em Mandado de Segurança n.° 14.685, Relator Ministro Hermes Lima, Brasília, DF, 17 ago. 1966. **Diário da Justiça**. Brasília, 6 out. 1967. Disponível em: <http://redir.stf.jus.br/paginadorpub/paginador.jsp?docTP=AC&docID=112563>. Acesso em: 30 jul. 2015.

______. Supremo Tribunal Federal. Pleno. Recurso Extraordinário n.° 125.556, Relator Ministro Carlos Velloso, Brasília, DF, 27 mar. 1992. **Diário da Justiça**. Brasília, 15 maio 1992. Disponível em: <http://redir.stf.jus.br/paginadorpub/paginador.jsp?docTP=AC&docID=207526>. Acesso em: 23 abr. 2015.

______. Supremo Tribunal Federal. Segunda Turma. Habeas Corpus n.° 69.652, Relator Ministro Néri da Silveira, Brasília, DF, 13 out. 1992. **Diário da Justiça**. Brasília, 7 maio 1993. Disponível em: <http://redir.stf.jus.br/paginadorpub/paginador.jsp?docTP=AC&docID=71893>. Acesso em: 2 abr. 2015.

______. Supremo Tribunal Federal. Pleno. Habeas Corpus n.° 69.912, Relator para acórdão Ministro Carlos Velloso, Brasília, DF, 30 jun. 1993. **Diário da Justiça**. Brasília, 26 nov. 1993. Disponível em: <http://redir.stf.jus.br/paginadorpub/paginador.jsp?docTP=AC&docID=72076>. Acesso em: 13 out. 2015.

BRASIL. Supremo Tribunal Federal. Segunda Turma. Ação Penal n.° 307, Relator Ministro Ilmar Galvão, Brasília, DF, 13 dez. 1994. **Diário da Justiça**. Brasília, 13 out. 1995. Disponível em: <http://redir.stf.jus.br/paginadorpub/paginador.jsp?docTP=AC&docID=324295>. Acesso em: 13 out. 2015.

______. Supremo Tribunal Federal. Decisão Monocrática. Inquérito n.° 870, Ministro Celso de Mello, Brasília, DF, 8 abr. 1996. **Diário da Justiça**. Brasília, 15 abr. 1996. Disponível em: <http://www.stf.jus.br/portal/jurisprudencia/visualizarEmenta.asp?s1=000053211&base=baseMonocraticas>. Acesso em: 26 maio 2015.

______. Supremo Tribunal Federal. Primeira Turma. Habeas Corpus n.° 74.195, Relator Ministro Sydney Sanches, Brasília, DF, 13 ago. 1996. **Diário da Justiça**. Brasília, 13 set. 1996. Disponível em: <http://redir.stf.jus.br/paginadorpub/paginador.jsp?docTP=AC&docID=75059>. Acesso em: 2 abr. 2015.

______. Supremo Tribunal Federal. Primeira Turma. Habeas Corpus n.° 74.530, Relator Ministro Ilmar Galvão, Brasília, DF, 12 nov. 1996. **Diário da Justiça**. Brasília, 13 dez. 1996. Disponível em: < http://redir.stf.jus.br/paginadorpub/paginador.jsp?docTP=AC&docID=75303>. Acesso em: 13 out. 2015.

______. Supremo Tribunal Federal. Pleno. Habeas Corpus n.° 73.351, Relator Ministro ilmar Galvão, Brasília, DF, 9 maio 1996. **Diário da Justiça**. Brasília, 19 mar. 1999. Disponível em: <http://redir.stf.jus.br/paginadorpub/paginador.jsp?docTP=AC&docID=74435>. Acesso em: 13 out. 2015.

______. Supremo Tribunal Federal. Primeira Turma. Habeas Corpus n.° 74.152, Relator Ministro Sydney Sanches, Brasília, DF, 20 ago. 1996. **Diário da Justiça**. Brasília, 8 out. 1999.

______. Supremo Tribunal Federal. Pleno. *Habeas Corpus* n.° 72.588, Relator Ministro Maurício Corrêa, Brasília, DF, 12 jun. 1996. **Diário da Justiça**. Brasília, 4 ago. 2000. Disponível em: <http://redir.stf.jus.br/paginadorpub/paginador.jsp?docTP=AC&docID=73874>. Acesso em: 13 out. 2015.

______. Supremo Tribunal Federal. Segunda Turma. *Habeas Corpus* n.° 76.203, Relator para o acórdão Ministro Nelson Jobim, Brasília, DF, 16 jun. 1998. **Diário da Justiça**. Brasília, 17 nov. 2000. Disponível em: <http://redir.stf.jus.br/paginadorpub/paginador.jsp?docTP=AC&docID=76493>. Acesso em: 13 out. 2015.

BRASIL. Supremo Tribunal Federal. Primeira Turma. Recurso Ordinário em Mandado de Segurança n.° 22.789, Relator Ministro Moreira Alves, Brasília, DF, 4 maio 1999. **Diário da Justiça**. Brasília, 25 jun. 1999. Disponível em: <http://redir.stf.jus.br/paginadorpub/paginador.jsp?docTP=AC&docID=115872>. Acesso em: 3 maio 2016.

______. Supremo Tribunal Federal. Primeira Turma. *Habeas Corpus* n.° 80.949, Relator Ministro Sepúlveda Pertence, Brasília, DF, 30 out. 2001. **Diário da Justiça**. Brasília, 14 dez. 2001. Disponível em: <http://redir.stf.jus.br/paginadorpub/paginador.jsp?docTP=AC&docID=78579>. Acesso em: 14 out. 2015.

______. Supremo Tribunal Federal. Decisão monocrática. Medida Cautelar em Mandado de Segurança n.° 24.369, Ministro Celso de Mello, Brasília, DF, 10 out. 2002. **Diário da Justiça**. Brasília, 16 out. 2002. Disponível em: <http://www.stf.jus.br/portal/jurisprudencia/visualizarEmenta.asp?s1=000034342&base=baseMonocraticas>. Acesso em: 2 abr. 2015.

______. Supremo Tribunal Federal. Pleno. *Habeas Corpus* n.° 79.512, Relator Ministro Sepúlveda Pertence, Brasília, DF, 16 dez. 1999. **Diário da Justiça**. Brasília, 16 maio 2003. Disponível em: <http://redir.stf.jus.br/paginadorpub/paginador.jsp?docTP=AC&docID=78086>. Acesso em: 14 out. 2015.

______. Supremo Tribunal Federal. Decisão monocrática. Inquérito n.° 2.041, Ministro Celso de Mello, Brasília, DF, 30 set. 2003. **Diário da Justiça**. Brasília, 6 out. 2003. Disponível em: <http://stf.jus.br/portal/jurisprudencia/visualizarEmenta.asp?s1=000031047&base=baseMonocraticas>. Acesso em: 21 dez. 2015.

______. Supremo Tribunal Federal. Pleno. Mandado de Segurança n.° 22.888, Relator Ministro Nelson Jobim, Brasília, DF, 18 fev. 1998. **Diário da Justiça**. Brasília, 20 fev. 2004. Disponível em: <http://redir.stf.jus.br/paginadorpub/paginador.jsp?docTP=AC&docID=85853>. Acesso em: 2 abr. 2015.

______. Supremo Tribunal Federal. Pleno. *Habeas Corpus* n.° 82.424, Relator Ministro Moreira Alves, Brasília, DF, 17 set. 2003. **Diário da Justiça**. Brasília, 19 mar. 2004. Disponível em: <http://redir.stf.jus.br/paginadorpub/paginador.jsp?docTP=AC&docID=79052>. Acesso em: 25 jun. 2015.

BRASIL. Supremo Tribunal Federal. Pleno. Mandado de Segurança n.° 24.405, Relator Ministro Carlos Velloso, Brasília, DF, 3 dez. 2003. **Diário da Justiça**. Brasília, 23 abr. 2004. Disponível em: <http://redir.stf.jus.br/paginadorpub/paginador.jsp?docTP=AC&docID=86127>. Acesso em: 3 abr. 2015.

______. Supremo Tribunal Federal. Pleno. Inquérito n.° 2.130, Relatora Ministra Ellen Garcie, Brasília, DF, 13 out. 2004. **Diário da Justiça**. Brasília, 11 fev. 2005. Disponível em: <http://redir.stf.jus.br/paginadorpub/paginador.jsp?docTP=AC&docID=80686>. Acesso em: 22 abr. 2015.

______. Supremo Tribunal Federal. Pleno. Inquérito n.° 1.957, Relator Ministro Carlos Velloso, Brasília, DF, 11 maio 2005. **Diário da Justiça**. Brasília, 11 nov. 2005. Disponível em: <http://redir.stf.jus.br/paginadorpub/paginador.jsp?docTP=AC&docID=80669 >. Acesso em: 3 abr. 2015.

______. Supremo Tribunal Federal. Primeira Turma. *Habeas Corpus* n.° 85.964, Relator Ministro Marco Aurélio, Brasília, DF, 29 jun. 2005. **Diário da Justiça**. Brasília, 19 ago. 2005. Disponível em: <http://redir.stf.jus.br/paginadorpub/paginador.jsp?docTP=AC&docID=354400>. Acesso em: 3 abr. 2015.

______. Supremo Tribunal Federal. Pleno. Medida Cautelar em Mandado de Segurança n.° 24.832, Relator Ministro Cezar Peluso, Brasília, DF, 18 mar. 2004. **Diário da Justiça**. Brasília, 18 ago. 2006. Disponível em: <http://redir.stf.jus.br/paginadorpub/paginador.jsp?docTP=AC&docID=365462>. Acesso em: 15 maio 2015.

______. Supremo Tribunal Federal. Primeira Turma. Ação Originária n.° 1.402, Relator Ministro Sepúlveda Pertence, Brasília, DF, 19 set. 2006. **Diário da Justiça**. Brasília, 6 out. 2006. Disponível em: <http://redir.stf.jus.br/paginadorpub/paginador.jsp?docTP=AC&docID=324204>. Acesso em: 22 abr. 2015.

______. Supremo Tribunal Federal. Pleno. Arguição de Descumprimento de Preceito Fundamental n.° 33, Relator Ministro Gilmar Mendes, Brasília, DF, 7 dez. 2005. **Diário da Justiça**. Brasília, 27 out. 2006. Disponível em: <http://redir.stf.jus.br/paginadorpub/paginador.jsp?docTP=AC&docID=388700>. Acesso em: 12 maio 2015.

BRASIL. Supremo Tribunal Federal. Segunda Turma. *Habeas Corpus* n.° 89.877, Relator Ministro Eros Grau, Brasília, DF, 7 nov. 2006. **Diário da Justiça**. Brasília, 15 dez. 2006. Disponível em: <http://redir.stf.jus.br/paginadorpub/paginador.jsp?docTP=AC&docID=395010>. Acesso em: 1 out. 2015.

______. Supremo Tribunal Federal. Segunda Turma. Recurso Extraordinário n.° 413.559, Relator Ministro Gilmar Mendes, Brasília, DF, 28 nov. 2006. **Diário da Justiça**. Brasília, 16 mar. 2007. Disponível em: <http://redir.stf.jus.br/paginadorpub/paginador.jsp?docTP=AC&docID=409798>. Acesso em: 3 ago. 2015.

______. Supremo Tribunal Federal. Primeira Turma. *Habeas Corpus* n.° 84.827, Relator Ministro Marco Aurélio, Brasília, DF, 7 ago. 2007. **Diário da Justiça**. Brasília, 23 nov. 2007. Disponível em: <http://redir.stf.jus.br/paginadorpub/paginador.jsp?docTP=AC&docID=495536>. Acesso em: 4 abr. 2015.

______. Supremo Tribunal Federal. Segunda Turma. Recurso Ordinário em *Habeas Corpus* n.° 86.082, Relatora Ministra Ellen Gracie, Brasília, DF, 5 ago. 2008. **Diário da Justiça eletrônico**. Brasília, 22 ago. 2008. Disponível em: <http://redir.stf.jus.br/paginadorpub/paginador.jsp?docTP=AC&docID=542891>. Acesso em: 4 abr. 2015.

______. Supremo Tribunal Federal. Segunda Turma. *Habeas Corpus* n.° 85.541, Relator Ministro Cezar Peluso, Brasília, DF, 22 abr. 2008. **Diário da Justiça eletrônico**. Brasília, 22 ago. 2008. Disponível em: <http://redir.stf.jus.br/paginadorpub/paginador.jsp?docTP=AC&docID=542885>. Acesso em: 21 dez. 2015.

______. Supremo Tribunal Federal. Segunda Turma. *Habeas Corpus* n.° 91.350, Relatora Ministra Ellen Gracie, Brasília, DF, 16 jun. 2008. **Diário da Justiça eletrônico**. Brasília, 29 ago. 2008. Disponível em: <http://redir.stf.jus.br/paginadorpub/paginador.jsp?docTP=AC&docID=544071>. Acesso em: 4 abr. 2015.

______. Supremo Tribunal Federal. Primeira Turma. Agravo Regimental em Agravo de Instrumento n.° 687.893, Relator Ministro Ricardo Lewandowski, Brasília, DF, 26 ago. 2008. **Diário da Justiça eletrônico**. Brasília, 29 set. 2008. Disponível em: <http://redir.stf.jus.br/paginadorpub/paginador.jsp?docTP=AC&docID=549123>. Acesso em: 20 maio 2015.

BRASIL. Supremo Tribunal Federal. Pleno. Mandado de Segurança n.º 27.339, Relator Ministro Menezes Direito, Brasília, DF, 2 fev. 2009. **Diário da Justiça eletrônico**. Brasília, 6 mar. 2009. Disponível em: <http://redir.stf.jus.br/paginadorpub/paginador.jsp?docTP=AC&docID=579522>. Acesso em: 5 abr. 2015.

______. Supremo Tribunal Federal. Decisão Monocrática. *Habeas Corpus* n.º 100.042, Ministro Celso de Mello, Brasília, DF, 2 out. 2009. **Diário da Justiça eletrônico**. Brasília, 8 out. 2009. Disponível em: <http://www.stf.jus.br/portal/jurisprudencia/visualizarEmenta.asp?s1=000072209&base=baseMonocraticas>. Acesso em: 5 abr. 2015.

______. Supremo Tribunal Federal. Pleno. Arguição de Descumprimento n.º 130, Ministro Ayres Britto, Brasília, DF, 30 abr. 2009. **Diário da Justiça eletrônico**. Brasília, 6 nov. 2009. Disponível em: <http://redir.stf.jus.br/paginadorpub/paginador.jsp?docTP=AC&docID=605411>. Acesso em: 4 jun. 2015.

______. Supremo Tribunal Federal. Pleno. Recurso Extraordinário n.º 511.961, Ministro Gilmar Mendes, Brasília, DF, 17 jun. 2009. **Diário da Justiça eletrônico**. Brasília, 13 nov. 2009. Disponível em: <http://redir.stf.jus.br/paginadorpub/paginador.jsp?docTP=AC&docID=605643>. Acesso em: 14 maio 2015.

______. Supremo Tribunal Federal. Segunda Turma. *Habeas Corpus* n.º 90.178, Relator Ministro Cezar Peluso, Brasília, DF, 2 fev. 2010. **Diário da Justiça eletrônico**. Brasília, 26 mar. 2010. Disponível em: <http://redir.stf.jus.br/paginadorpub/paginador.jsp?docTP=AC&docID=609638>. Acesso em: 5 abr. 2015.

______. Supremo Tribunal Federal. Primeira Turma. *Habeas Corpus* n.º 98.345, Relator Ministro Dias Toffoli, Brasília, DF, 16 jun. 2010. **Diário da Justiça eletrônico**. Brasília, 17 set. 2010. Disponível em: <http://redir.stf.jus.br/paginadorpub/paginador.jsp?docTP=AC&docID=614240>. Acesso em: 6 abr. 2015.

______. Supremo Tribunal Federal. Primeira Turma. *Habeas Corpus* n.º 95.244, Relator Ministro Dias Toffoli, Brasília, DF, 23 mar. 2010. **Diário da Justiça eletrônico**. Brasília, 23 nov. 2010. Disponível em: <http://redir.stf.jus.

br/paginadorpub/paginador.jsp?docTP=AC&docID=616927>. Acesso em: 5 abr. 2015.

BRASIL. Supremo Tribunal Federal. Segunda Turma. *Habeas Corpus* n.° 99.490, Relator Ministro Joaquim Barbosa, Brasília, DF, 23 nov. 2010. **Diário da Justiça eletrônico**. Brasília, 1 fev. 2011. Disponível em: <http://redir.stf.jus.br/paginadorpub/paginador.jsp?docTP=AC&docID=618126>. Acesso em: 6 abr. 2015.

______. Supremo Tribunal Federal. Primeira Turma. *Habeas Corpus* n.° 103.418, Relator Ministro Dias Toffoli, Brasília, DF, 18 out. 2011. **Diário da Justiça eletrônico**. Brasília, 14 nov. 2011. Disponível em: <http://redir.stf.jus.br/paginadorpub/paginador.jsp?docTP=AC&docID=629605>. Acesso em: 10 abr. 2015.

______. Supremo Tribunal Federal. Segunda Turma. *Habeas Corpus* n.° 108.483, Relator Ministro Ricardo Lewandowski, Brasília, DF, 20 set. 2011. **Diário da Justiça eletrônico**. Brasília, 16 nov. 2011. Disponível em: <http://redir.stf.jus.br/paginadorpub/paginador.jsp?docTP=TP&docID=1571655>. Acesso em: 10 abr. 2015.

______. Supremo Tribunal Federal. Decisão Monocrática. Reclamação n.° 10.149, Ministra Rosa Weber, Brasília, DF, 22 fev. 2012. **Diário da Justiça eletrônico**. Brasília, 29 fev. 2012. Disponível em: <http://www.stf.jus.br/portal/jurisprudencia/visualizarEmenta.asp?s1=000187473&base=baseMonocraticas>. Acesso em: 24 jul. 2015.

______. Supremo Tribunal Federal. Segunda Turma. Recurso Ordinário em Mandado de Segurança n.° 29.198, Relatora Ministra Cármen Lúcia, Brasília, DF, 11 dez. 2012. **Diário da Justiça eletrônico**. Brasília, 1 fev. 2013. Disponível em: <http://redir.stf.jus.br/paginadorpub/paginador.jsp?docTP=TP&docID=3320469>. Acesso em: 10 abr. 2015.

______. Supremo Tribunal Federal. Pleno. Inquérito n.° 2.704, Relatora Ministra Rosa Weber, Brasília, DF, 17 out. 2012. **Diário da Justiça eletrônico**. Brasília, 27 fev. 2013. Disponível em: <http://redir.stf.jus.br/paginadorpub/paginador.jsp?docTP=TP&docID=3442556>. Acesso em: 3 ago. 2015.

BRASIL. Supremo Tribunal Federal. Segunda Turma. *Habeas Corpus* n.° 108.147, Relatora Ministra Cármen Lúcia, Brasília, DF, 30 out. 2012. **Diário da Justiça eletrônico**. Brasília, 21 mar. 2013. Disponível em: <http://redir.stf.jus.br/paginadorpub/paginador.jsp?docTP=TP&docID=3523308>. Acesso em: 6 abr. 2015.

______. Supremo Tribunal Federal. Segunda Turma. Recurso Ordinário em *Habeas Corpus* n.° 103.707, Relator Ministro Gilmar Mendes, Brasília, DF, 30 out. 2012. **Diário da Justiça eletrônico**. Brasília, 21 mar. 2013. Disponível em: <http://redir.stf.jus.br/paginadorpub/paginador.jsp?docTP=TP&docID=3523308>. Acesso em: 6 abr. 2015.

______. Supremo Tribunal Federal. Segunda Turma. *Habeas Corpus* n.° 105.484, Relator Ministra Cármen Lúcia, Brasília, DF, 12 mar. 2013. **Diário da Justiça eletrônico**. Brasília, 16 abr. 2013. Disponível em: <http://redir.stf.jus.br/paginadorpub/paginador.jsp?docTP=TP&docID=3649644>. Acesso em: 7 abr. 2015.

______. Supremo Tribunal Federal. Segunda Turma. *Habeas Corpus* n.° 113.597, Relator Ministro Ricardo Lewandowski, Brasília, DF, 5 mar. 2013. **Diário da Justiça eletrônico**. Brasília, 19 ago. 2013. Disponível em: <http://redir.stf.jus.br/paginadorpub/paginador.jsp?docTP=TP&docID=4339847>. Acesso em: 6 abr. 2015.

______. Supremo Tribunal Federal. Pleno. Agravo Regimental na Reclamação n.° 8.458, Relator Ministro Gilmar Mendes, Brasília, DF, 26 jun. 2013. **Diário da Justiça eletrônico**. Brasília, 19 set. 2013. Disponível em: <http://redir.stf.jus.br/paginadorpub/paginador.jsp?docTP=TP&docID=4544007>. Acesso em: 13 abr. 2015.

______. Supremo Tribunal Federal. Primeira Turma. Recurso Ordinário em *Habeas Corpus* n.° 116.624, Relator para acórdão Ministro Roberto Barroso, Brasília, DF, 13 ago. 2013. **Diário da Justiça eletrônico**. Brasília, 8 out. 2013. Disponível em: <http://redir.stf.jus.br/paginadorpub/paginador.jsp?docTP=TP&docID=4639245>. Acesso em: 3 ago. 2015.

BRASIL. Supremo Tribunal Federal. Primeira Turma. Agravo Regimental na Reclamação n.° 10.771, Relator Ministro Marco Aurélio, Brasília, DF, 4 fev. 2014. **Diário da Justiça eletrônico**. Brasília, 18 fev. 2014. Disponível em: <http://redir.stf.jus.br/paginadorpub/paginador.jsp?docTP=TP&docID=5290309>. Acesso em: 13 abr. 2015.

______. Supremo Tribunal Federal. Segunda Turma. Recurso Ordinário em *Habeas Corpus* n.° 120.787, Relator Ministro Ricardo Lewandowski, Brasília, DF, 25 fev. 2014. **Diário da Justiça eletrônico**. Brasília, 17 mar. 2014. Disponível em: <http://redir.stf.jus.br/paginadorpub/paginador.jsp?docTP=TP&docID=5439794>. Acesso em: 6 abr. 2015.

______. Supremo Tribunal Federal. Primeira Turma. Recurso Ordinário em *Habeas Corpus* n.° 117.972, Relator Ministro Luiz Fux, Brasília, DF, 18 fev. 2014. **Diário da Justiça eletrônico**. Brasília, 20 mar. 2014. Disponível em: <http://redir.stf.jus.br/paginadorpub/paginador.jsp?docTP=TP&docID=5474492>. Acesso em: 6 abr. 2015.

BRASIL. Supremo Tribunal Federal. Primeira Turma. Agravo Regimental em *Habeas Corpus* n.° 120.234, Relator Ministro Luiz Fux, Brasília, DF, 11 mar. 2014. **Diário da Justiça eletrônico**. Brasília, 26 mar. 2014. Disponível em: <http://redir.stf.jus.br/paginadorpub/paginador.jsp?docTP=TP&docID=5512657>. Acesso em: 10 abr. 2015.

______. Supremo Tribunal Federal. Segunda Turma. *Habeas Corpus* n.° 93.767, Relator Ministro Celso de Mello, Brasília, DF, 21 set. 2010. **Diário da Justiça eletrônico**. Brasília, 1 abr. 2014. Disponível em: <http://redir.stf.jus.br/paginadorpub/paginador.jsp?docTP=TP&docID=5546788>. Acesso em: 4 abr. 2015.

______. Supremo Tribunal Federal. Segunda Turma. Recurso Ordinário em *Habeas Corpus* n.° 120.551, Relator Ministro Ricardo Lewandowski, Brasília, DF, 8 abr. 2014. **Diário da Justiça eletrônico**. Brasília, 28 abr. 2014. Disponível em: <http://redir.stf.jus.br/paginadorpub/paginador.jsp?docTP=TP&docID=5717314>. Acesso em: 6 abr. 2015.

______. Supremo Tribunal Federal. Segunda Turma. Recurso Ordinário em *Habeas Corpus* n.° 117.265, Relator Ministro Ricardo Lewandowski, Brasília,

DF, 29 out. 2013. **Diário da Justiça eletrônico**. Brasília, 26 maio 2014. Disponível em: <http://redir.stf.jus.br/paginadorpub/paginador.jsp?docTP=TP&docID=5938675>. Acesso em: 4 abr. 2015.

BRASIL. Supremo Tribunal Federal. Segunda Turma. Recurso Ordinário em *Habeas Corpus* n.° 116.166, Relator Ministro Gilmar Mendes, Brasília, DF, 27 maio 2013. **Diário da Justiça eletrônico**. Brasília, 27 jun. 2014. Disponível em: <http://redir.stf.jus.br/paginadorpub/paginador.jsp?docTP=TP&docID=6251329>. Acesso em: 10 abr. 2015.

______. Supremo Tribunal Federal. Segunda Turma. Agravo Regimental em *Habeas Corpus* n.° 121.271, Relator Ministro Celso de Mello, Brasília, DF, 13 maio 2014. **Diário da Justiça eletrônico**. Brasília, 26 ago. 2014. Disponível em: <http://redir.stf.jus.br/paginadorpub/paginador.jsp?docTP=TP&docID=6580041>. Acesso em: 10 abr. 2015.

______. Supremo Tribunal Federal. Segunda Turma. Agravo Regimental em *Habeas Corpus* n.° 115.773, Relator Ministro Celso de Mello, Brasília, DF, 13 maio 2014. **Diário da Justiça eletrônico**. Brasília, 3 set. 2014. Disponível em: <http://redir.stf.jus.br/paginadorpub/paginador.jsp?docTP=TP&docID=6638894>. Acesso em: 10 abr. 2015.

______. Supremo Tribunal Federal. Segunda Turma. Recurso Ordinário em *Habeas Corpus* n.° 97.926, Relator Ministro Gilmar Mendes, Brasília, DF, 2 set. 2014. **Diário da Justiça eletrônico**. Brasília, 29 set. 2014. Disponível em: <http://redir.stf.jus.br/paginadorpub/paginador.jsp?docTP=TP&docID=6813094>. Acesso em: 13 abr. 2015.

______. Supremo Tribunal Federal. Segunda Turma. Recurso Ordinário em *Habeas Corpus* n.° 109.979, Relator Ministro Ricardo Lewandowski, Brasília, DF, 19 nov. 2013. **Diário da Justiça eletrônico**. Brasília, 3 out. 2014. Disponível em: <http://redir.stf.jus.br/paginadorpub/paginador.jsp?docTP=TP&docID=6872439>. Acesso em: 10 abr. 2015.

______. Supremo Tribunal Federal. Primeira Turma. *Habeas Corpus* n.° 122.057, Relator Ministro Dias Toffoli, Brasília, DF, 2 set. 2014. **Diário da Justiça eletrônico**. Brasília, 10 out. 2014. Disponível em: <http://redir.stf.jus.br/

paginadorpub/paginador.jsp?docTP=TP&docID=6924671>. Acesso em: 10 abr. 2015.

BRASIL. Supremo Tribunal Federal. Segunda Turma. *Habeas Corpus* n.° 106.664, Relator Ministro Celso de Mello, Brasília, DF, 27 ago. 2013. **Diário da Justiça eletrônico**. Brasília, 30 out. 2014. Disponível em: <http://redir.stf.jus.br/paginadorpub/paginador.jsp?docTP=TP&docID=7012797>. Acesso em: 6 abr. 2015.

______. Supremo Tribunal Federal. Segunda Turma. Agravo Regimental em Recurso Ordinário em *Habeas Corpus* n.° 116.000, Relator Ministro Celso de Mello, Brasília, DF, 25 mar. 2014. **Diário da Justiça eletrônico**. Brasília, 30 out. 2014. Disponível em: <http://redir.stf.jus.br/paginadorpub/paginador.jsp?docTP=TP&docID=7081249>. Acesso em: 9 out. 2015.

______. Supremo Tribunal Federal. Segunda Turma. Agravo Regimental em Recurso Ordinário em *Habeas Corpus* n.° 110.436, Relator Ministro Celso de Mello, Brasília, DF, 25 mar. 2014. **Diário da Justiça eletrônico**. Brasília, 30 out. 2014. Disponível em: <http://redir.stf.jus.br/paginadorpub/paginador.jsp?docTP=TP&docID=7081249>. Acesso em: 10 abr. 2015.

______. Supremo Tribunal Federal. Primeira Turma. Ação Penal n.° 530, Relator para acórdão Ministro Roberto Barroso, Brasília, DF, 9 set. 2014. **Diário da Justiça eletrônico**. Brasília, 17 nov. 2014. Disponível em: <http://redir.stf.jus.br/paginadorpub/paginador.jsp?docTP=TP&docID=7516225>. Acesso em: 6 abr. 2015.

______. Supremo Tribunal Federal. Primeira Turma. Agravo Regimental em Recurso Ordinário em *Habeas Corpus* n.° 110.436, Relator Ministro Roberto Barroso, Brasília, DF, 28 out. 2014. **Diário da Justiça eletrônico**. Brasília, 19 nov. 2014. Disponível em: <http://redir.stf.jus.br/paginadorpub/paginador.jsp?docTP=TP&docID=7273370>. Acesso em: 10 abr. 2015.

______. Supremo Tribunal Federal. Segunda Turma. Recurso Ordinário em *Habeas Corpus* n.° 117.988, Relator para o acórdão Ministro Celso de Mello, Brasília, DF, 16 dez. 2014. **Diário da Justiça eletrônico**. Brasília, 26 fev. 2015.

Disponível em: <http://redir.stf.jus.br/paginadorpub/paginador.jsp?docTP=-TP&docID=7865475>. Acesso em: 10 abr. 2015.

BRASIL. Supremo Tribunal Federal. Segunda Turma. *Habeas Corpus* n.° 107.362, Relator Ministro Teori Zavascki, Brasília, DF, 10 fev. 2015. **Diário da Justiça eletrônico**. Brasília, 2 mar. 2015. Disponível em: <http://redir.stf.jus.br/paginadorpub/paginador.jsp?docTP=TP&docID=7894113>. Acesso em: 6 abr. 2015.

______. Supremo Tribunal Federal. Primeira Turma. Agravo Regimental em *Habeas Corpus* n.° 120.203, Relator Ministro Roberto Barroso, Brasília, DF, 10 fev. 2015. **Diário da Justiça eletrônico**. Brasília, 4 mar. 2015. Disponível em: <http://redir.stf.jus.br/paginadorpub/paginador.jsp?docTP=TP&docID=7915408>. Acesso em: 7 abr. 2015.

______. Supremo Tribunal Federal. Primeira Turma. Agravo Regimental em *Habeas Corpus* n.° 124.677, Relator Ministro Roberto Barroso, Brasília, DF, 7 abr. 2015. **Diário da Justiça eletrônico**. Brasília, 24 abr. 2015. Disponível em: <http://redir.stf.jus.br/paginadorpub/paginador.jsp?docTP=TP&docID=8283012>. Acesso em: 11 jul. 2015.

______. Supremo Tribunal Federal. Primeira Turma. Agravo Regimental em Recurso Extraordinário n.° 676.280, Relator Ministro Roberto Barroso, Brasília, DF, 14 abr. 2015. **Diário da Justiça eletrônico**. Brasília, 18 maio 2015. Disponível em: <http://redir.stf.jus.br/paginadorpub/paginador.jsp?docTP=-TP&docID=8480866>. Acesso em: 10 jul. 2015.

______. Supremo Tribunal Federal. Segunda Turma. Recurso ordinário em *Habeas Corpus* n.° 125.392, Relatora Ministra Cármen Lúcia, Brasília, DF, 17 mar. 2015. **Diário da Justiça eletrônico**. Brasília, 21 maio 2015. Disponível em: <http://redir.stf.jus.br/paginadorpub/paginador.jsp?docTP=TP&docID=8521399>. Acesso em: 12 jul. 2015.

______. Supremo Tribunal Federal. Primeira Turma. Agravo Regimental em Inquérito n.° 3.847, Relator Ministro Dias Toffoli, Brasília, DF, 7 abr. 2015. **Diário da Justiça eletrônico.** Brasília, 8 jun. 2015. Disponível em: <http://redir.

stf.jus.br/paginadorpub/paginador.jsp?docTP=TP&docID=8634003>. Acesso em: 12 jul. 2015.

BRASIL. Supremo Tribunal Federal. Primeira Turma. Agravo Regimental em Recurso Ordinário em *Habeas Corpus* n.° 121.748, Relator Ministro Roberto Barroso, Brasília, DF, 4 ago. 2015. **Diário da Justiça eletrônico**. Brasília, 1 set. 2015. Disponível em: <http://redir.stf.jus.br/paginadorpub/paginador.jsp?docTP=TP&docID=9279722>. Acesso em: 6 fev. 2016.

______. Supremo Tribunal Federal. Segunda Turma. Ação Penal n.° 560, Relator Ministro Dias Toffoli, Brasília, DF, 28 ago. 2015. **Diário da Justiça eletrônico**. Brasília, 11 set. 2015. Disponível em: <http://redir.stf.jus.br/paginadorpub/paginador.jsp?docTP=TP&docID=9363267>. Acesso em: 7 fev. 2016.

______. Supremo Tribunal Federal. Pleno. Ação Direta de Inconstitucionalidade n.° 4.815, Relator Ministro Cármen Lúcia, Brasília, DF, 10 jun. 2015. **Diário da Justiça eletrônico**. Brasília, 1 fev. 2016. Disponível em: <http://redir.stf.jus.br/paginadorpub/paginador.jsp?docTP=TP&docID=10162709>. Acesso em: 29 fev. 2016.

______. Supremo Tribunal Federal. Decisão Monocrática. Recurso Extraordinário com Agravo n.° 933.614, Ministro Edson Fachin, Brasília, DF, 3 dez. 2015. **Diário da Justiça eletrônico**. Brasília, 2 fev. 2016. Disponível em: <http://stf.jus.br/portal/jurisprudencia/visualizarEmenta.asp?s1=000488676&base=baseMonocraticas>. Acesso em: 6 fev. 2016.

COMISSÃO INTERAMERICANA DE DIREITOS HUMANOS. Carlos Augusto Rodríguez Vera e Outros v. Colômbia (Admisibilidad y Fondo), Washington, 31 out. 2011, Caso 10.738. Disponível em: <http://www.oas.org/es/cidh/decisiones/corte/10.738FondoESP.pdf>. Acesso em: 4 jan. 2016.

______. Odolfo Gerbert Asencios Lindo e Outros v. Peru, Washington, 13 abr. 2000, Caso 11.182. Disponível em: <http://www.cidh.oas.org/annualrep/99span/De%20Fondo/Peru11182.htm>. Acesso em: 5 jan. 2016.

______. Castillo Petruzzi e Outros v. Peru (Fondo, Reparaciones y Costas), San Jose de Costa Rica, 30 maio 1999, Serie C, n. 52. Disponível em: <http://www.corteidh.or.cr/docs/casos/articulos/seriec_52_esp.pdf>. Acesso em: 5 jan. 2016.

COMISSÃO INTERAMERICANA DE DIREITOS HUMANOS. Castillo Petruzzi e Outros v. Peru (Supervisión de cumplimiento de sentencia), San Jose de Costa Rica, 1 jul. 2011. Disponível em: <http://www.corteidh.or.cr/docs/supervisiones/castillopetruzzi_01_07_11.pdf>. Acesso em: 5 jan. 2016.

______. Kimel v. Argentina (Fondo, Reparaciones y Costas), San Jose de Costa Rica, 2 maio 2008, Serie C, n. 177. Disponível em: <http://www.corteidh.or.cr/docs/casos/articulos/seriec_177_esp.pdf>. Acesso em: 17 jun. 2015.

ESPANHA. Tribunal Constitucional. Auto 124/2004, 19 abr. 2004. Disponível em: < http://hj.tribunalconstitucional.es/HJ/es/Resolucion/Show/19693#complete_resolucion>. Acesso em: 18 out. 2015.

ESTADOS UNIDOS DA AMÉRICA. Suprema Corte. Schenck v. United States. 249 U.S. 47 (1919), *Justice* Holmes, Washington, DC, 3 mar. 1919. Disponível em: <https://supreme.justia.com/cases/federal/us/249/47/case.html/>. Acesso em: 28 maio 2015.

______. Suprema Corte. Talley v. California. 362 U.S. 60 (1960), *Justice* Black, Washington, DC, 7 mar. 1960. Disponível em: <http://supreme.justia.com/cases/federal/us/362/60/case.html>. Acesso em: 27 jul. 2013.

______. Suprema Corte. Aguilar v. Texas, 378 U.S. 108 (1964), *Justice* Goldberg, Washington, DC, 15 jun. 1964. Disponível em: <https://supreme.justia.com/cases/federal/us/378/108/case.html>. Acesso em: 4 abr. 2015.

______. Suprema Corte. United States v. Ventresca, 380 U.S. 102 (1965), *Justice* Goldberg, Washington, DC, 1 mar. 1965. Disponível em: <https://supreme.justia.com/cases/federal/us/380/102/case.html>. Acesso em: 2 ago. 2015.

______. Suprema Corte. Spinelli v. United States, 393 U.S. 410 (1969), *Justice* Harlan, Washington, DC, 27 jan. 1969. Disponível em: <https://supreme.justia.com/cases/federal/us/393/410/case.html>. Acesso em: 1 ago. 2015.

______. Suprema Corte. Illinois v. Gates, 462 U.S. 213 (1983), *Justice* Rehnquist, Washington, DC, 8 jun. 1983. Disponível em: <https://supreme.justia.com/cases/federal/us/462/213/case.html>. Acesso em: 4 abr. 2015.

ESTADOS UNIDOS DA AMÉRICA. Suprema Corte. McIntyre v. Ohio Ellections Comission, 514 U.S. 334 (1995), *Justice* Stevens, Washington, DC, 19 abr. 1995. Disponível em: <https://supreme.justia.com/cases/federal/us/514/334/>. Acesso em: 13 abr. 2015.

______. Suprema Corte. Petitioners v. Sam Reed, 561 U.S. ___ (2010), *Justice* Scalia, Washington, DC, 24 jun. 2010. Disponível em: <https://supreme.justia.com/cases/federal/us/561/09-559/concurrence5.html>. Acesso em: 22 maio 2015.

TRIBUNAL EUROPEU DOS DIREITOS DO HOMEM. Lüdi v. Suíça, Strasbourg, 15 jun. 1992. Disponível em: <http://hudoc.echr.coe.int/eng?i=001-57784>. Acesso em: 22 jan. 2016.

______. Saïdi v. França, Strasbourg, 20 set. 1993. Disponível em: <http://hudoc.echr.coe.int/eng?i=001-57839>. Acesso em: 22 jan. 2016.

______. Doorson v. Holanda, Strasbourg, 26 mar. 1996. Disponível em: <http://hudoc.echr.coe.int/eng?i=001-57972>. Acesso em: 22 jan. 2016.

______. Shamayev e outros v. Geórgia e Rússia, Strasbourg, 16 set. 2003. Disponível em: <http://www.refworld.org/pdfid/402b4cf87.pdf>. Acesso em: 8 set. 2015.

______. Krasniki v. República Tcheca, Strasbourg, 28 maio 2006. Disponível em: <http://hudoc.echr.coe.int/eng?i=001-72590>. Acesso em: 22 jan. 2016.